L'HOMME DES PHARES

Yves STALLONI

L'HOMME DES PHARES

*La vie très riche et très romanesque
de Michel Pacha*

Roman

*À Fanny,
à sa famille et à ses ancêtres, illustres ou obscurs.*

Où cesse la certitude historique, l'imagination fait vivre l'ombre, le rêve, l'apparence.
Victor Hugo

La vie c'est ça, un bout de lumière qui finit dans la nuit.
Louis Ferdinand Céline

PREMIÈRE PARTIE

LE MARIN

1

Les enfants de l'école des Sœurs, vêtus de leurs habits du dimanche, garçons et filles, en rang par deux, ouvrent le cortège qui monte à la chapelle Notre-Dame de Pitié. L'un d'eux, en surplis, à côté du prêtre, porte la grande croix d'argent sortie pour l'occasion. Plusieurs voies permettent d'atteindre la vieille chapelle : la montée des Oratoires, la montée de la Carrerade-des-Riberado et le chemin de la Colline, qui part de la pointe de Bau Rouge et, suivant le bord de mer, surplombe la carrière des Baux. En ce jour de l'Assomption la petite ville de Saint-Nazaire, proche de Toulon, dans le Var, fête sa protectrice, la Vierge Marie, qui veille sur l'importante corporation des pêcheurs et celle des marins. La confrérie de Saint-Pierre, patron des pêcheurs, précédée de sa bannière aux armoiries de la ville (une tour entourée de deux palmes) suit immédiatement le groupe des enfants.

La procession officielle emprunte la montée des Oratoires, ainsi nommée en raison des cinq autels qui marquent le parcours. Le premier oratoire est dédié à sainte Catherine, puis vient celui consacré à saint Michel, représenté dans son attitude traditionnelle, la lance tendue vers le dragon qu'il doit transpercer. Suivent les oratoires de saint Joseph, celui de Notre-Dame, enfin, faisant dos à la montée, celui dédié au Sacré-Cœur. Devant chaque oratoire, la procession fait un arrêt, au cours duquel le prêtre, père Tolozan, lit un extrait des Évangiles, avant que soient récitées, en latin, des prières, commencées par les enfants et reprises par l'ensemble des participants, presque tous les habitants de la petite commune qui compte un peu plus de deux mille âmes. Après quoi

L'Harmonie nazairienne, la société musicale récemment créée, joue un morceau d'inspiration provençale. Il faudra près d'une heure au cortège pour parcourir la courte distance qui mène à la chapelle.

Parmi les enfants en tête du cortège, Marius Michel, qui vient de fêter ses neuf ans il y a juste un mois, ne lâche pas la main de Louise, sa camarade d'école, mais aussi sa voisine, puisqu'elle est la fille du cordier Gensollen dont la maison est mitoyenne de celle des Michel. Les parents de Marius font partie de la procession, mais ils sont restés plus en arrière, surtout Madame Michel, car le père, Jean-Antoine, en tant qu'officier de la Marine royale, a pris place parmi les notables, juste après les pêcheurs.

Pour la circonstance, Marius a été habillé d'un costume bleu dont le pantalon s'arrête au genou, et coiffé d'un chapeau à larges bords qui lui dissimule la moitié du visage. Le soleil est brûlant et l'enfant ne doit pas défaillir pour cette cérémonie annuelle. Son grand frère, Fortuné-Amant, de deux ans plus âgé, le suit à quelques mètres, posant régulièrement sur son cadet un regard protecteur. Louise, dans son ample robe blanche, semble impatiente, fatiguée de cette ascension en pleine chaleur ; devant l'oratoire de Joseph, elle se montre distraite, tire la main de Marius pour l'inviter à contempler la vue dominante. En contrebas, proche du môle du levant, se devine la petite cale, peu active en ce jour de fête. Plus loin, au-dessus des maisons et des entrelacements de palmiers, le campanile crénelé de l'église constitue un repère rassurant, concurrencé, environ à la même hauteur, par l'autre édifice représentatif de la cité, la Tour carrée ou romane qui, aujourd'hui encore (l'an de grâce 1828), abrite toujours des canons, même si sa fonction militaire est révolue. Et puis, dessinant un arc de cercle quasi parfait, la baie de Saint-Nazaire et le bleu de la mer, à peine piqueté, ici et là, d'embarcations immobiles, mât abaissé et voile roulée. Côté sud-est, se découpe l'île des Embiez, dernière étape avant le large. Marius gronde son amie : l'heure n'est pas à l'amusement, et d'ailleurs la procession repart.

La chapelle Notre-Dame de Pitié a été construite vers le milieu du XVIe siècle, mais, malgré son âge, elle a gardé, dans ses dimensions modestes, un élégant équilibre. La façade est constituée par un porche formé de trois ouvertures en plein cintre, délimitées par des piliers cylindriques ; l'arche centrale, permettant l'accès au moyen de deux marches, est plus large que les parties latérales. Un sobre fronton triangulaire orné d'une rosace en saillie surmonte l'ensemble avec, sur le pignon, un motif décoratif constitué de deux volutes symétriques encadrant une croix de fer. On aperçoit, sur l'arrière, le clocher en forme de U renversé au milieu duquel se balance la cloche. Cette cloche qui fut emportée, dit-on, par les Révolutionnaires avant d'être récupérée. Sur le côté gauche, accolé à la chapelle, se trouve le mur de pierres d'un enclos se terminant par une petite maison. À un mât planté au milieu de l'enclos, est hissé, certains jours, un « pavillon de signal » chargé d'informer les marins de l'obligation de se rendre à terre ou de signaler les malades. M. Michel, le père de Marius, connaît ces règlements et les a expliqués souvent à ses garçons dont il espère qu'ils deviendront marins, comme lui.

Jean-Antoine a toutefois regretté que le maire, M. Granet, ait dénaturé ce lieu attaché à la mer et à la piété en permettant l'installation, à proximité de la chapelle, et contre l'avis du père Tolozan, de deux moulins à vent où les Nazairiens viennent apporter leur grain à moudre. Du coup, l'endroit est devenu un banal lieu de promenade pour les familles, et même un refuge pour les amoureux ou un terrain de jeu pour les garnements du village. La vocation spirituelle de la colline est en passe de se perdre. Évolution regrettable quand on sait que la chapelle est placée sous la surveillance d'un ermite, dont la fonction essentielle est de prévenir les pêcheurs par mauvais temps. Un Michel, jadis, assura cette fonction.

– Je ne suis jamais entré dans la chapelle, chuchote Louise à l'oreille de son compagnon. Et toi ?

– Moi non plus. Chaque fois que je suis monté avec mes parents, elle était fermée. Mais je sais ce qu'on trouve à l'intérieur. Mon père me l'a dit : une statue de la Vierge très ancienne et des sortes de plaques avec des dessins et des inscriptions gravées dessus. C'est ainsi que les marins remercient la Vierge quand elle les a aidés. On les désigne d'un nom latin que j'ai oublié.

La statue, dans une niche, à la droite du chœur, est une *pietà* en bois polychrome, de facture assez primitive, aux couleurs agressives, notamment le rouge choisi pour la robe de Marie et pour l'étoffe qui couvre une partie du corps du crucifié. Quant aux *ex-voto*, on en compte une quinzaine, la plupart ayant pour sujets des scènes maritimes.

La cérémonie religieuse a commencé sur le parvis, le prêtre prononçant son homélie depuis le porche de la chapelle, entouré des enfants de l'école. Face à lui, côté droit, la population civile, majoritairement féminine, est sagement rangée. À l'opposé, côté mer, se tiennent les pêcheurs, les marins et les officiels, dont le maire et le sous-préfet, venu de Toulon. Marius et Louise sont restés à l'intérieur de la chapelle qu'ils prennent le temps de découvrir.

Marius est fasciné par les dessins des *ex-voto* et par les textes qui les accompagnent. Ces représentations naïves s'accordent au caractère simple et franc du garçon, éloigné de tout calcul comme de toute convoitise. Enfant discret et poli, Marius aime à rendre service ; il salue respectueusement les connaissances de la famille quand il les croise sur le chemin de l'école. Plutôt timide et d'un physique presque chétif, il répugne à participer aux jeux bruyants de certains de ses camarades. Il préfère la lecture, qui alimente sa tendance à la rêverie et son goût de l'évasion. Son père aide ses choix en lui proposant, tirés de sa bibliothèque, des livres qui racontent les péripéties de voyages d'explorateurs, de missionnaires et surtout de marins, les légendaires conquérants de nouveaux continents, Vasco de Gama, Magellan, John Cabot, mais aussi des navigateurs plus récents tels Jean-Antoine de La Pérouse (le même prénom que son père), parti avec les frégates l'*Astrolabe* et la *Boussole* explorer le Pacifique, ou encore Louis-Antoine de Bougainville, qui avec la *Boudeuse* a accompli le tour du monde, et encore quelques audacieux corsaires comme le célèbre Chevalier Paul, de son vrai nom Jean-Paul de Saumeur, mort à Toulon, Jean Bart ou le Breton Robert Surcouf, disparu l'année dernière.

Les témoignages de reconnaissance qui décorent les murs blancs de la chapelle Notre-Dame de Pitié célèbrent, avec moins d'éloquence mais plus d'émotion, l'épopée de la mer. Une mer dangereuse, cruelle, pleine de risques, porteuse de malheur et de drame souvent, mais que pour rien au monde ces anonymes donateurs n'auraient abandonnée. La plupart d'entre eux ont échappé à la mort, comme l'équipage de ce « *Brick dans la tempête* » daté de 1792, ou ce matelot tombé d'une vergue du mât de misaine et miraculeusement sauvé par la Vierge. Aucun de ces marins rescapés ne songe à s'en prendre à l'élément, cette mer qu'ils parcourent parfois par besoin, encore par devoir, plus souvent par passion. Une aquarelle, maladroitement encadrée, illustre le combat du chebek la *Normande* qui, en 1809, affronta les Anglais commandés par l'amiral Collingwood.

Marius, toujours accompagné de Louise, s'est arrêté devant l'une de ces images votives. Elle est peinte à l'huile, de dimensions réduites, à peine plus grande que la page d'un cahier. Au premier plan, occupant la plus grande partie du tableau, est représentée une mer tourmentée, symbolisée par des vagues profondes que couronne une crête blanche d'écume.

Comme posé sur le sommet de l'une d'elle, grossièrement peinte, une goélette (son mât avant est plus court que le grand mât), gréée avec des voiles auriques, semble sur le point d'aller se fracasser sur de menaçants récifs. Dans le coin droit du tableau figure une falaise escarpée avec, à son sommet, une silhouette irradiante, vaguement bleutée, enveloppée d'un nimbe lumineux, qui doit indiquer à l'équipage le moyen d'éviter le naufrage.

– Viens voir, dit Marius à Louise qui s'attardait sur un petit tableau représentant une famille guérie miraculeusement de la peste. Tu vois cette lumière qui signale le danger au navire, c'est la sainte Vierge, bien sûr. La phrase écrite sous le dessin le confirme : « *Merci Marie de ta protection.* » Mais en réalité, Marie n'est pas apparue aux marins sur la falaise comme le peintre l'a imaginé. C'est grâce à eux-mêmes, et aussi à leurs prières, que ces marins ont pu se sauver. La Vierge les a peut-être entendus et leur a indiqué les moyens de s'en sortir. Mais la navigation, ce n'est pas une affaire de miracle.

Louise a du mal à comprendre ce que veut lui expliquer son ami. Pour elle, les choses sont claires : la sainte Vierge est la protectrice des marins ; c'est elle qui décide s'ils doivent périr en mer ou rentrer au port. Le dessin le montre clairement et la procession d'aujourd'hui est destinée à rendre grâce à celle sans qui beaucoup de marins seraient morts noyés.

– Il est vrai, consent Marius, que la Vierge est là pour veiller sur ceux qui risquent leur vie sur la mer, et qu'il faut la remercier. Mais cette lumière qui entoure Marie est une invention du peintre. Pourquoi ne pas imaginer de vraies lumières qui indiqueraient la route aux navigateurs, la nuit ou par mauvais temps ? Une lumière placée aux endroits risqués, les caps qui avancent dans la mer, comme si tu disais, chez nous, la Pointe de la Cride ou celle de Portissol. Ou l'entrée des ports, comme celui de Toulon, pas toujours bien visible comme me l'a raconté mon père. La Vierge seule ne peut pas veiller sur tous les bateaux. C'est aux hommes, aux marins, de trouver un moyen pour tracer leur route de façon sûre.

Louise ouvre de grands yeux étonnés. Elle connaît son ami : Marius a toujours été très inventif, se servant souvent de son imagination pour tenter de modifier la réalité à son avantage. Le voici reparti dans ses rêves.

– Alors toi, Marius, tu voudrais remplacer la Vierge par des feux de la Saint-Jean ? Drôle d'idée. La Vierge est partout, elle écoute les prières et sait quand elle doit intervenir. C'est ainsi depuis toujours et ce n'est pas toi qui iras changer les règles. Monsieur le curé ne serait pas d'accord avec ta proposition. Et ces feux, qui va les allumer, qui va les surveiller la nuit ? Tu délires. Viens plutôt voir mon dessin, avec ces malades de la peste qui grâce à la Vierge ont échappé à la mort. C'est elle qui décide, je te dis.

Marius n'est pas intéressé par l'histoire des pestiférés. Il continue son idée.

– Ce n'est pas du rêve, mon idée. Et les lumières dont je parle, ce ne sont pas des feux de la Saint-Jean, mais ce qu'on appelle des *phares*. Des sortes de tours où l'on placerait un signal lumineux qui servirait de repère pour prévenir du danger. J'ai lu l'histoire, dans un livre que m'a acheté mon père, de la construction du Phare d'Alexandrie, une des Sept Merveilles du monde, dans l'Égypte d'autrefois. Il s'est depuis totalement effondré, mais il a longtemps protégé les marins qui approchaient la côte. Il était très haut et se voyait de loin. Bien plus haut que la Tour carrée de Saint-Nazaire. Son nom a été choisi parce qu'il était bâti sur l'île de Pharos, à l'entrée du port d'Alexandrie.

Louise aime quand son ami, mieux connaisseur des choses du passé qu'elle ne l'est, se lance dans des explications savantes. Ils ont tous deux le même âge, mais elle n'est pas aussi informée que lui sur les questions d'histoire et sur les aventures de navigateurs. Il lui arrive de passer des heures à écouter les récits que Marius, qui les a lus peu avant dans les livres de son père, lui restitue avec un supplément de fantaisie et surtout d'exotisme. Ses histoires se passent toujours dans des pays lointains, de préférence aux portes de l'Orient. Doté d'une mémoire remarquable, le garçon est capable de retenir des passages entiers de descriptions empruntées aux écrivains, comme ce jour où il a récité à Louise médusée plusieurs phrases parlant de Constantinople dues au Comte de Chateaubriand, et qu'elle a cru un moment être de lui : « *Nous rasâmes la pointe d'Europe, où s'élève le château des Sept-Tours, vieille fortification gothique qui tombe en ruine. Constantinople, et surtout la côte d'Asie étaient noyés dans le brouillard : les cyprès et les minarets que j'apercevais à travers cette vapeur, présentaient l'aspect d'une forêt dépouillée. Comme nous approchions de la pointe du sérail, le vent du nord se leva, et balaya, en moins de quelques minutes, la brume répandue sur le tableau ; je me trouvai tout à coup au milieu du palais du Commandeur des croyants : ce fut le coup de baguette d'un génie.* »

La fillette ne parviendrait pas à situer sur une carte la ville de Constantinople, alors que Marius, toujours plongé dans le vieil atlas de son père, se promène avec aisance dans cette partie du monde ; elle ignore le sens de certains mots comme « minaret », « sérail », mais cette évocation la ravit, surtout quand son camarade la développe avec passion, enthousiasme. Il arrive aussi à Marius de broder autour de la carrière de son père, l'homme qu'il admire le plus et qu'il aimerait imiter. Après être entré dans la Marine en 1798, Jean-Antoine, âgé d'à peine plus de vingt ans, eut l'honneur de servir comme lieutenant de vaisseau sous les ordres de l'Empereur. Une campagne désastreuse en Espagne, puis la chute de Napoléon n'ont pas permis à l'officier nazairien de parvenir au sommet de la hiérarchie. Le père a été très discret sur les circonstances qui l'ont amené à être capturé devant le siège de Cadix et sur ses six longues années de prisonnier passées en Angleterre, d'où il est revenu au moment des Cent-Jours. Le retour de la Royauté avait correspondu au début de sa relative disgrâce : le prometteur officier se contenterait désormais de fonctions secondaires dans le port de Toulon.

Marius connaît un peu cette ville voisine, éloignée d'environ quatre lieues, où son père l'a souvent emmené en omnibus pour découvrir les mouvements du port et observer les navires en partance pour de lointaines destinations. Ces expériences aussi ont fait l'objet de récits embellis que Louise a écoutés avec admiration. Comme le récent appareillage de Toulon en 1827 de l'escadre partie combattre à Navarin, ou celle, dont on parle beaucoup, à destination de la Morée pour libérer la Grèce. Ou encore l'expédition d'Espagne, décidée par le roi Louis XVIII, qui a pu bloquer le port de Cadix, là même où Jean-Antoine fut pris par les Anglais. Le contre-amiral Hamelin, sur le vaisseau le *Colosse* commandait alors une petite escadre de dix bâtiments qui quitta Toulon au début du mois de juin 1823 et contribua à rétablir sur le trône le roi Ferdinand VII.

Certes, le lieutenant de vaisseau Michel ne participe plus à ces glorieux faits d'armes, mais il les suit avec attention et pense que sa carrière n'est pas achevée, qu'il pourra bientôt à nouveau prouver sa vaillance. Et ses fils avec lui, dont Marius qui l'écoute donner des explications techniques, et qui s'empresse de reconstituer de façon lyrique pour son amie Louise ces extraordinaires aventures appartenant à l'histoire. Lui aussi sera officier et commandera une flotte en Méditerranée. Il se sent programmé pour un tel destin. Avant son père, ses deux grands-pères se sont également illustrés sur les mers, Jean Michel, capitaine d'artillerie sur les vaisseaux du roi, et Jacques Lautier, le père de sa mère, capitaine au long cours, tous deux de Saint-Nazaire et tous deux généreux en anecdotes, récits de pêche ou de guerre. Il lui faut les égaler, sinon les dépasser.

Les deux enfants ont quitté l'intérieur de la chapelle au moment où le père Tolozan donne sa dernière bénédiction. La cérémonie s'achève. Le soleil, plus haut dans le ciel, est toujours brûlant. Les cigales se font de plus en plus sonores. Un léger mistral fait voler les surplis des enfants de chœur et oblige les dames à maintenir de la main leurs chapeaux à voilette. Le cortège solennel de la montée des Oratoires est en passe de se transformer en joyeux désordre. Les pêcheurs, notamment, restent réunis sous un arbre et échangent des propos bruyants ponctués de grands éclats de rires. Les musiciens de *l'Harmonie nazairienne* rangent leurs instruments. La descente vers la ville se fera pour chacun à son rythme et suivant son propre itinéraire. La journée se terminera pour certains dans un estaminet du port, non loin de la Tour carrée, pour d'autres près de la fontaine, où ils iront fumer une pipe et bavarder en attendant de retrouver, demain, leur barque ou leur charrue.

Échappant à la vigilance de sa maman, occupée à deviser avec des amies, Marius, ayant lâché la main de Louise et abandonné son chapeau aux larges bords, s'est mis à courir en direction des moulins à vent. La petite fille peine à le rejoindre, soucieuse de ne pas abîmer ses jolies sandales et sa robe blanche. À nouveau réunis, ils s'arrêtent prudemment au bord de la falaise des Baux pour observer, en contrebas, quelques embarcations tirées sur la rive, puis le chantier, provisoirement abandonné, de la carrière et une partie du bâtiment de la Corderie, exploitée par M. Gensollen, le père de Louise.

Face à eux s'ouvre, sans limite, sans nuage, l'immensité de la mer, d'un bleu cru en cette fin de journée d'été. Un peu essoufflés par la course, les enfants ont cessé de parler, s'efforçant de se pénétrer de l'éblouissant paysage. La première, Louise, accepte de rompre le silence.

– C'est beau, tu ne trouves pas ?

Marius, sans quitter du regard la ligne d'horizon où se détache un point minuscule qui pourrait être un grand voilier, se contente d'approuver :
– Oui, c'est beau, c'est grand. C'est là qu'est la vie.

2

Jean-Antoine Michel nourrissait pour son plus jeune fils, Marius, de grandes ambitions. Fortuné-Amant, l'aîné, garçon lymphatique et solitaire, ne semblait pas en mesure de répondre aux attentes de son père, même s'il serait toujours possible de faire de lui un marin, un bon exécutant sachant se rendre utile sur un bateau. Pour Marius, il espérait davantage. Cet enfant curieux des choses de la mer, passionné par les livres, féru de géographie et d'histoire, présentait de prometteuses dispositions. Avec lui, Jean-Antoine réaliserait la carrière qu'il n'avait pu, en raison de circonstances défavorables, accomplir lui-même.

Certes, il avait connu, sous l'uniforme, de belles satisfactions ; ses mérites avaient même été récompensés par l'attribution de la Légion d'honneur. Mais il gardait, la cinquantaine venue, une sorte de sentiment d'inachevé, une triste sensation de ratage professionnel. Avec un peu de chance ou d'opportunisme, il serait aujourd'hui en train de commander un bâtiment de sa Majesté, au lieu d'être oublié de sa hiérarchie et cantonné dans un rôle subalterne. À peine nommé aspirant, il avait été trop jeune quand, le 19 mai 1798, un jour de mistral, le général Bonaparte embarqua de Toulon à bord de l'*Orient*, solide vaisseau de 110 canons, pour aller conquérir l'Égypte. Mais, ainsi que ses camarades de promotion, il avait assisté, depuis le rivage, à l'appareillage pour une traversée qui devait durer quarante-trois jours.

Quelques années plus tard, il avait été offert au jeune officier de faire ses preuves et de servir l'Empereur quand celui-ci avait décidé d'armer une escadre performante afin de limiter les conquêtes des Britanniques et même, pourquoi pas, d'envahir l'Angleterre. L'épisode tragique de Trafalgar avait refroidi les ardeurs de Napoléon qui, pourtant, avait continué à souhaiter entretenir une flotte bien fournie. Et puis il y avait eu ce fatal siège de Cadix et cette longue captivité.

Aujourd'hui, le capitaine Michel était affecté au commandement du « stationnaire », nom, assez humiliant en lui-même, donné au bâtiment chargé de surveiller les mouvements de navires à l'entrée du port de Toulon. En guise de navigation, son rôle consistait à assurer d'insignifiants déplacements entre la Grosse Tour et le fort de l'Éguillette, éventuellement jusqu'au fort de Balaguier, face au Lazaret des Sablettes. Quelquefois, ordre lui était donné de dépasser la Petite Rade pour s'aventurer jusqu'au Cap Brun ou aux alentours des forts de Sainte-Marguerite et des Vignettes. Rien de plus. Pas de quoi satisfaire son goût de l'aventure et du commandement. Amer et ironique, l'officier vieillissant appelait cette fonction « faire les moules ».

Il reviendrait à son cadet de lui apporter une gloire de compensation.

Il fallait pour cela lui assurer la meilleure formation possible afin qu'il atteigne le grade d'officier. Le roi Louis-Philippe venait précisément d'officialiser le nom et l'implantation de l'École Navale à Brest qui prenait la suite de celle d'Angoulême, voulue par Louis XVIII et installée jusqu'alors sur le navire *Orion*. Là, des jeunes gens, sélectionnés par concours, venaient apprendre le métier de marin. Marius serait de ceux-là. Cette voie était pour lui, à condition qu'il puisse satisfaire aux exigences du concours de recrutement dont la préparation se faisait à Marseille.

La mère de Marius, Joséphine Michel, née Lautier, elle-même fille d'un capitaine au long cours, se gardait bien de soulever une quelconque objection à ce projet qui s'inscrivait dans une double tradition familiale. Elle n'avait toutefois aucune impatience à voir son petit Blaise quitter la maison et dire adieu à l'enfance. Blaise était le second prénom de

Marius ; à moins qu'il fût le premier, on ne sut jamais ce qu'il en était. L'usage avait toujours flotté pour savoir si l'on devait appeler le garçon « Blaise » ou « Marius », bien qu'il fût pourvu d'un troisième prénom, Jean, que tout le monde ignorait. Pour le capitaine de vaisseau Michel, l'hésitation n'était pas permise : son fils cadet, futur officier, répondait au prénom de Marius, un nom d'empereur, investi des marques de la virilité et de la puissance. Son épouse, à l'inverse, inclinait pour Blaise, prénom aux consonances douces, caressantes, presque féminines. Le Blaise des calendriers s'était illustré par son dévouement auprès des malades et sa grande piété. S'il n'avait pas été destiné à devenir marin, son Blaise, comme son saint patron, fêté le 3 février, aurait pu devenir médecin et philosophe. Pour fuir la persécution des Romains, cet Arménien du IVe siècle, s'était réfugié en Cappadoce, sur les rives de l'ancien Pont-Euxin, à l'est de cet Empire ottoman que son jeune fils aimait à repérer sur le vieil atlas de son père.

Pour l'heure, Marius Blaise ou Blaise Marius, âgé de douze ans, va donc quitter Saint-Nazaire et la protection de ses parents pour aller étudier dans la grande capitale voisine, le plus grand port de la Méditerranée, Marseille. Il abandonne l'école des Sœurs, ses camarades et surtout Louise, son amie préférée, à qui il aime raconter ses lectures et livrer ses rêveries, pour continuer sa scolarité dans une autre école religieuse, celle des Bons Pères, institution rattachée à celle des Frères des Écoles chrétiennes fondées par Jean-Baptiste de La Salle.

Résignée à l'idée de l'exil de son fils cadet, Joséphine Michel a toutefois l'idée de maintenir, à distance, le contact avec la famille en sollicitant l'aide de ses cousins marseillais, André-Émeric et Anne-Marie Rouden. Le pensionnaire des Bons Pères pourrait trouver un peu de réconfort et d'affection chez ce jeune couple qui habitait un vaste appartement de la rue Grignan, pas très loin du quai de Rive-Neuve où venaient accoster de beaux vaisseaux que Blaise ne manquerait pas de vouloir admirer.

André-Émeric était cousin issu de germain de Joséphine, petit-fils de François Rouden, le frère du grand-père de madame Michel. Les relations entre lui et les Michel étaient un peu distendues, en raison de l'éloignement, mais elles restaient vivaces, car remontant à l'enfance à Saint-Nazaire où était né André-Émeric qui, bien qu'un peu plus jeune, avait été également le camarade de jeux de Jean-Antoine. Anne-Marie, née Sabatier, était elle aussi, originaire de Saint-Nazaire et avait suivi son mari à Marseille quand celui-ci, après un court essai dans la Marine, avait été recruté par une boulangerie de Marseille connue pour sa spécialité de « navettes à l'anis ». Grâce à ces providentiels cousins, Blaise se sentirait moins seul dans son nouvel environnement et supporterait mieux sa vie d'interne.

Le mardi 1er octobre 1832, le jeune garçon vécut sa première journée de collégien en inaugurant son uniforme et en écoutant le discours solennel du préfet des études. La veille, M. et Mme Michel étaient venus accompagner leur garçon au collège et avaient avec lui visité les lieux où il serait appelé à passer les quatre années qui le séparaient de la date où il pourrait être candidat à l'École Navale de Brest.

Le dortoir était assez sinistre avec son alignement de lits de fer au sommet desquels se trouvaient de poussiéreuses armoires dans lesquelles les élèves étaient censés ranger leurs affaires. La salle d'étude était mal éclairée, mais vaste et silencieuse. Un gros poêle, inutile en cette saison, permettait d'imaginer un travail au chaud dans les mois d'hiver. Le petit Blaise Marius ne laissait paraître aucun mouvement de déplaisir en découvrant le cadre, pas très reluisant, de sa nouvelle vie. Sa détermination à devenir officier passait par des sacrifices, et le premier d'entre eux consistait à se soumettre aux règles de la collectivité religieuse. En quittant Saint-Nazaire, il comprenait qu'il avait dit adieu à son enfance, tant la petite ville paisible, loin de toute agitation, constituait une sorte de milieu protecteur, une forme de nid à la fois douillet et étouffant. Il allait devoir désormais, pour prolonger la métaphore, voler de ses propres ailes. Ce qui n'était pas pour déplaire à un cadet impatient de s'affranchir de la tutelle des autres et de prouver sa capacité à se bâtir un avenir.

Par chance les Rouden devaient, pour reprendre les mots de sa mère, faire office de famille de remplacement ; ils sauraient se rendre tous les deux disponibles en cas de besoin, et surtout prêts à accueillir le jeune collégien le dimanche, car les retours à Saint-Nazaire, longs et onéreux, seraient réservés aux périodes de vacances. La situation matérielle des Michel, sans être vraiment délicate, méritait quelques restrictions, sauf sur le chapitre de l'éducation où il n'était pas question de faire des économies.

Le dimanche qui suivit la rentrée, alors qu'il avait à peine fait connaissance avec ses professeurs, dont celui de latin, un prêtre qui l'impressionna beaucoup, Marius le passa chez son oncle et sa tante au 64, rue Grignan. Le couple, marié de fraîche date, n'avait pas d'enfant et semblait heureux de partager leur jour de congé avec ce garçon attentif, curieux et particulièrement poli.

Une déception attendait Marius : au lieu d'aller voir, comme il l'avait espéré, les bateaux autour du port, au pied des forts Saint-Jean ou Saint-Nicolas, oncle André lui imposa une séance d'initiation aux navettes.

– Je parie qu'à Saint-Nazaire vous n'avez jamais vu des gâteaux comme ceux-là. Leur forme déjà est unique. Le mot « navette », tu l'avais compris, veut dire « petit navire ». Et il y a bien une histoire de bateaux dans l'aventure.

Marius dressa l'oreille, constatant avec plaisir qu'à Marseille on ne pouvait pas échapper aux histoires de mer. L'oncle André continua son explication :

– La forme du gâteau rappelle une barque comme celle qui conduisit Lazare et les trois Maries, Marie-Magdeleine, Marie-Jacobé et Marie-Salomé aux Saintes-Maries-de-la-Mer, où ils arrivèrent, chassés de Palestine, sans voile ni rame. Tu connais peut-être l'épisode. Le pèlerinage en Camargue en l'honneur des saintes a lieu le 26 juillet. En revanche, je suis sûr que tu ne sais pas pourquoi les navettes sont parfumées à l'anis.

Marius reconnut son ignorance.

– C'est à cause du fenouil qui donne ce goût. Et pourquoi le fenouil ? Là il faut de l'imagination. Selon la légende on aurait repêché dans le vieux port de Marseille, il y a très longtemps, une vierge de bois peint, coiffée d'une couronne d'or et vêtue d'une robe verte. Cette couleur étant sans doute due au séjour prolongé dans la mer. Cette madone fut alors baptisée, à cause de la couleur verte, « Notre-Dame de fenouil ». Une autre version explique qu'elle aurait été appelée « Notre-Dame du feu nouveau » et que, par déformation, on serait arrivé à « fenouil ». Tu retiens l'explication que tu veux. En tout cas, il y a environ cinquante ans, Monsieur Imbert, le père de mon patron actuel, eut l'idée de fabriquer ces petits biscuits, et pour rappeler les circonstances religieuses, il installa le premier four dans les ruines de l'abbaye de Saint-Victor. On a décidé, avec ta tante, de t'emmener visiter l'endroit, c'est à deux pas.

En empruntant la rue Sainte, l'ancienne *Via sacra*, on rejoignait très vite l'Abbaye dont les murs fortifiés se distinguaient de loin. Dans une aile du bâtiment se trouvait l'étonnant four à voûte d'où sortaient les fameuses navettes dont André-Émeric continua l'éloge.

– Au moment de la Chandeleur, nous travaillons jour et nuit pour satisfaire à la demande, car les navettes sont devenues chez nous une tradition, mieux encore que les crêpes. Mais le reste de l'année les commandes sont toujours importantes. C'est moi qui assure l'approvisionnement, ta tante s'occupe de l'emballage. Tu en emporteras un paquet au collège pour partager avec tes camarades.

La visite de la crypte et de la Basilique fut expédiée assez vite car il fallait penser à rentrer chez les Bons Pères.

Cette promenade dominicale, sous un soleil encore chaud pour l'arrière-saison, fut la première d'une longue série qui couvrit toute l'année scolaire ainsi que la suivante. Les Rouden, convertis aux charmes de leur ville qui, rappelaient-ils avec fierté, comptait presque deux-cent-mille habitants, souhaitaient en faire connaître les richesses à ce gentil neveu jamais sorti de son village. Marius eut droit à la découverte de l'ancienne cathédrale Major, de l'esplanade de la Canebière où il croisa des marins de toutes nationalités, du parc du Pharo sur un promontoire qui dominait le Vieux-Port, et même du château d'If où l'on se rendit en barque par une mer difficile.

Mais le plus grand bonheur du petit pensionnaire était d'aller traîner sur les quais pour observer les navires au mouillage ou ceux en partance. Le trafic maritime n'était pas intense car, ainsi que lui expliqua l'oncle André, le blocus anglais pendant l'Empire avait fortement ralenti les mouvements de navires. L'activité reprenait toutefois, et, avec la quasi-saturation du bassin du Vieux-Port, de nouveaux mouillages au Nord allaient être créés. L'ouverture vers l'Outre-mer dont la conquête de l'Algérie était le premier exemple, permettait d'espérer de futurs développements. À la différence des bâtiments que Marius avait pu voir dans le port de Toulon, les navires qui transitaient par Marseille, n'étaient pas affectés aux activités guerrières, mais commerciales. On distinguait bien quelques bricks, quelques goélettes ou quelques gabares (son père lui avait appris à reconnaître ces types d'embarcations), mais l'essentiel de la flotte avait une vocation civile.

Comme ce beau vapeur en bois nommé *Henri-IV* sur lequel il put, grâce à Savelli, un ami de son oncle, prendre pied. Il avait été construit il y a peu à La Seyne, près de chez lui, pour le compte de la compagnie Bazin. Il était gréé en deux mâts avec une machine à aubes et une longue cheminée.

– Tu vois moussaillon, lui expliquait le quartier-maître Savelli qui lui servait de guide, il est destiné à naviguer vers l'Italie, sur la ligne Marseille-Gênes-Civitavecchia-Naples, et il fait un voyage par semaine. Il t'en coûtera 105 francs en Première classe et 55 en seconde pour aller à Gênes. Plus du double pour Naples. Ses dimensions sont assez modestes, 45,80 mètres de long et 5,94 de large, mais cette petite taille lui permet d'aller vite grâce à ses 180 chevaux. Le *Henri-IV* a un frère jumeau qui va bientôt entrer en service et qui s'appellera le *Sully*. Il faut bien concurrencer les Sardes et les Napolitains qui aimeraient avoir le monopole de ces destinations.

Marius n'avait jamais vu de bâtiment à vapeur, bien que son père lui eût parlé du *Coureur*, construit à l'arsenal de Rochefort, mais faisant partie de la flotte de Toulon, beaucoup plus performant que le mémorable *Sphinx*, encore en service, qui avait été le premier navire de guerre à voiles et à vapeur pourvu d'un armement dissuasif. Six navires de guerre à vapeur avaient participé à l'expédition d'Alger, en 1830, sous les ordres de l'amiral Duperré, commandant en chef. Ces navires pouvaient même, en cas de nécessité, remorquer les voiliers en souffrance.

Pour le jeune garçon, cette révolution était un motif d'étonnement autant que de perplexité. Comment pourrait-on se passer des voiles ? Qu'allaient devenir tous les spécialistes de la navigation d'autrefois, comme son père ? Que devraient apprendre les futurs commandants de ces nouveaux navires, au nombre desquels il pensait bien se compter un jour ?

Savelli balayait les objections avec assurance.

– La maison Bazin a su prendre le tournant de l'histoire en adoptant ce système de propulsion. Une ligne régulière a déjà été créée avec deux petits bateaux vers Malte et Le Pirée. Le projet est d'établir une liaison avec Tripoli, Alexandrie et Beyrouth. Toi qui es jeune, petit, il faut que tu te prépares. Car la voile, c'est terminé.

Marius n'était que moyennement convaincu. Rien ne valait à ses yeux un élégant voilier tel qu'il continuait à en découvrir dans le Vieux-Port. Ces grandes cheminées entre les mâts rompaient l'harmonie du vaisseau, lui donnant l'apparence étrange d'un hybride. Il s'interrogeait en même temps pour savoir si cette apparition de la vapeur n'était qu'un effet de mode ou allait transformer définitivement l'art de naviguer. Ayant du mal à se faire une opinion tranchée, malgré son goût pour les innovations et son ouverture au progrès.

Un autre apprentissage, plus personnel et plus inattendu, lui était offert par son oncle André-Émeric, celui de la natation. Le cousin de sa mère s'était pris de passion pour les bains de mer et surtout pour de grandes séances de nage qu'il accomplissait une ou deux fois par semaine aux bains des Catalans. Cette anse sablonneuse avait l'avantage d'être très proche de la ville, protégée du mistral et située face au décor sublime, quand le soleil en découpait les contours, des îles du Frioul. Le spécialiste des navettes marseillaises s'était persuadé de la nécessité d'initier son petit-neveu, qu'il jugeait un peu frêle, à l'art de la natation.

– Pour un marin, qu'il soit matelot ou capitaine, il est indispensable de savoir bien nager. C'est vrai aussi pour les non marins comme moi, mais pour celui dont le métier se passe sur un bateau, c'est capital. Crois-en mon expérience.

– Mais je sais nager, protestait timidement Marius, qui se rappelait que son parent n'avait accompli que dix-huit mois dans la marine. À Saint-Nazaire, nous avons l'occasion de nous entraîner sur la plage de Portissol. Nous y allions parfois avec mes parents et mon frère.

– Tu ne peux pas prétendre savoir nager si tu n'es pas capable de faire deux lieues en mer quel que soit le temps. Je crains que peu de gens à Saint-Nazaire puissent y parvenir. Il ne faut pas confondre natation et baignade.

En fonction de ces principes, certains dimanches, quand le temps était propice et que lui-même était d'humeur sportive, André entraînait le jeune Marius vers la plage des Catalans et lui prodiguait de patientes leçons pour lui permettre de faire partie de la coterie très fermée des très bons nageurs. Plusieurs, parmi eux, pouvaient, depuis la plage, aller jusqu'aux îles à la force de leur bras, puis revenir.

Au fil des semaines, Marius mesura les progrès accomplis. Il apprit à ménager son effort, à contrôler sa respiration, à s'accorder des temps de récupération. Sans songer à accomplir la traversée jusqu'au Frioul, il réussit plusieurs fois, en suivant son oncle, à atteindre quelques récifs placés à bonne distance. Il apprit aussi à mieux supporter l'eau froide, quand la séance de nage se faisait en novembre et même en février. Du coup, il gagna en résistance, en assurance, et son physique se développa, ce qui rendait très fier son initiateur. La récompense était, au retour à la rue Grignan, un chocolat chaud, préparé par Anne-Marie, accompagné des inévitables navettes.

Ainsi, entre les découvertes touristiques et les visites aux bateaux du Vieux-Port, entre les navettes de Saint-Victor et la natation aux Catalans, entre les leçons des Bons Pères et les gâteries de sa tante, Marius grandissait. L'année scolaire passa très vite et Saint-Nazaire, ses parents, ses amis et la petite Louise ne lui manquèrent pas trop. Surtout, il avait le sentiment, grâce à ses nouvelles acquisitions et à l'avancement de sa scolarité, de se rapprocher un peu plus de l'objectif qu'il s'était fixé en accord avec son père : intégrer l'École Navale de Brest pour devenir officier.

3

La scolarité de Marius chez les Bons Pères de Marseille entrait dans sa troisième année. Le garçon avait pris ses habitudes et jugeait l'internat très supportable. Il venait d'avoir quinze ans et se sentait changé, mûri. La fragile chrysalide nommée Blaise s'était métamorphosée en un solide papillon répondant au prénom de Marius.

L'enseignement des religieux était rigoureux mais de bonne qualité. Les élèves, tous internes, appartenaient pour la plupart à la bourgeoisie de la ville et des environs, des fils de commerçants, de notaires ou de gens de robe, d'armateurs ou de navigateurs. Peu d'entre eux marquaient un goût réel pour l'étude, se contentant de fournir le travail minimum pour échapper aux sanctions dont la plus redoutée était la privation de sortie du dimanche. Marius n'eut jamais à craindre une telle punition. Les dimanches à Marseille en compagnie de ses parents Rouden étaient devenus trop précieux – autant à titre de soutien affectif que de moyen de développement physique ou intellectuel – pour qu'il les compromît par des incartades.

Sérieux et appliqué, il ne pouvait toutefois être classé dans la catégorie des bons élèves, rattrapé par sa propension à la rêverie et son attirance pour le grand air. Deux matières avaient sa préférence, le latin et l'histoire-géographie. Le père Bernard, chargé d'enseigner le latin, était un jeune séminariste à peine plus âgé que les adolescents qui formaient sa classe. Il se montrait en permanence patient, bienveillant, à l'écoute des élèves et soucieux de leur réussite. Le cours de latin comprenait le traditionnel apprentissage des déclinaisons et des conjugaisons, la traduction d'extraits de grands textes, mais il était aussi prétexte à de longues causeries sur la civilisation romaine, les grands généraux de l'Antiquité ou les héros de la mythologie.

En cela, les leçons devenaient historiques, ce qui convenait parfaitement à Marius attiré par l'histoire ancienne qu'il avait découverte en piochant dans la bibliothèque paternelle. La plongée dans le passé se doublait d'une ouverture sur l'espace, celle que lui apportaient les cours de géographie, portant prioritairement sur la France mais également, pour le bonheur de Marius, sur des pays lointains qu'il rêvait de visiter un jour. Le professeur, qui avait perçu l'intérêt de cet élève atypique pour les contrées exotiques, s'adressait directement à lui, l'invitait à venir au tableau pour parler de la Syrie ou de l'île de Java, lieux dont la plupart de ses camarades ignoraient jusqu'au nom.

Marius était choqué que des fils de famille, habitant dans un grand port ouvert sur le monde, se montrent si indifférents aux cultures lointaines. Il se plaisait, lui, à évoquer devant ses camarades les opportunités qui allaient s'offrir à ceux que l'aventure tentait. La conquête coloniale, comme celle qui venait de commencer en Algérie, même si elle connaissait quelques difficultés, était appelée à se poursuivre et se développer ; il suffisait aux jeunes générations de faire preuve d'audace pour se réaliser dans ces dépendances françaises d'outre-mer. L'enfant de Saint-Nazaire n'était pas toujours écouté et préférait alors se réfugier dans la solitude et la lecture. Réservant ces conversations sur l'évolution du monde pour les déjeuners avec les cousins de sa mère.

Un jour de décembre 1834, tous les élèves furent invités à se réunir dans le réfectoire pour écouter un discours que devait prononcer le préfet des études. De façon plutôt solennelle, celui-ci, après avoir obtenu le silence, exposa la situation.

– Jeunes gens, les nouvelles que je vous apporte ne sont pas bonnes. Notre belle ville de Marseille est, comme vous le savez, un port ouvert sur le monde et il reçoit des navires, des marchandises et des passagers de tous les pays. Ce qui l'expose à des contaminations venues de l'extérieur quand les règles d'hygiène ne sont pas respectées. C'est ce qui s'est produit aujourd'hui avec le déclenchement d'une épidémie aux graves conséquences. Vos parents et vos grands-parents ont eu, dans le passé, à affronter quelques fléaux redoutables. C'est à notre tour de connaître l'épreuve. Je ne peux pas, pour l'instant, entrer dans le détail de la maladie qui nous menace. Mais nous avons reçu des autorités, tant religieuses que laïques, des directives nous demandant de prendre les mesures les plus radicales pour éviter qu'elle s'étende. C'est pourquoi, à dater de ce jour, toute sortie de l'école est formellement interdite, de même que ne sont pas autorisées les visites des familles. Ces mesures sont exceptionnelles et dès que les équipes sanitaires auront maîtrisé le fléau, nous les suspendrons. Dans l'immédiat, je vous demande de garder votre sang-froid et le sens des responsabilités que vos maîtres ont su vous inculquer. Tout symptôme doit être signalé à vos enseignants, par exemple des frissons, des sensations de froid, des vomissements. Dans ce moment d'extrême gravité, nous devons tous rester solidaires et souhaiter qu'avec l'aide de Dieu nous sachions faire face et gagner le combat contre le fléau.

Le mot « choléra » n'avait pas été prononcé. Mais tout le monde avait compris de quel fléau il s'agissait, des bruits ayant circulé depuis quelques jours.

Donc, le collège était en quarantaine. Plus de sorties le dimanche ; aucun contact avec l'extérieur. Pas de retour chez soi pour Noël. Quant à la ville, son administration, dirigée par le maire, M. Consolat, commençait à essayer de combattre les effets du mal tout en tentant de minimiser la gravité de l'épidémie.

Le premier décès, celui du plâtrier Sardon, était survenu aux premiers jours de décembre. À la veille de Noël, les morts se comptaient par centaines. La municipalité décida de l'ouverture de bureaux sanitaires et de camps de réfugiés, à Mazargues, à Montredon et sur les bords du Jarret. Les activités portuaires ou commerciales s'étaient quasiment arrêtées, malgré les ateliers de charité ouverts par le préfet. La population implorait le secours de la religion, et la statue de la vierge de Notre-Dame-de-la-Garde fut promenée en procession.

Les collégiens de l'école des Bons Pères, se sentant protégés, ne mesuraient pas l'étendue de l'épidémie et regrettaient de ne pouvoir se rendre en ville ou d'aller retrouver leurs familles, surtout à l'occasion des vacances de Noël. Marius vivait assez mal, lui aussi, la quarantaine. Elle allait, pour lui, prendre bientôt fin.

Peu de jours avant la date théorique des vacances, il fut convoqué par le préfet des études dans son bureau pour l'informer que son père venait le chercher.

– Je regrette beaucoup que vous ne finissiez pas l'année scolaire avec nous, une année importante puisqu'elle marquait la fin du cycle d'étude et le choix d'une orientation que vous avez clairement exprimée. De plus, en ce moment de difficultés, le mieux, semble-t-il serait de rester unis. Mais je n'ai pas le pouvoir de vous retenir contre la volonté de votre famille. Votre père, le capitaine Michel, est là, au parloir. Il vous attend pour vous emmener avec lui dans votre village du Var où, d'après lui, vous serez à l'abri de l'épidémie. Je ne partage pas son optimisme, mais je respecte sa décision. Vous avez juste le temps de rassembler vos affaires, de saluer quelques camarades et, si possible, vos professeurs, qui vont vous regretter. Je souhaite que Dieu vous protège, vous et votre famille, et que vous puissiez réussir la brillante carrière à laquelle vous semblez promis.

Marius, impatient, jusqu'à la veille, de rentrer chez lui, se trouve soudainement désemparé. Quitter le collège à quelques mois du concours ? N'est-ce pas insensé ? N'est-ce pas la fin d'un projet si longtemps caressé ? Faut-il que son père soit inquiet de son sort pour le retirer brutalement de chez les Pères. Sans doute a-t-il ses raisons et le séjour à Marseille est-il devenu dangereux. Les cousins Rouden, partis se réfugier à Saint-Chamas, vont être déçus de ce départ imprévu.

Dans la voiture de retour, Jean-Antoine Michel justifie son choix.

– À l'internat, vous n'avez pas mesuré la gravité de la situation. Dans l'ensemble de la ville de Marseille, personne n'est à l'abri, et le nombre des victimes est beaucoup plus important qu'on ne le dit. J'ai discuté à Toulon avec un éminent médecin, le docteur Lauvergne, il m'a clairement laissé entendre que les risques sont très grands et qu'il est urgent de fuir le foyer de la maladie. Nous avons pensé avec ta mère que ta vie passait avant les études.

– Père, vous avez sans doute raison ; mais que va-t-il se passer pour le concours de l'École Navale ?

– Je crois qu'il faut abandonner cette idée et je le regrette autant que toi. Tu sais que j'avais pour toi des vues élevées. Je reste persuadé que tu feras un bon officier de marine. Mais il y a d'autres moyens d'y arriver et de gagner un commandement. Nous trouverons la solution qui te permettra, sans passer par Brest, de devenir capitaine.

Les faubourgs de Marseille offrent, vus de la voiture, un spectacle de désolation. Les rues sont quasi désertes à l'exception de quelques religieux qui tirent des charrettes où sont entassés des cercueils. Les rares passants s'empressent, le visage à demi couvert par un foulard. Autour des fontaines, des gendarmes montent la garde. Tous les commerces sont fermés. Des suintements noirâtres s'écoulent au milieu des rues. Une effroyable odeur d'égout saisit à la gorge. Même vision macabre dans les bourgs traversés. À Cassis, un jeune cavalier de belle allure, malgré des gestes gauches, demande, avec un fort accent italien, qu'on lui indique la route d'Aix.

L'arrivée à Saint-Nazaire se fit de nuit, des ténèbres opaques enveloppant la petite ville qui semblait somnoler tranquillement. L'agitation et le malheur ne paraissaient pas avoir franchi les gorges d'Ollioules. Joséphine Michel accueillit son petit Blaise, qu'elle trouva bien changé, avec une émotion silencieuse. Ici, au moins, près d'elle, cet enfant serait en sécurité, loin des miasmes de la grande ville.

– Allons nous reposer dit Jean-Antoine Michel pour couper court aux séances d'effusion. Demain nous aviserons.

Les fêtes de Noël se déroulèrent presque normalement, avec à peine un peu plus de ferveur que de coutume de la part des Nazairiens dans l'accomplissement de leurs devoirs religieux. Les jours et les semaines qui suivirent confirmèrent la pertinence de la décision de M. Michel : le Var était pour l'instant épargné par l'épidémie. Le père avait été bien inspiré d'écouter le docteur Lauvergne et de rapatrier Marius.

Le jeune homme, privé de toutes contraintes scolaires, s'occupait en lisant, en travaillant tout seul son latin et, avec son père, les mathématiques, en accomplissant de longues promenades au bord de la mer, en embarquant parfois avec des pêcheurs amis, histoire de ne pas perdre le contact avec la mer. Un contact qu'il entretenait aussi par de longues séances de nage en partant de la pointe de Bau rouge pour rejoindre La Cride ou l'île des Embiez. L'hypothèse d'un retour chez les Bons Pères à la rentrée suivante pour reprendre le cycle d'études avait été vaguement envisagée. Les nouvelles en provenance de Marseille allaient d'ailleurs devenir rassurantes, et dès le mois de mars l'épidémie y fut considérée comme vaincue.

Il arrivait aussi à Marius d'accompagner son père sur le « stationnaire », ancré dans le port de Toulon et d'entamer avec lui une brève navigation dans la rade. Cette expérience de marin, clandestine et sans grand risque, en préparait une autre, officielle celle-la. En effet, la disgrâce du capitaine Michel prit fin au mois d'avril et les autorités maritimes décidèrent de lui confier le commandement d'un bâtiment de surveillance, la *Torche*, fonction plus conforme à ses compétences. Immédiatement, Jean-Antoine Michel eut l'idée de faire embarquer Marius sur son bateau comme mousse, sauf que son fils n'avait pas encore l'âge requis, qui était de seize ans et neuf mois. Le capitaine fit jouer ses relations, vanta les mérites du futur mousse, assura qu'il le prenait sous sa protection et sous sa responsabilité et finit par obtenir la dérogation nécessaire. Le 30 avril, avec un an d'avance par rapport à l'âge réglementaire, Blaise Jean Marius Michel entrait dans la Marine royale. Son rêve de devenir marin se concrétisait, même s'il avait imaginé des débuts plus prestigieux et s'il savait qu'il lui faudrait du temps pour conquérir ses galons.

Curieux nom, pour un navire, que la *Torche*, songeait Marius. Pas tellement après tout, car la mer mérite d'être éclairée et, faute d'installations fixes, comme le légendaire phare d'Alexandrie, il revient aux bateaux de montrer la voie, de porter la lumière.

Les tâches qui incombaient au jeune matelot sur l'embarcation de son père n'avaient pourtant rien de très exaltant et ne pouvaient prétendre répondre à cette vocation d'éclaireur. Le jeune Michel s'en acquittait malgré tout avec zèle. Il mettait un point d'honneur, en tant que fils du commandant, à se montrer irréprochable, acceptant les corvées les plus ingrates que son père, soucieux d'éviter les traitements de faveur, n'hésitait pas à lui confier. Les missions du bateau restaient modestes et sans éclat : surveiller, dans un périmètre réduit de la Petite à la Grande rade, les entrées et sorties de navires et tout mouvement suspect dans un port largement ouvert, bien abrité certes, mais pas très bien protégé des intrusions hostiles.

Pour son service de surveillance, la *Torche* était amenée quotidiennement à doubler la Tour de l'Éguillette, puis le fort de Balaguier pour s'avancer dans une anse fermée, à l'abri des vents, appelée golfe du Lazaret. Ce nom faisait référence aux établissements de quarantaine établis en ces lieux, là où les passagers des navires de retour de pays lointains étaient tenus de rester plusieurs jours en observation. Ce qui n'était pas toujours suffisant pour arrêter les épidémies, comme celle du choléra, toujours menaçante.

L'anse du Lazaret s'achève par une courte bande de sable en une plage nommée Les Sablettes, et se prolonge, à l'ouest, par la presqu'île du cap Cépet où se trouve l'hôpital de Saint-Mandrier. De l'autre côté, la côte forme une baie plus large, quasi inhabitée, presque sauvage, même si, sur les hauteurs, se devinent quelques maisons appartenant à la commune de La Seyne. C'est cet endroit, protégé par une zone marécageuse, que l'on nomme *Tamaris*, en raison des arbres, exportés d'Orient, portant ce nom, reconnaissables à leurs feuilles dentelées et à leurs fleurs roses. Cette campagne apaisée, où viennent mourir d'inoffensives vagues, est prolongée par des collines verdoyantes, plantées moins de tamaris que de pins, d'eucalyptus et de mimosas. Le temps semble s'être arrêté aux limites de ce littoral préservé où même les barques de pêcheurs hésitent à s'aventurer. L'air y est plus léger qu'ailleurs, la brise plus douce, les odeurs plus fortes, qui portent en elles les senteurs combinées du varech, de la mer et des genêts. Le capitaine Michel, qui connaît bien les lieux, a donné, un jour de mai, des explications à son fils :

– Je vois que tu es séduit toi aussi par le calme de Tamaris. Je te comprends. Cet endroit est assez enchanteur. Mais il est mal accessible, envahi par les moustiques et rendu inexploitable à cause des marécages. Tu peux distinguer, vers le milieu de l'anse, partant du rivage et montant vers la colline, un secteur vaguement habitable que l'on nomme Le Manteau. Tout laisse à penser qu'on l'appelle ainsi parce qu'il est protégé du mistral. Nous irons un jour, à la rame, accoster au Manteau.

De là, par des chemins, on peut rejoindre La Seyne. Et Saint-Nazaire n'est pas loin.

Les charmes de Tamaris, s'il les nourrissait, ne suffisaient pas à combler les rêves du jeune mousse qui, depuis le navire de son père, aimait à observer avec attention les bâtiments en partance pour les colonies ou qui en revenaient : le *Triton*, vaisseau de Quatrième rang, commandé par M. Baudin, capitaine de vaisseau, quitte Toulon pour Alger le 27 mai ; la *Diligente*, corvette-aviso de 18 canons, commandée par M. Lapierre, capitaine de corvette, arrive à Toulon le 14 juin, venant de Tripoli. Et puis la *Malouine*, le *Sylphe*, la *Chimère*, bateau à vapeur, le *Crocodile*, l'*Agate* et bien d'autres dont Marius s'efforçait de retenir les noms auxquels il trouvait une vertu poétique. Son père l'aidait à reconnaître la nature de l'embarcation et le renseignait sur sa destination ou son origine.

Le jeune Michel avait embarqué sur la *Torche* depuis moins de deux mois, quand, vers la fin du mois de juin, alors que le bateau exécutait ses manœuvres habituelles, son père le prit à part et, d'une voix altérée, sans quitter des yeux le rivage du côté de La Seyne, lui apporta la terrible nouvelle :

– Le choléra est à Toulon. Un cas indiscutable vient d'être constaté. Il s'agit d'un second-maître canonnier du *Galathée* que j'ai eu jadis sous mes ordres, Jean-Marie Pommard, un assez mauvais sujet. Pour ne pas être rentré à bord dans les temps, il a été mis aux arrêts, et là il a manifesté divers symptômes qui, à l'hôpital de Saint-Mandrier, n'ont pas été reconnus immédiatement, mais que très vite le docteur Lauvergne a formellement identifiés comme étant ceux du choléra.

Marius reçut l'information comme un choc. Au-delà du bouleversement qu'allait provoquer l'épidémie, il mesura dans l'instant l'inutilité du sacrifice de ses études. Mais l'abandon était irréversible et le choix de son père avait répondu à des motivations estimables sur lesquelles il ne fallait pas revenir. Il était sans doute inscrit dans sa destinée de ne jamais voir l'École Navale de Brest. Et, pour l'heure, il allait falloir vivre avec le fléau.

Ce que l'adolescent n'avait pas connu à Marseille, en raison de la quarantaine du collège, il eut le loisir de le découvrir à Toulon, ville proche de la sienne, où, sans toujours le constater par lui-même, faute de descendre à terre, il sentit que la situation devenait critique. Dès les premiers jours de juillet les cas se multiplièrent. La journée du 11 connut un pic en matière de mortalité : les médecins recensèrent ce jour-là cent-un décès. La ville se vidait progressivement, la population pensant, à juste titre, que le refuge dans les communes rurales environnantes était le meilleur moyen d'échapper au mal. De quarante mille habitants, on était passé à dix ou quinze mille. Des pillages furent à déplorer. Des scènes d'hystérie collective aussi, qui obligèrent le maire, Me François Guieu, à faire appel à des renforts de gendarmes et de militaires. À l'inverse, des bienfaiteurs dévoués se mirent au service des malades, comme le curé de la paroisse Saint-Louis, le père Laurent Chabaud, qui ne refusa jamais d'apporter les derniers sacrements aux agonisants, ou le très estimable docteur Fleury, médecin-chef de la marine qui, à soixante-dix-sept ans, avait repris du service, et qui perdit la vie en tentant de soigner les cholériques. Des charlatans tentaient d'abuser la bonne foi des Toulonnais en proposant une médaille prétendument « miraculeuse ». Des contrôles stricts furent opérés sur la viande de boucherie et les autres denrées consommables. Les bagnards furent préposés au transport des corps au cimetière – sans qu'ils acceptent de creuser les fosses.

Le journal local, *La Sentinelle toulonnaise*, par la plume de son rédacteur, M. Laurent, tenait le compte des victimes, prodiguait des conseils pour sauver les malades (les réchauffer, cautériser la peau au fer rouge, poser des sangsues, faire des saignées) ou revenait sur les causes de l'épidémie : l'incurie supposée de la municipalité qui tolérait l'insalubrité et celle du Préfet maritime qui manquait de vigilance sur l'hygiène des navires entrés au port. La rubrique nécrologique du journal occupait plusieurs colonnes et les Toulonnais la lisait avec angoisse.

Une chaleur étouffante augmentait la paralysie générale. Chacun regardait à deux fois avant de boire, quelque tenaillé par la soif qu'il fût. La lumière était devenue blanche, poussiéreuse, comme chargée de particules fétides. L'air était pesant, irrespirable, le ciel éblouissant. Imprégnée d'une odeur de mort, l'eau du port prenait des couleurs sombres, une apparence visqueuse. Les relations entre les gens avaient pris un cours agressif, violent même. À bord de la *Torche*, comme sur la plupart des bateaux, le climat était tendu, proche de l'explosion, encore qu'on s'y sentît plus à l'abri de la contagion qu'en ville. La liste des marins touchés était pourtant longue. Ils avaient même été les premiers atteints par le mal.

Après un été difficile, vers octobre, le fléau marqua un net recul, et le dernier cas officiellement comptabilisé survint le 25 de ce même mois. L'épidémie avait fait près de deux mille victimes. Parmi eux, des parents proches des Michel, mais aucun membre de la famille. L'épreuve avait été rude, formatrice pour Marius, dont l'initiation à la mer avait coïncidé avec le frôlement de la mort. Mais il était bien vivant, rendu plus fort par le danger et bien décidé à saisir sa chance.

Alors que la vie revenait à la normale à Toulon et dans les environs, un cas de choléra fut déclaré à Marseille. La ville se préparait, moins de six mois après la première épidémie, à vivre un nouvel enfer. Marius pensa à ses anciens camarades, tout en se félicitant d'avoir, par la volonté de son père, quitté le collège.

Il n'eut guère le temps de ressasser ses souvenirs car il allait bientôt effectuer son deuxième embarquement, sur la *Dore*, une bombarde dont son père venait de prendre le commandement. Le petit navire comptait vingt-sept membres d'équipage et pouvait effectuer de vraies sorties en mer, même si elles relevaient toujours du cabotage. Marius, passé au rang d'apprenti marin, commençait à maîtriser quelques notions de navigation et n'hésitait pas à prendre des initiatives qui signalaient aux officiers son sens de la navigation et son attachement à la vie à bord. Il irait loin, pensait-on.

Ce qui se vérifia, puisque l'affectation sur la bombarde la *Dore* ne dura que quelques mois. En décembre 1836, l'apprenti marin Michel est autorisé à embarquer sur un bateau à vapeur appelé à parcourir la Méditerranée, le *Cerbère*. Marius, sensible à la symbolique des noms et bon connaisseur de la mythologie, pense moins à l'aspect effrayant du chien monstrueux à trois têtes, qu'à la tâche que lui attribue la légende : protéger l'accès aux Enfers et empêcher les imprudents franchissant le Styx de s'enfuir. À son tour, il se pose en gardien de cette mer au bord de laquelle il est né et s'imagine mettre en fuite des cohortes d'envahisseurs sanguinaires. *Mare nostrum* serait son Hadès. « Cerbère », un nom de combat pour une épopée héroïque. Un nom redoutable. Les limites de la rade de Toulon vont être définitivement dépassées. L'aventure commence. Blaise Jean Marius Michel va sur ses dix-huit ans.

4

– Mon fils, le moment est venu de te lancer à ton tour dans la vie de marin. Comme l'ont fait, avant toi, ton père et tes deux grands-pères. Tu es presque un homme, il est normal que tu quittes la maison pour apprendre à connaître le monde et te mettre au service du roi. Pour une mère, ce moment est un peu douloureux, et même difficile à accepter. Le petit Blaise qui aimait à lire sous la lampe pendant que je préparais le repas ou que j'étais occupé à des travaux de couture s'est transformé en un matelot plein de vigueur, impatient de courir les mers. C'est très bien ainsi. Mais à la veille de t'embarquer sur le *Cerbère*, je te demande de ne jamais oublier les tiens, de donner des nouvelles autant que tu peux et de faire preuve de prudence. J'espère aussi que tu sauras faire honneur à la famille en accomplissant ton devoir avec droiture, courage et générosité. Ce sont les valeurs qu'ont toujours défendues tes parents et grands-parents, les Michel et les Lautier. Je suis certaine que tu sauras bien te comporter et que nous pourrons être fier de toi. Maintenant, que Dieu te protège.

Ce discours de recommandation en a coûté à Joséphine Michel. Dans la famille, les épanchements affectifs étaient rares, comme était généralisée l'économie de paroles. Les sentiments n'avaient pas à être dits ; les montrer était suffisant. Il fallait que la mère de Marius fût intérieurement remuée pour qu'elle consentît une telle entorse aux règles de pudeur. Son fils le comprit sans peine et accepta, peut-être une dernière fois, de recevoir un baiser sur le front, accompagné d'une longue étreinte. Il était inutile de répondre. Ni de commenter ou d'expliquer. Le silence et l'abandon dans les bras de sa mère valaient mieux que toute promesse.

– Maintenant, va vite préparer ton sac, dit Joséphine qui ne souhaitait pas prolonger une scène jugée trop sentimentale.

Le sac de Marius était déjà prêt depuis deux jours. Il lui restait un peu de temps avant de rejoindre Toulon où l'embarquement devait se faire vers dix-sept heures. Juste assez pour rejoindre Louise, sa meilleure amie, qui lui avait demandé de le retrouver au pied de la montée des Oratoires. Elle avait quelque chose à lui donner.

Louise était devenue une belle jeune fille dont le rayonnement se cachait sous une extrême timidité. Elle n'avait jamais cessé de voir Marius qui, chaque fois qu'il revenait en vacances à Saint-Nazaire, aimait passer du temps auprès d'elle pour de longues promenades en bordure de mer. Il lui racontait alors sa vie d'interne à Marseille, il lui détaillait les richesses de la grande cité et lui avait même rapporté des navettes à l'anis. Il lui avait aussi décrit le port, le va-et-vient des navires, les marins du monde entier. Il n'avait pas oublié de mentionner ses performances de nageur aux bains des Catalans avec son oncle André-Émeric.

Louise l'écoutait modestement, un peu triste de voir son ami s'épanouir en des lieux d'où elle était exclue. Elle appréciait pourtant sa transformation, sa maturité précoce qui n'avait pas entamé son ancienne passion pour la mer et les grands horizons. Elle avait tremblé pour lui au moment de l'épidémie de choléra, un peu à celle de Marseille, dont les échos étaient lointains, beaucoup plus à celle de Toulon. Elle était sensible aussi à l'apparence avantageuse que le temps lui avait apportée : un visage aux traits réguliers, légèrement allongé, des yeux clairs, couleur de mer, une belle chevelure noire séparée par une raie en son milieu, une fine moustache faisant homme.

Aujourd'hui, elle souhaitait prolonger pour encore quelques minutes l'ancienne complicité qui avait pris naissance sur les bancs de l'école des Sœurs.

– C'est bien pour toi, Marius, cet engagement sur un bateau de guerre. Je suppose que tu es content.

– Bien sûr. J'attendais cela depuis longtemps. Faire les moules dans le port de Toulon sous le commandement de mon père n'était pas tout à fait ce que j'imaginais pour ma vie de marin. Cette fois, j'y suis.

– Ton bateau, comment est-il ? Tu l'as vu ?

– Le *Cerbère* n'est pas un très grand bateau, comme tous les avisos, qui sont destinés à être rapides et à faire la jonction entre les bâtiments de combat. Mais il est tout neuf, car il a été lancé cette année, il y a à peine quelques mois. Il est moderne, aussi, il marche à la vapeur, les voiles ne servent que de secours. Une grande cheminée est placée au centre, entre les mâts. La vapeur, c'est l'avenir.

Il se rappelait les paroles du quartier-maître Savelli, l'ami de son oncle.

– Et en quoi va consister ton travail ? Vers où va le bateau ? Combien de temps vas-tu rester en mer ? À quand est fixé ton retour ?

– On ne m'a pas donné toutes ces informations, mais je pense que nous allons participer à la campagne d'Algérie. J'ignore combien de temps nous resterons là-bas ; ce que je sais, c'est que les navires reviennent souvent après quelques semaines, pour des travaux de carénage, je les ai observés dans le port de Toulon.

En parlant, les deux jeunes gens ont gravi la petite colline qui monte vers la chapelle Notre-Dame de Pitié, passant devant les oratoires, sans s'attarder à contempler la vue, pourtant bien dégagée, grâce au vent, en cette journée d'hiver.

– Pour tes permissions, tu reviendras à Saint-Nazaire, pour rendre visite à ta famille et à tes amis. Nous pourrons peut-être nous voir, pour que tu me racontes…

En prononçant cette phrase, Louise a rougi et baissé les yeux. Laissant percer comme un soupçon de tristesse. Et puis, avec des mouvements brusques, plongeant une main dans un sac de toile blanc, elle en a ressorti un livre, de petit format mais épais et bien relié.

– C'est pour toi. Je voulais te faire un cadeau. L'*Odyssée* d'Homère. Je sais que tu l'as déjà lu, puisque tu m'en as souvent parlé. Mais je voulais que tu l'emportes avec toi. C'est une histoire de marins en Méditerranée, un peu comme toi. J'espère que tu n'auras pas autant d'aventures qu'Ulysse et que tu ne mettras pas comme lui dix ans avant de rentrer chez toi.

Pense-t-elle à Nausicaa, la séduisante fille d'Alkinoos, roi des Phéaciens, qui a souhaité retenir auprès d'elle le rusé marin ? Ou à la fidèle Pénélope qui a réussi à tenir à distance les prétendants d'Ithaque en attendant le retour de son mari ?

– Ce livre, je l'ai toujours vu à la maison. J'ai demandé à mon père si je pouvais te l'offrir. Il a accepté. À Saint-Nazaire tout le monde est fier de toi, engagé si jeune dans la marine de guerre. Et puis, tu penseras peut-être un peu à moi en le relisant.

L'*Odyssée* ira alourdir le sac du jeune apprenti marin. Oui, il en relira les chants avec plaisir ; oui, cette lecture lui rappellera l'image de la timide Louise ; oui, son périple en Méditerranée, moins tumultueux et moins long que celui d'Ulysse, lui réserve de grandes découvertes.

Marius a pris la main de Louise. Un peu comme au moment de la procession du 15 août vers Notre-Dame de Pitié. Il la sent tremblante, hésitante, cherchant à se dérober. Il la serre un peu plus jusqu'à ce qu'elle s'abandonne. Alors, sans un mot, les deux amis redescendent vers la petite ville. Mais le retour se fera par un autre chemin, celui qui passe par le Bau rouge, car ce détour permettra de faire durer la promenade silencieuse et de retarder le moment de la séparation.

Joséphine Michel, la mère aimante et Louise, l'amie attentionnée avaient su voir dans le jeune apprenti marin auquel elles disaient adieu un homme en formation. Les années passées à bord du *Cerbère* achevèrent de sortir Marius de l'enfance et de l'adolescence. Comme il l'avait pressenti et, sans en avoir la certitude, comme il l'avait annoncé à Louise, son navire faisait partie de la flotte affectée à la conquête de l'Algérie.

Le capitaine Michel avait raconté à son fils encore écolier l'origine et le départ de l'expédition d'Alger de 1830 décidée par le roi Charles X pour asseoir son autorité. La décision de mobiliser l'Armée et la Marine avait été prise le 2 mars et, quelques jours plus tard, le vice-amiral Duperré se voyait confier le commandement en chef d'une armée navale, la plus importante qu'on ait jamais vue. Exactement cent-trois navires, dont deux vapeurs, furent réunis dans la rade de Toulon, certains venant des autres ports, Brest, Lorient, Cherbourg, Rochefort et même Bayonne, d'autres affrétés sur place au prix d'efforts considérables de la part des chantiers de l'arsenal. En trois mois environ, l'escadre était prête emportant 27 000 marins. Parallèlement, depuis Marseille, plus de cinq cents bâtiments de commerce étaient prêts à appareiller, transportant les chevaux, les chalands de débarquement et divers équipements. L'objectif était le petit port de Sidi-Ferruch, que la flotte atteignit le 14 juin.

Sur le *Cerbère*, au cours des diverses traversées, Marius avait pu côtoyer des marins qui avaient participé à l'expédition. En particulier un timonier breton, originaire de Tréguier, Jacques Vasseur, qui s'était pris d'amitié pour le jeune apprenti et qui aimait à revenir sur cet épisode glorieux.

— La baie de Sidi-Ferruch se trouve à environ douze nautiques d'Alger, expliquait Vasseur, à l'occasion d'une pause. De là, il était facile d'envoyer des vaisseaux vers la ville où se trouvait le dey Hussein. Une trentaine d'abord, puis encore autant, et quand cette flotte fut disposée face au port, les tirs de canon ont commencé. C'était le 1er juillet, il faisait un temps magnifique, mais il n'était pas question de contempler le paysage que d'ailleurs on ne voyait pas à cause des fumées de canons et des gerbes d'eau de mer. Tu aurais vu cette canonnade !... Tu aurais entendu ce tintamarre !

– Tu as participé au combat ? interrogeait Marius admiratif et captivé par ce récit.

– Et comment, fiston ! J'étais embarqué sur un vapeur à roue un peu comme le nôtre, le *Nageur*, de 160 chevaux, ce qui était le mieux qu'on pouvait faire à l'époque. Il était commandé par le capitaine Laurier, un vrai chef, qui n'avait pas froid aux yeux. C'est nous qui avons été désignés par le navire-amiral pour accoster sur la plage, pendant que le *Sphinx* et le *Pélican* nous couvraient. Le but était de s'emparer des batteries, d'un mortier et d'un canon qui avaient fait déjà pas mal de dégâts. Il nous a fallu plus d'une journée et une partie de la nuit pour y parvenir.

Vasseur tire sur sa pipe et, s'abandonnant à la nostalgie, n'en finit pas de donner des détails qui passionnent son jeune auditeur. L'homme était un grand gaillard, sans barbe mais pourvu d'abondants favoris qui lui mangeaient les joues. Ses yeux étaient d'un bleu transparent, enfoncés dans son visage et barrés par un front bas qui lui donnait un air buté. Il ne souriait pratiquement jamais, se contentant de manifester sa satisfaction par un hochement de tête et un froncement de sourcils. Ce géant à l'aspect impressionnant cachait une vraie générosité, se montrant prêt à prendre la défense des plus faibles, à venir en aide aux débutants, à offrir la moitié du peu qu'il possédait.

– Le combat a duré plus de quatre jours et je ne te dis pas le nombre de navires coulés, et de camarades laissés morts. Enfin, le 5, le dey accepta la capitulation sans condition. Tu parles d'une fête à bord. Triple ration pour tous et prime équivalente à un mois de solde ! Bon, tout n'était pas fini pour autant, mais nous étions dans la place.

Vasseur s'était institué le protecteur exclusif de Marius dont il avait connu le père, dans le port de Toulon, sans servir sous ses ordres. Il avait perçu dans le jeune homme une vraie trempe de marin qui lui rappelait sa jeunesse, lui qui annonçait fièrement ses trente-huit ans alors qu'il en paraissait dix de moins.

– Tu vois, fiston, la vie de marin te réserve parfois de grandes joies. Mais ne t'illusionne pas, ce n'est pas toujours rose. Les corvées se répètent, aussi inutiles que fastidieuses, la pitance est maigre, les nouvelles sont rares, le pays nous manque, les femmes aussi, et les coups de tabac arrivent à secouer les plus amarinés, surtout en Méditerranée. Sur les vapeurs, les conditions sont encore plus pénibles, nous sommes les uns sur les autres, avec tous ces mécaniciens, soutiers, chauffeurs... Et puis cette chaleur en permanence, ces poussières qui nous retombent dessus. Je sais, on ne peut pas revenir en arrière, mais il y a des jours où je regrette les bons vieux voiliers de ma jeunesse.

Vasseur était intarissable et Marius aimait à l'écouter. Le jeune homme s'était même mis à l'imiter, en se mettant à fumer la pipe et se laissant pousser des favoris qui très vite furent transformés en une barbe plus traditionnelle, bien qu'encore clairsemée.

La traversée entre Toulon et l'Algérie durait environ quarante heures, sauf par gros temps, comme ce jour de mars où le *Cerbère* fut pris dans une terrible tempête qui plongea les moins aguerris de l'équipage dans des tourments difficiles à décrire. L'expérience fut atroce pour Marius : il ne tenait plus sur ses jambes, un creux à l'estomac semblait vouloir vriller son corps, sa vue se troublait, il était proche du délire. Par moments, il reprenait conscience, pour retomber aussitôt dans un vertige douloureux accompagné de frissons. Il n'avait même pas la force de contempler la mer déchaînée, les creux de plusieurs mètres et les cahotements du *Cerbère* qui tentait de garder sa route.

Le jeune apprenti marin n'oublia jamais l'épreuve qui dura plusieurs heures et lui parut une éternité. Plus tard, il ressassa son supplice en le comparant à celui d'Ulysse, au chant 10 de l'*Odyssée*, ce livre qu'il parcourait le soir, seul dans sa couchette, éclairé par une faible chandelle : « *Et aussitôt la tempête furieuse nous emporta sur la mer, pleurants, loin de la terre de la patrie. Et, m'étant réveillé, je délibérai dans mon coeur irréprochable si je devais périr en me jetant de ma nef dans la mer, ou si, restant parmi les vivants, je souffrirais en silence. Je restai et supportai mes maux. Et je gisais caché dans le fond de ma nef, tandis que tous étaient de nouveau emportés par les tourbillons du vent vers l'île Aioliè. Et mes compagnons gémissaient.* »

Mais il y eut aussi les jours d'accalmie, les traversées sereines pendant lesquelles on n'a qu'à se laisser porter par la vague caressante, à prêter l'oreille pour percevoir le bruit de l'étrave glissant dans l'écume, à surveiller les oiseaux blancs en quête de nourriture ou simplement de compagnie humaine. À plaisanter avec les camarades, à jouer aux dés ou aux cartes, à entonner à leur côté des chants de marins. À partager la joie de celui qui vient d'apprendre que son épouse lui a donné un fils, ou la peine de cet autre dont le père vient de s'éteindre.

Il y eut aussi les retours à terre, les permissions à Saint-Nazaire, les retrouvailles avec ses parents, les récits de sa vie de marin, les rendez-vous furtifs, toujours trop courts, avec Louise, pressée de recueillir les confidences de son ami qu'elle jugeait moins disponible, plus lointain. Car si la compagnie de Louise lui était toujours agréable, le jeune matelot ne dédaignait pas, comme le lui avait conseillé Vasseur, d'améliorer son éducation sexuelle en fréquentant des maisons spécialisées ou en se lançant dans la facile conquête de femmes peu farouches.

Il y eut enfin les promotions, les avancements dans la profession, les échelons gravis un à un grâce à de l'application et du travail : fourrier de troisième classe dès la première année, puis de deuxième classe deux ans plus tard, fonction que Marius prit très au sérieux et qui supposait de nouvelles responsabilités, comme celle d'assurer la distribution des vivres et de tenir des livres d'écriture. Rien de très prestigieux toutefois. L'année 1839 était bien entamée, il allait avoir vingt ans. Le chemin était encore long avant d'espérer faire partie de la caste des officiers. Il arrivait à Marius de perdre patience, de désespérer de la providence qui ne lui offrait pas l'occasion de révéler ses capacités réelles. Il avait tort, cette occasion se présenta le 12 mai de cette même année, devant la petite ville de Djidjelli, au nord de la Kabylie, à l'est de Bougie.

Près de dix ans après l'expédition d'Alger, l'Algérie était loin d'être totalement soumise. La résistance s'était avérée plus redoutable que prévue et les revers, sur terre et sur mer, laissaient augurer une campagne longue et difficile. Le roi Louis-Philippe ne souhaitait pas renoncer pour autant et envisageait, après la prise des principaux ports, Oran, Mostaganem, Alger, Bône, Bougie, la conquête de l'intérieur. En octobre 1837, après de farouches batailles, le maréchal Valée réussit à faire tomber le bastion de Constantine, avant d'être nommé gouverneur de la nouvelle colonie. Mais les troupes d'Abd-el-Kader n'étaient pas disposées à se rendre et le général Clauzel essuya une grave défaite qui obligea à négocier avec l'émir. Le traité de Tafna concéda à la France la zone côtière, alors qu'était abandonnée à Abd-el-Kader une grande partie du territoire intérieur, dont la zone montagneuse de Kabylie.

Une petite ville en bord de mer refusait la suzeraineté des Français, Djidjelli, ancienne colonie romaine, véritable porte d'accès à Constantine et à sa région. Déjà les armées de Louis XIV avaient, en leur temps, essayé, sans succès, d'occuper la ville. Le Marseillais Chevalier Paul, dont Marius connaissait bien la vie, avait mené le combat en vain. L'affaire se répétant, le gouvernement français décida de mettre un terme à une situation humiliante en faisant de la prise de ce petit port naturel un objectif prioritaire.

Deux navires de l'escadre furent dépêchés sur les lieux, le *Styx* et le *Cerbère*, avec ordre d'obtenir une reddition dans les plus brefs délais. Si la population locale avait eu connaissance des légendes de la mythologie grecque, nul doute que le nom des vaisseaux à connotation infernale eût créé chez elle une salutaire frayeur. Le général de Salles, chargé de conduire l'opération, avait échafaudé un plan qui devait permettre, au bénéfice d'une nuit sans lune, d'assurer un débarquement discret au moyen d'embarcations légères remplies d'hommes armés. La manœuvre était risquée car la ville était sur ses gardes et protégée par des combattants aguerris. Les pertes seraient sans doute élevées, mais c'était là le prix à payer pour assurer la souveraineté de la France.

Marius, comme tout l'équipage du *Cerbère*, avait eu connaissance du projet et, formulant des doutes sur son efficacité, s'en était ouvert à son ami Vasseur. Celui-ci, pressé d'en découdre, avait refusé de l'entendre : si les gradés avaient décidé de l'attaque, il n'y avait pas lieu de discuter. Déjà, quelques années plus tôt, à Alger, la victoire s'était offerte au plus courageux. Ce n'était pas à un jeune fourrier, même de deuxième classe, de définir une tactique militaire. Face à des rebelles, seule la poudre pouvait faire effet. Le timonier breton espérait bien faire partie de l'escouade chargée d'investir la cité. Marius était moins convaincu et mesurait le danger que représentait une attaque à découvert, même de nuit.

L'information sur la date du débarquement, fixé au 13 mai, avait circulé parmi les membres de l'équipage. Tout le monde devait se tenir prêt, en tenue de combat. La journée précédente, Marius essaya à nouveau de sonder des camarades sur la pertinence de l'assaut, sur les chances de réussite qu'il estimait réduites. Il ne fut pas écouté, renvoyé à ses écritures ou à ses lectures. Vasseur lui rappela la règle à laquelle devait soumettre tout militaire :

— Tais-toi, ne cherche pas à comprendre et contente-toi d'obéir.

Le jeune homme avait eu le temps, au cours de ces dernières années, de montrer sa soumission à la loi d'obéissance. Face à un ordre, jamais l'idée d'une contestation ne lui était venue. Mais aujourd'hui, d'autres solutions que militaires lui paraissaient envisageables. Il fallait agir, discrètement, et vite, et seul, puisqu'aucun camarade, même Vasseur, en qui il avait placé tous ses espoirs, n'acceptait de le suivre.

Le *Styx* et le *Cerbère* étaient à l'ancre au large de la ville depuis trois jours. Marius s'était efforcé de calculer la distance qui séparait son navire de la côte, peut-être deux ou trois nautiques, moins de deux lieues en tout cas. Surtout en se fixant comme objectif la presqu'île qui, avançant dans la mer, constituait une jetée naturelle. Il se rappela les commentaires de son oncle Rouden : « Celui qui n'est pas capable de parcourir deux lieues à la nage, n'est pas digne de figurer dans la confrérie des nageurs des Catalans. » Mais lui, Marius, s'il avait bien, grâce aux leçons d'André-Émeric, réussi à progresser en natation, il ne s'était jamais aventuré sur une telle distance. En même temps il ignorait tout de l'endroit et des pièges qu'il réservait. Pourtant, il fallait tenter. Il y allait de la vie de ses camarades et de l'honneur de son pays.

Dans la journée du 12 mai, il prit le soin de soustraire à la vue du sous-officier un drapeau tricolore qu'il avait caché sous son grabat. Son plan était prêt. Vers vingt-trois heures, Marius quitta sa couche en prenant garde à ne faire aucun bruit et monta sur le pont. La nuit était aussi peu lumineuse que celle, sans lune, du jour prévu pour l'assaut. Aucun bruit ne se faisait entendre. Sur la dunette, le matelot chargé de la surveillance paraissait assoupi et il était assez loin de lui, hors de son champ de vision. Rien ne bougeait non plus dans le petit port qu'il avait face à lui, à bonne distance pourtant. Aucun feu ne l'éclairait, ce qui, en d'autres temps, eût navré le jeune homme très attaché à la signalisation lumineuse des côtes. La mer était calme, laissant à peine entendre le léger bruit d'un clapotement printanier.

Marius se débarrassa de ses chaussures, s'empara d'une écoute qu'il avait mise de côté, l'ajusta au bastingage du bateau, puis déplia le drapeau qu'il s'entoura soigneusement autour de la taille, en veillant à le tenir bien serré par un nœud. De là, il entama une descente jusqu'à l'eau qu'il trouva tiède, presque accueillante. Les premières brasses furent accomplies avec prudence pour ne pas éveiller l'attention des guetteurs de l'un ou l'autre des deux navires. Le cap était fixé : une sorte de bastion au sommet d'une colline dominant la cité. Il suffisait maintenant de nager tranquillement, en calculant ses efforts et réglant sa respiration. Comme il avait appris à le faire à Marseille.

Après quelques minutes, il sentit la gêne occasionnée par le drapeau. La pièce d'étoffe avait tendance, sous l'effet de l'eau, à se déployer, flottant en surface, ralentissant son avancée, ou encore à se mêler à ses jambes, l'empêchant d'accomplir les battements nécessaires à sa progression. Régulièrement, il lui fallait ralentir pour l'ajuster contre lui, le ramener d'un bras qui interrompait son mouvement. Certes, il approchait des premiers récifs, mais il en était encore loin et le souffle commençait à devenir court, les gestes moins coordonnés. Jamais il ne pourrait tenir jusqu'au bout, et le retour vers le *Cerbère* n'était pas envisageable. Par chance, sa main droite vint à heurter un obstacle dur, en bois probablement, une barque qui tournoyait tranquillement autour d'un corps-mort. Marius, accroché à la barque, reprit des forces et comprit que, grâce à cette halte providentielle, il serait désormais en mesure de gagner la presqu'île.

Sur la courte grève où étaient tirées quelques embarcations, il prit le temps de se reposer quelques minutes. Le drapeau tricolore fut détaché, tordu pour en extraire l'eau, puis entouré autour des épaules. Habitué à l'obscurité, Marius y voyait maintenant très bien. Le petit bastion semblait tout proche et, à cette distance, il perçut que cette construction n'avait rien de militaire mais revêtait plutôt l'apparence d'une mosquée, dominée par un petit minaret. Le chemin pour y parvenir n'était guère visible, mais le jeune homme, au pas de course, prit la direction qui lui paraissait la plus directe pour atteindre l'édifice. Il avisa une ruelle de maisons blanches où il s'engagea sans hésiter, mais il s'arrêta brusquement car une silhouette sortait d'une porte. Il se réfugia derrière une charrette, puis reprit son ascension. Ses pieds nus heurtaient des cailloux saillants, lui procurant de vives souffrances. Mais il était presque arrivé.

Il fallut ensuite trouver le moyen de grimper au sommet du minaret, guère plus élevé, finalement, qu'une maison d'un étage. Par un minuscule escalier il parvint au sommet, puis, depuis la terrasse, se servant de petites niches sur les parois, il put accéder au point extrême où était scellé un croissant de métal. C'est en ce point qu'il fixa le pavillon français, encore humide, qui immédiatement se déploya dans le vent. L'affaire était terminée. Restait à en vérifier les conséquences.

Mais au préalable, il fallait rentrer au bateau. Sans le drapeau autour de la taille, la nage lui parut facile et la distance plus courte. Il n'eut pas besoin de s'accrocher à la barque dont d'ailleurs il ne trouva plus trace. Il nageait avec facilité, en rythme, dans une sorte d'euphorie, due autant à la joie d'avoir rempli sa mission qu'à la fierté de s'être montré digne de son maître de nage marseillais. Le long de la coupée du *Cerbère*, l'écoute pendait tranquillement, attendant que le jeune fourrier la saisisse à deux mains pour remonter à bord.

Tout le monde dormait. Nous étions déjà le 13 mai, et la nuit s'était faite encore plus épaisse. Sans même prendre le temps de se sécher, Marius se précipita vers la couchette de Jacques Vasseur et, à grands traits, lui raconta son expédition nocturne.

– Holà, fiston, s'exclama le timonier, voilà que tu joues les héros ! Tu as pris là de grands risques. Je ne t'aurais jamais cru capable de nager sur une telle distance. Mais ce que tu viens de faire est un véritable exploit. Viens avec moi, nous allons prévenir l'enseigne de service. Il faut avancer le moment du débarquement, ne pas attendre le lever du jour et profiter de l'effet de surprise.

– Vas-y seul, je crois que j'ai un peu froid et je ne saurais trop comment lui expliquer.

Le jour commençait à peine à poindre, il pouvait être six heures, quand quatre chaloupes, transportant chacune douze hommes bien armés, accostaient sur la jetée naturelle. Au même moment, le *Styx* et le *Cerbère* qui avaient manœuvré pour trouver un mouillage au plus près de la ville, lâchaient quelques salves de canon qui finirent de réveiller les dormeurs de Djidjelli. Simultanément, les habitants découvrirent les couleurs françaises au sommet de la mosquée, deux navires pointant leurs canons vers eux, et des soldats français qui commençaient à investir les ruelles. Le doute n'était pas permis : la ville était prise, l'ennemi était dans la place et toute résistance paraissait vaine.

Quelques timides coups de feu furent échangés, occasionnant de légères blessures dans les troupes d'assaut, mais les dirigeants de la cité décidèrent de battre en retraite, abandonnant les lieux aux Français. Le dernier verrou pour l'accès à la Kabylie venait de sauter, pratiquement sans effusion de sang. La conquête de l'Algérie pouvait se poursuivre. Le général de Salles félicita ses hommes, dont Vasseur qui s'était porté volontaire pour mener le débarquement, et demanda à voir l'audacieux marin qui était à l'origine d'un tel succès. Vasseur cita le nom de Blaise Marius Michel, mais le jeune homme s'avéra introuvable. Epuisé, le fourrier du *Cerbère* s'était effondré dans sa couchette où il dormait d'un profond sommeil.

5

Deux jours après la prise de Djidjelli, le *Styx* et le *Cerbère* levaient l'ancre et appareillaient pour Alger où les attendaient d'autres missions. Plusieurs navires les remplacèrent au large du petit port de la côte kabyle, débarquant des troupes d'occupation et des civils chargés d'organiser la gouvernance de la ville fraîchement conquise.

Marius avait du mal à mesurer le caractère héroïque de son acte, malgré les congratulations de ses camarades et les louanges de son ami Jacques Vasseur.

– Fiston, lui expliqua le timonier breton en mâchonnant une pipe éteinte, après un tel début, tous les espoirs te sont permis. Je te prédis une belle carrière dans la Royale.

Vasseur appelait « fiston » tous les embarqués sensiblement plus jeunes que lui et même, parfois, les plus âgés. Célibataire, sans enfant, lui-même l'aîné d'une grande famille, il réglait ses comptes avec la notion de paternité au moyen d'une appellation familière et protectrice à valeur d'exutoire. Nul ne savait s'il avait fait le choix délibéré de renoncer à fonder une famille ou si son attachement à la mer et aux campagnes l'avait détourné de se créer des attaches conjugales qui, à ses yeux du moins, étaient condamnées à l'échec.

– Fiston, il ne faut pas t'arrêter en si bon chemin et te contenter de ta position de fourrier. Tu vaux mieux que cela. Toi, tu es fait pour le commandement. Il va falloir y songer sérieusement.

Partagé entre la vanité et l'embarras, Marius éludait le sujet et minimisait ses mérites.

– Ce que j'ai fait, tout le monde pouvait le faire. J'ai été servi par la chance, c'est tout. Pour ce qui est du commandement, je crois qu'il ne faut pas y songer. Il est réservé à ceux qui ont pu passer par l'École Navale. Mais j'aime le métier de marin et ce que je voudrais, c'est l'exercer longtemps, et le mieux possible. Comme l'a fait mon père et comme l'ont fait avant lui son père et mon autre grand-père.

— Ton École Navale ne nous a pas encore fourni de bons officiers. Crois-moi, rien ne vaut le service sur nos vaisseaux. C'est là qu'on fait ses preuves, et j'en ai vu d'autres sortir du rang et pouvoir grimper aux sommets. Tu dois croire en tes moyens et faire preuve d'ambition.

L'ambition n'était pas absente du caractère de Marius, bien au contraire. À peine était-elle tempérée par un fond de modestie et de réserve. Dans son milieu, il n'était pas d'usage de se pousser du col. Les principes éducatifs légués par ses parents ainsi que ceux prodigués par les Bons Pères de Marseille allaient plutôt dans le sens de la discrétion. Le jeune Nazairien connaissait ses atouts : du sang-froid, de la réflexion, des connaissances, acquises grâce à la lecture, et une réelle motivation. Il ne pensait pas, mais d'autres le lui faisaient remarquer, à ses avantages physiques : une grande résistance, une stature solide, malgré une taille seulement moyenne, une excellente santé et, qualité peu utile sur un bateau, un charme naturel, tenant à la régularité de ses traits, à la douceur de son regard et aux belles modulations de sa voix. De quoi réussir dans la vie, dans une vie qui ne faisait que commencer, mais dont il pouvait difficilement espérer infléchir le cours. L'épisode de Djidjelli était peut-être un premier signe du destin. Il en eut comme le pressentiment quand il poussa la porte du carré pour se rendre à la convocation du lieutenant de vaisseau Lemaire qui souhaitait lui parler.

— Michel, je vous ai fait venir pour vous dire que votre initiative a été remarquée et appréciée en haut lieu. J'ai reçu des messages de nos supérieurs qui ont pris la juste mesure de votre exploit. La France, notre ministre et même sa Majesté le roi me chargent de vous transmettre leurs félicitations et de vous exprimer leur reconnaissance. Avec l'accord de ma hiérarchie, j'ai décidé de vous élever à dater d'aujourd'hui au rang de fourrier de première classe. Je pense personnellement que cet avancement en préfigure d'autres.

L'officier s'arrêta de parler et, se penchant sur son bureau, fit mine de feuilleter des papiers. Il était d'apparence très jeune, la trentaine peut-être, d'une élégance distinguée, sans barbe, le visage seulement orné d'une moustache soigneusement taillée. La réputation qui était la sienne lui prêtait une inflexible sévérité. Assortie d'une grande compétence, la même qu'il attendait de ses subordonnés.

Marius, peu préparé à tant de bienveillance de la part d'un officier réputé distant, se crut tenu de formuler des remerciements :

– Je vous remercie, commandant, et je remercie tous ceux qui ont attaché de l'importance à cette action qui s'est bien terminée. Je crois n'avoir fait là que mon devoir en servant notre pays. J'espère avoir d'autres occasions de le faire.

– C'est bien ce que j'attendais de vous, Michel. Demain, je réunirai l'équipage pour rappeler les circonstances de votre acte afin que chacun puisse s'inspirer de votre bravoure. J'ai également rédigé un rapport pour la Préfecture maritime de Toulon, afin que vous soyez cité dans les documents officiels.

Marius esquissa un mouvement de gêne ou de protestation : était-il vraiment nécessaire de procéder à une cérémonie publique ? Fallait-il donner un si grand écho à une petite chose qui ne lui avait guère coûté ?

– Ne discutez pas, Michel, je me contente d'appliquer les règles de notre Marine royale. Vous avez bien servi votre pays et vous méritez d'être récompensé pour votre courage et votre intelligence.

Nouveau silence et nouveau moment de mise en ordre des papiers qui, sur le bureau, se mélangeaient aux cartes. Marius pensa qu'il était temps de prendre congé. Puis…

– Une dernière chose, Michel. Vous êtes jeune et il vous faut penser à votre avenir. Vous n'allez pas rester fourrier toute votre vie. Que penseriez-vous de reprendre vos études pour rejoindre l'encadrement de notre Marine ? Nous avons besoin de jeunes gens audacieux et travailleurs pour assurer le commandement des navires modernes. Venez me voir demain, après la cérémonie, je vous indiquerai la marche à suivre. Vous pouvez disposer.

Le lieutenant Lemaire n'était pas homme à se répandre en paroles inutiles ni à souffrir que l'on contestât ses avis. Marius s'exécuta, ébranlé par les perspectives inattendues qui s'ouvraient à lui. Cette promotion rapide, cet honneur devant ses camarades et surtout la possibilité de gravir les échelons pour devenir sous-officier, officier même. Vasseur lui avait tenu, à quelque chose près, le même discours. Un rêve, longtemps caressé et contrarié par les circonstances, devenait réalisable. Le temps des épreuves touchait à sa fin et celui de la formation prenait un autre cours.

Dans les premiers jours du mois de juin, l'aviso *Cerbère* rentrait à Toulon pour procéder à quelques réparations et offrir à l'équipage dix jours de permission. M. et Mme Michel avaient été autorisés à accéder au quai de la darse vieille où le navire devait accoster. Dès qu'il eut doublé la pointe de Rascas, sa silhouette élégante se détacha aux yeux des spectateurs venus attendre le retour du navire. Au niveau de la Grosse Tour, une sirène bruyante annonça l'entrée du *Cerbère* dans le port. À la poupe, un grand drapeau tricolore flottait fièrement. Vers le milieu du navire, entre les mâts, une haute cheminée laissait échapper un ruban de fumée noire. La grand-voile n'était pas hissée, à la différence de celle, bien tendue, ajustée à l'artimon. Sur le flanc tribord, à l'emplacement de la grande roue à aube, se déchiffraient, en forme circulaire, les lettres indiquant le nom de l'aviso. Celui-ci avançait à une allure réduite, trois ou quatre nœuds au plus, quand il pénétra dans la darse et entama la manœuvre d'accostage. L'équipage au complet et l'ensemble des officiers en grand uniforme étaient alignés sur le pont. Le public, composé des familles, commença à applaudir, couvrant en partie le bruit des canons qui saluaient l'entrée du vaisseau dans le port. Il était onze heures précises. Le temps était radieux.

Marius n'eut aucun mal à retrouver dans la foule du quai son père et sa mère qui avaient tenu à venir l'accueillir. Le capitaine Michel, vêtu de son uniforme, coiffé de sa casquette d'officier, tenait à la main un journal qu'il présenta à son fils dès que les embrassades eurent pris fin.

– Je t'ai apporté un exemplaire du *Moniteur universel* daté du 27 mai. Ton exploit de Djidjelli y est relaté. Tu pourras le lire et vérifier si le récit est bien exact. Malheureusement, le journal n'a pas jugé bon de citer ton nom, ce qui est dommage. Mais après tout, peu importe, nous savons tous ici que tu as eu un comportement héroïque. Nous sommes fiers de toi, tu as fait honneur au nom des Michel.

– Et des Lautier, ajouta avec quelque malice Joséphine qui tenait à associer son ascendance à la gloire maritime de son fils.

– À Saint-Nazaire, on t'attend avec impatience, continua le capitaine. Le maire, M. Fournier, prévoit une fête en ton honneur dimanche à l'hôtel de ville. Le père Tolozan voudrait que l'on commence par une cérémonie religieuse à l'église. Il y aura beaucoup de monde.

Dans la voiture tirée par deux chevaux qui ramenait la famille à Saint-Nazaire, une fois évoqués, de manière sobre, la vie à bord, l'épisode de Djidjelli et les autres missions menées sur les côtes algériennes, Marius, d'un air détaché, se tourna vers sa mère pour lui poser une question qui lui brûlait les lèvres :

– Et Louise ? Comment va-t-elle ? Vous continuez à la voir souvent ?

– Louise, enchaîna Mme Michel, mais elle s'est mariée il y a quelques semaines. Elle a épousé Joseph Granet, le fils de l'ancien maire. Un beau parti. La noce a eu lieu au mois de mars. Il n'a pas cessé de pleuvoir de la journée entière. Tu connais le proverbe : « Mariage pluvieux, mariage heureux… ». Mais je pensais que tu étais au courant.

– Ah oui, bien sûr, j'avais oublié, répondit Marius en s'efforçant de dissimuler son trouble. Je suppose que Joseph va reprendre l'exploitation du domaine de *L'Estanguet*. Il a toujours rêvé de travailler dans le vin.

Joséphine Michel, qui connaissait bien son petit Blaise, ne fut pas dupe : le garçon ignorait tout de ce mariage dont la nouvelle semblait le contrarier. En mer, les informations arrivaient de façon parcimonieuse. Le jeune apprenti marin n'avait montré lui-même aucun empressement pour écrire, ni à ses parents ni à Louise, elle qui lui avait fait promettre, pourtant, de lui adresser des lettres régulières. Marius se reprochait maintenant sa négligence.

Et aujourd'hui, alors qu'il revenait en héros dans le Var, il apprenait avec stupéfaction que Louise était mariée à ce paresseux de Joseph qu'il avait connu sur les bancs de l'école. Pas méchant, Joseph, même plutôt amical dans l'ensemble. Mais peu courageux et sans mérite. Dès l'enfance, il avait su que la propriété de *L'Estanguet* lui reviendrait, étant le seul garçon de la famille, et il n'avait pas jugé utile de chercher à s'élever intellectuellement ou socialement. La profession de viticulteur lui assurerait des revenus confortables. Un jour futur, il deviendrait probablement maire de la commune, comme l'avait été avant lui son père.

Que Louise soit allée s'enticher de ce garçon falot lui paraissait inconcevable. Il avait sans doute fallu que les familles y trouvent un intérêt partagé et ne laissent pas le choix à la jeune fille. Louise avait trop de finesse et de hauteur de vue pour accepter spontanément de devenir l'épouse de ce personnage fade et velléitaire. Marius attendait d'elle une explication franche où elle lui aurait exposé les contraintes qu'elle avait eu à subir, les raisons qui l'avaient poussée à ne pas attendre le retour de l'apprenti marin. Dimanche, à l'occasion de la cérémonie à l'hôtel de ville, il aurait la possibilité, sûrement, de prendre à part son amie et de connaître les dessous de l'affaire.

Après un office religieux dans la petite église du XVIe siècle, la fête commença par quelques airs de musique militaire interprétés par *l'Harmonie nazairienne*, suivis d'un court spectacle où de jeunes couples en costume provençal, accompagnés du fifre et du tambourin, effectuèrent quelques pas de danse qui les conduisaient à passer sous des arceaux constitués de fleurs. Presque tous les habitants de Saint-Nazaire étaient rassemblés sur la petite place qui précède le bâtiment municipal. Vint ensuite, prononcé depuis le balcon en fer forgé, le discours du maire, M. Fournier, qui vanta les vertus de courage de la jeunesse de sa ville en général et du jeune fils Michel en particulier, un garçon d'une extrême modestie dont le parcours avait valeur d'exemple. Il eut même quelques mots flatteurs à l'adresse des parents du héros du jour, qui avaient su inculquer à leur cadet des principes éducatifs grâce auxquels pouvait se construire une vie d'honneur et de réussite.

Marius eut à improviser une réponse qui négligea les subtilités rhétoriques au profit d'un propos d'une grande simplicité, bien qu'il rendît hommage à sa famille et à la belle ville qui l'avait vu naître. À vrai dire, il était impatient que la cérémonie prît fin pour pouvoir parler avec Louise qu'il avait aperçue et qui avait eu le bon goût de venir sans Joseph. Il lui fallut attendre encore de longues minutes – le temps de porter des toasts à la gloire du pays et de ses jeunes représentants – avant de pouvoir faire signe à son amie qui, elle-même, souhaitait le retrouver en tête à tête.

Ils marchèrent le long du rivage en direction de la Tour carrée. Louise, la première, précédant les protestations de Marius, entama la grande question.

– Mais, Marius, je t'assure, personne ne m'a obligée à ce mariage. Je venais juste d'avoir vingt ans et il me semblait temps de fonder un foyer. Et puis j'ai attendu longtemps de tes nouvelles. Rien n'est venu. À ta précédente permission, tu n'as même pas essayé de me voir. Tu semblais tellement absorbé par ton avenir de marin, pris par ton ambition. Peut-être par une autre femme…. L'uniforme favorise les succès. J'ai pensé sincèrement que je ne comptais plus pour toi. Tu ne m'avais jamais rien promis, jamais rien laissé deviner de tes sentiments. Je sais que tu n'aimes pas beaucoup parler, et moi… je suis tellement timide… Joseph était là, à me tourner autour depuis longtemps. C'est un gentil garçon, plutôt affectueux. Nos parents se connaissent bien. Et puis, son métier lui permet de rester à terre, de ne pas abandonner sa famille pour parcourir le monde. Je crois que je ne pourrais pas être une femme de marin. J'ai trop besoin de sentir une présence auprès de moi. Tu le sais, il n'y a pas de marin dans ma famille, même si mon père fabrique des cordes qui leur sont destinées. Mais les cordes, à mes yeux, c'est fait pour retenir les hommes à la maison. À toi, elles te permettent de lancer une ancre au large ou de t'accrocher à une amarre dans un port lointain.

– Tu devais bien te douter que j'allais revenir, que je pensais à toi. Les aventures dont tu parles n'ont jamais compté pour moi. Ce que je peux dire, c'est que je lisais tout seul sur ma couchette, le livre que tu m'as offert. Ce cadeau, il avait du sens pour moi… Et maintenant…

– Mais tu ne m'as jamais rien dit, rien fait comprendre. Et moi, je n'ai pas osé te faire parler, pas osé t'interroger sur tes intentions… Alors que pour toi, j'aurais consenti des sacrifices, j'aurais accepté d'être celle qui attend à la maison. Car un jour, tu serais revenu pour de bon. Et j'aurais su te garder, te retenir. J'ai beaucoup pleuré. Encore, ces jours-ci, quand j'ai appris ton action d'éclat en Algérie. Maintenant c'est trop tard, Marius. Il était dit que nous ne devions pas construire notre vie ensemble.

Seul dans la chambre familiale où il revenait pour une probable dernière fois, Marius songeait au monstrueux gâchis que constituaient ce mariage et les non-dits qui l'avaient provoqué. Pourquoi fallait-il que l'existence se montre aussi cruelle, lui reprenant d'une main ce qu'elle lui donnait de l'autre ? Pourquoi fallait-il que les motifs de satisfaction s'accompagnent, dans un même mouvement, d'élans de tristesse ? Que la griserie du succès soit immédiatement corrigée par la souffrance de l'échec ? Que son accomplissement de marin se révèle incompatible avec son bonheur d'homme ? Sa décision était prise : il raccourcirait sa permission et rejoindrait au plus tôt son bateau. C'est là que se situait son destin. C'est dans la réalisation de son devoir qu'il pourrait trouver le moyen d'atténuer les griffures du sentiment. Le lieutenant de vaisseau Lemaire lui avait indiqué la voie, et Vasseur avant lui : se lancer dans l'étude et gagner le droit de devenir officier.

Il travailla avec obstination, se plongeant dans les livres, un peu à terre, où il pouvait bénéficier des conseils de son père, un peu sur le *Cerbère* où on lui avait aménagé des conditions de travail particulières et où il était suivi par le lieutenant de vaisseau Lemaire, aussi exigeant que plein de sollicitude.

Le retour aux préoccupations académiques, après plusieurs années d'interruption, ne fut pas toujours facile. Il avait perdu beaucoup de sa curiosité juvénile, de cette soif de connaissance et de ce zèle qu'il avait montrés chez les Bons Pères de Marseille. En revanche, il avait gagné, par rapport aux choses du savoir, du recul, du discernement et même du sens critique, qualités qui lui permettaient de repérer dans un cours ou un manuel, les éléments essentiels, les notions susceptibles d'être exploitables dans sa vie professionnelle future et utiles pour la réussite à l'examen. Il se sentait animé aussi d'une forte détermination alimentée par le souci de ne pas décevoir ceux qui lui avaient fait confiance, de ne pas laisser passer la chance qui lui était offerte et de prouver à celle qui n'avait pas eu la patience de l'attendre qu'il avait su dépasser l'épreuve ou, mieux, la transformer en tremplin.

Le soir, pour se distraire des abstractions mathématiques ou des leçons théoriques en matière de navigation, il cherchait à s'évader par la lecture de quelques pages de l'*Odyssée*, dont les derniers chants, au lieu de panser les plaies secrètes qui étaient les siennes, attisaient son amertume. Ainsi ce passage du chant 23 où la fidèle Pénélope a du mal à reconnaître en cet homme en haillons le mari qu'elle attend depuis vingt ans : « *Ayant ainsi parlé, elle descendit de la chambre haute, hésitant dans son cœur si elle interrogerait de loin son cher mari, ou si elle baiserait aussitôt sa tête et ses mains. Après être entrée et avoir passé le seuil de pierre, elle s'assit en face d'Ulysse, près de l'autre mur, dans la clarté du feu. Et Ulysse était assis près d'une haute colonne, et il regardait ailleurs, attendant que son illustre femme, l'ayant vu, lui parlât. Mais elle resta longtemps muette, et la stupeur saisit son cœur.* »

En fermant le livre, le petit rectangle de carton blanc qui lui servait de marque-page glissa à terre. En le replaçant à la bonne page, Marius eut le temps d'y lire, écrits au crayon, un nom et une date : « *Louise, 14 décembre 1836.* »

L'examen d'élève officier eut lieu vers la fin du mois de novembre. Les épreuves duraient deux jours et se déroulaient dans un bâtiment situé à l'intérieur de l'arsenal de Toulon. Marius se sentait prêt et trouva les questions plus faciles que prévu, plus faciles aussi que celles que lui avait soumises Lemaire. Quelques jours plus tard, il était déclaré admis et le 11 décembre de cette même année 1839, huit mois après son exploit de Djidjelli, il embarquait sur un navire école où il serait amené à finir son instruction, le *Marengo*.

– « Marengo », une victoire du Premier Consul, lui rappela le capitaine Michel, nostalgique de l'épopée napoléonienne. Un beau navire en vérité, que je connais bien, car il a été en réserve à Toulon. Je suis sûr que tu y apprendras beaucoup.

Il s'agissait d'un vaisseau de quatrième rang muni de quatre-vingts canons qui venait, en raison de la nécessité d'étoffer l'Escadre de la Méditerranée, d'être réarmé. Sa fonction consistait à acheminer des troupes en Algérie, une destination que connaissait bien Marius. Le commandement était assuré par le capitaine de vaisseau Bellanger qui s'était illustré lors de l'expédition d'Alger et dont Vasseur lui dit le plus grand bien.

Le timonier breton, toujours soucieux de cacher ses émotions, fier pourtant du chemin parcouru en si peu de temps par son protégé, triste aussi de le voir prendre ses distances, se contenta, sans l'ombre d'un sourire, d'un ultime conseil :

– Fiston, c'est maintenant à toi de jouer. Mais attention, tu n'es pas encore officier ! Reste sur tes gardes et pense à ce que je t'ai toujours dit des devoirs du marin : obéir, se montrer courageux, respectueux envers les supérieurs, juste envers les inférieurs et penser à servir son pays. Maintenant bon vent ! Ah ! J'oubliais : il te faut encore progresser dans l'art de fumer la pipe. Tu es toujours un débutant dans ce domaine.

Marius n'osa pas lui dire qu'il avait totalement renoncé, à partir du jour où il avait repris ses études, à fumer la pipe. Et son ami ne remarqua pas qu'il s'était rasé barbe et favoris. Le jeune aspirant auxiliaire avait acquis la certitude qu'un bon marin se reconnaissait à d'autres critères.

6

Blaise Marius Michel va servir deux ans sur le *Marengo*. Deux années peu comparables à celles passées à bord du *Cerbère*. Positivement d'abord, parce que son statut n'était plus le même : le simple marin, le modeste fourrier est devenu un aspirant officier tenu d'acquérir les rouages du commandement en vue d'une carrière dans la Royale. Ce changement de condition comporte des avantages car sur le navire l'aspirant jouit d'une certaine considération de la part de la plus grande partie de l'équipage (on l'appelle « lieutenant ») et de l'aide attentive des officiers. Il a droit à une cabine, qu'il partage avec un autre aspirant, il est dispensé de certaines tâches ingrates et porte un uniforme qui se rapproche de celui des gradés. Il touche de près aux fonctions de commandement, assiste les enseignes de vaisseau ou les lieutenants dans les opérations de navigation. Et reçoit une solde correcte.

Malgré cette situation avantageuse, le jeune Varois eut à souffrir de cet embarquement. Il marquait la fin des amitiés fraternelles vécues les années précédentes, la fin de cette camaraderie sans calcul, manquant peut-être de profondeur et de richesse, mais toujours d'une grande sincérité, d'un réel désintéressement. Les plaisanteries bon enfant, un peu grasses parfois, les récits de vie, tourmentés ou joyeux, de chaque matelot, les souvenirs de navigations rudes ou de campagnes glorieuses que les plus anciens aimaient à livrer aux plus jeunes, tous ces moments de franc partage étaient derrière lui. N'était plus présent à ses côtés le bon Jacques Vasseur, volontiers bougon, voire rogue, mais toujours soucieux d'aplanir les problèmes, toujours présent dans les moments difficiles, toujours apte à trouver les paroles susceptibles de remonter le moral de chacun les jours de cafard, ou de démêler les embarras professionnels. Plus de protecteur pour Marius, plus de grand frère. Il était livré à lui-même, lancé seul dans l'aventure de l'existence au moment où il aurait eu le plus besoin de soutien et de conseil.

Car sur le navire école *Marengo*, Michel fit l'expérience de l'hostilité. Trois autres aspirants étaient embarqués avec lui pour accomplir leur temps d'apprentissage. Tous légèrement plus âgés que lui, tous issus de l'École Navale de Brest ou de celle d'Angoulême qui l'avait précédée, tous appartenant à des familles patriciennes de Bretagne, de Vendée ou de Paris. Du premier jour, ils toisèrent avec condescendance ce prétendu pair qui n'était pas passé par l'adoubement du concours. Jamais ce besogneux ancien fourrier ne pourrait, à leurs yeux, rejoindre l'aristocratie des diplômés des grandes écoles. Celui-ci, de plus, bien que fils d'officier (un officier d'autrefois, ralenti dans son avancement et que le roi avait généreusement rétabli dans ses fonctions) ne pouvait se réclamer d'une classe sociale comparable à la leur. Ultime infériorité, Marius s'exprimait avec un accent méridional prononcé, ce qui avait été chaleureusement apprécié sur le *Cerbère*, mais qui devenait ici un élément de déconsidération.

L'un de ces *midships* se montrait plus arrogant que ses camarades, faisant office de chef, Gabriel Auguste Jugan, passé par le Collège royal d'Angoulême, qui s'enorgueillissait de compter parmi ses ancêtres un compagnon d'armes du bailli de Suffren s'étant illustré aux Indes face aux Anglais. Jugan cherchait toutes les occasions pour discréditer Michel auprès de leurs supérieurs, et notamment auprès du capitaine de corvette Bellanger qui avait la faiblesse de prêter une oreille complaisante à ces médisances. Les brimades étaient essentiellement verbales : allusions désobligeantes à ses origines provinciales, moqueries ouvertes à propos d'expressions à coloration provençale, rappel de la supériorité intellectuelle et professionnelle conférée par le passage par les grands Collèges. Elles pouvaient aller plus loin comme le refus de déjeuner à la même table ou de participer à l'animation du carré, l'attribution à Marius de quarts qui ne lui revenaient pas ou de tâches jugées serviles ou dégradantes.

Blaise Michel, pour la première fois de sa jeune existence, avait à surmonter une inimitié ouverte. Il avait bien côtoyé, à Marseille, chez les Pères, quelques fils de famille au comportement hautain ; mais ceux-ci sortaient à peine de l'enfance, âgés, comme lui, de douze à quatorze ans, et n'avaient pas eu le temps de cultiver les délices pervers de la malveillance délibérée. Avec Jugan et ses amis, il ne s'agissait plus de méchancetés puériles ou de sottises d'internes en mal de distraction. Le jeune aspirant devait en permanence se tenir sur ses gardes et conserver son sang-froid afin d'éviter les éclats dont il aurait eu à subir les effets. Il était seul face à une conspiration du mépris et devait mener une forme de combat inédit, moral et psychologique. Pour rien au monde il serait allé s'ouvrir de ces difficultés relationnelles auprès de ses supérieurs. Son amour-propre lui interdisait de se plaindre. Sa dignité lui imposait d'endurer les attaques en silence. Il lui arrivait même de penser que c'était là le prix à payer pour faire excuser son parcours atypique et sa rapide promotion.

En lisant l'histoire autrement, on aurait pu dire que Marius, face à un environnement défavorable, se forgeait le caractère. Il vérifiait certains propos désabusés de Vasseur, convaincu de la naturelle inclination au mal de l'espèce humaine. Il apprenait à se départir de sa gentillesse de bon fils, à faire preuve de plus de prudence, de défiance même et, au besoin, de brutalité. Il se préparait aux futurs affrontements que lui réserverait l'existence et où il devrait montrer son tempérament. En raisonnant ainsi, il se rendait compte que la vie, jusqu'alors, l'avait relativement épargné, jusqu'à cette épidémie de choléra à laquelle il avait, par deux fois, échappé. Il s'attendait bien à n'être pas toujours protégé du sort et servi par la chance. L'étape du *Marengo* prenait un tour initiatique.

La vie à bord n'avait par ailleurs rien d'insupportable. Hormis avec les trois *midships*, et avec Jugan en particulier, l'aspirant auxiliaire entretenait des relations cordiales avec l'équipage et bénéficiait d'une bonne image auprès des officiers. Passant au-dessus des difficultés personnelles, il avait conscience d'être là pour apprendre son métier, pour gagner en expérience, pour élargir ses connaissances de marin. Et les occasions de s'enrichir de tels enseignements étaient nombreuses. Il améliorait en même temps sa familiarité avec la Méditerranée, cette mer qui l'avait vu naître. Après les rivages riants de Saint-Nazaire, puis la rade bien abritée de Toulon et les forts environnants qu'il avait eu le loisir de bien connaître dans ses années de jeunesse, les traversées vers l'Algérie constituaient son premier vrai champ d'action. Une Algérie qui restait, pour le *Marengo*, une destination privilégiée, et qui ne se limitait pas à une navigation vers le port d'Alger, puisqu'il arrivait au navire d'avoir pour cap divers lieux de la côte et même les rives du Maroc ou de la Tunisie. Pour des raisons d'approvisionnement, il eut aussi l'occasion de relâcher en Corse, rejoignant le port d'Ajaccio après avoir doublé l'enfilade des îles Sanguinaires. Il s'étonna qu'en ce lieu stratégique aucun phare ne signale le danger aux navires. Il aurait bien vu, sur la plus haute de ces îles, une tour d'une vingtaine de mètres éclairant la pointe nord de la baie d'Ajaccio où, d'après des récits de matelots, plusieurs vaisseaux s'étaient abîmés. Il y eut aussi des mouillages aux Baléares, îles également dépourvues de feux, ou dans le port de Barcelone. Les missions du *Marengo* n'étaient pas exclusivement militaires, puisque le navire pouvait assurer le transport de passagers civils, de matériel ou de divers équipements.

À l'issue d'une année d'instruction, le capitaine Lubin Bellanger, chargé d'évaluer les compétences des aspirants dont il devait assurer la formation, convoqua Marius dans son bureau pour lui communiquer l'appréciation qu'il comptait transmettre à sa hiérarchie.

– Voici, Michel, ce que je propose d'inscrire dans votre dossier : « Très bon sujet, faisant bien son service ; bonne conduite. J'en suis très content. » Cela vous convient-il ?

Marius trouvait la formulation lapidaire mais plutôt flatteuse et n'appelant aucun commentaire de sa part.

– Rien à redire, commandant. Je vous remercie pour vos compliments et j'espère pouvoir continuer à mériter votre confiance.

– Vous vous sentez bien à bord, Michel ? Pas de problème avec l'équipage, ni avec vos camarades aspirants ?

Marius, un moment tenté d'exprimer quelques réserves sur le comportement de ses prétendus camarades, sentit le piège et se contenta d'un jugement neutre :

– Tout se passe bien, commandant. Chacun fait de son mieux.

Bellanger sourit, satisfait sans doute d'une réponse apaisante. Puis, désireux de maintenir un climat d'entente sur son navire, il aborda un sujet destiné à valoriser son jeune interlocuteur.

– Je suis informé, Michel, de votre comportement courageux devant Djidjelli, l'année dernière. Votre prise de risque a épargné des vies à nos troupes. Je suis heureux de vous compter parmi nous et de voir que vous confirmez les dispositions que vous avez montrées dans ces circonstances exceptionnelles. Voyez-vous, Michel, la vie sur un bateau n'est pas toujours facile. Il faut composer avec les autres. Quant aux galons d'officier, ils doivent se conquérir avec patience et persévérance. Vous avez toutes les qualités pour y réussir, à condition de ne pas vous laisser entraîner dans de vaines rivalités. Je vous remercie, vous pouvez disposer.

Blaise Marius reconnut chez le capitaine Bellanger les qualités qui devaient caractériser un chef : tout savoir de ce qui se passait dans sa sphère de responsabilité, être assez fin pour relativiser les tensions, désamorcer les conflits, soutenir les plus faibles sans désavouer les détenteurs d'un pouvoir qui pourraient devenir les leaders de demain. C'était là ce qu'on pouvait appeler « diriger les hommes ». La leçon s'imprima dans l'esprit du jeune aspirant.

Les mois qui suivirent furent plus sereins. Jugan et ses amis s'étaient sans doute lassés de leurs rôles de persécuteurs ou avaient pu recevoir de leurs supérieurs quelques remarques les invitant à abandonner leur morgue afin de faciliter une cohabitation profitable à tous. Sauf un incident plus sérieux que les autres, quand Jugan, en présence de ses camarades, se mit en tête de contester l'aventure de Djidjelli : « Cette histoire est trop belle. Je suis sûr que tu l'as inventée pour avoir de l'avancement. Je n'arrive pas à croire que les choses se soient passées comme on le dit. On t'aura aidé, tu auras eu des complicités dans la ville. La vérité éclatera un jour. » La réponse fut cinglante, sous la forme d'un geste qui avait valeur de soufflet au niveau du visage de l'offenseur. Le duel était inévitable. Rendez-vous fut pris sur le pré au prochain débarquement à Toulon.

La formation sur le *Marengo* devait s'achever en novembre 1841, date où Michel reçut son diplôme d'aspirant. Quelques jours après, au petit matin, près de la zone marécageuse de Castigneau, les duellistes se trouvaient face à face, avec des épées, Jugan qui se jugeait l'offensé, ayant eu le choix des armes. « Au premier sang » proposèrent les témoins. Ni l'un ni l'autre des duellistes n'avait une pratique sérieuse de l'escrime. Le plus maladroit des deux – Marius – reçut, après quelques croisements de fer, une blessure à la jambe droite. L'affaire en resta là. On se serra la main en estimant que, dans une vie d'homme et d'officier, ce genre d'affrontement était inévitable, et même formateur.

Après une courte permission passée à Saint-Nazaire pour soigner sa blessure, Michel embarquait, pour une durée assez brève, sur un nouveau navire de la Royale, le *Ramier*. Puis il fit un passage sur le *Tonnerre*, enfin sur le *Trident*. Fidèle à ses objectifs élevés, le jeune homme, à terre comme à bord, continuait à étudier, à préparer les examens qui lui permettraient d'obtenir, dans un temps qu'il espérait proche, pas forcément un poste de commandement, mais au moins de responsabilité.

Cette perspective, dans la Marine de guerre, s'avérait toutefois incertaine.

– La priorité est donnée aux diplômés de l'École Navale, expliqua Marius à son père qui avait eu vent du duel sans en connaître le détail ni les causes. On me l'a bien fait sentir, même si j'ai su me faire apprécier dans mes diverses campagnes et n'ai pas eu à me plaindre de mes supérieurs. Vous comprendrez que je n'ai pas envie d'attendre d'avoir quarante ans pour commander un navire. Je crois avoir des choses à prouver, et je voudrais y parvenir au plus tôt.

– Mon fils j'ai eu à éprouver moi aussi des difficultés pour faire reconnaître mes mérites. J'ai également connu l'incompréhension, la jalousie et l'ingratitude. Mais dans la vie, il faut savoir supporter les épreuves et être patient. Ton tour viendra, j'en suis sûr… Je peux pourtant, si tu le souhaites, parler en ta faveur auprès de certains officiers supérieurs qui sont restés mes amis.

– Je vous remercie père, mais il ne peut en être question. Je ne veux bénéficier d'aucun passe-droit. J'arriverai bien à trouver tout seul le moyen de devenir officier, même s'il est pesant d'avoir à attendre.

— Ce moyen, je pourrais le connaître, continua Jean-Antoine Michel. Il y aurait bien une possibilité, mais peut-être n'est-ce pas là ce dont tu rêvais…

— Dites toujours, père. Je me sens dans une impasse et je suis prêt à examiner toutes les solutions pour en sortir.

— Voilà, si tu penses être barré dans la voie militaire, pourquoi n'irais-tu pas tenter ta chance dans la marchande ? La marine commerciale connaît un grand développement. Elle va avoir besoin de recruter de bons marins pour commander ses navires.

— Mon but est de servir mon pays, de servir mon roi. De participer aux conquêtes en cours. Je ne me vois pas renoncer, après tous ces efforts…

— La Marine marchande contribue aussi au rayonnement de la France. Les guerres, les conquêtes militaires ne dureront qu'un temps. Il va falloir bientôt faire du commerce avec les nouvelles colonies et avec les autres pays. Les transports de matériels, de vivres et de personnes sont appelés à un grand avenir. Surtout avec le futur développement de la navigation à vapeur qui est en train de révolutionner les liaisons maritimes. On parle d'abandonner les roues à aubes pour une propulsion par hélices, ce qui améliorera encore les performances. Tu sais aussi qu'une Chambre de Commerce vient d'être créée à Toulon, une autre à Marseille. Elles entendent jouer leur rôle dans le développement économique de notre région. En Méditerranée, il est question de désarmer une partie de la flotte. Ce sont les paquebots qui vont désormais sillonner les mers. Il faut savoir sentir tourner le vent de l'histoire. Tu dois réfléchir, Marius…

La réflexion dura un peu plus d'une semaine, suivie d'une décision rapide qui allait donner une nouvelle orientation à la vie de Blaise Michel. Sensible aux arguments de son père et mesurant les obstacles qui s'opposaient à sa promotion dans la Royale (le duel avec Jugan en était une preuve), il entreprit les démarches pour rejoindre la Marine marchande et obtenir le brevet prestigieux de capitaine au long cours. Le titre remontait à près d'un siècle, mais une directive de 1825 avait défini les modalités permettant de le recevoir de façon officielle. Deux conditions devaient être remplies pour faire acte de candidature : être âgé de vingt-quatre ans et avoir accompli au moins soixante mois de navigation sur des navires battant pavillon français. Mousse depuis l'âge de quatorze ans, Marius remplissait facilement la seconde condition car, en respectant l'unité de compte administrative, il en était à près de cent mois de navigation. En revanche il ne devait fêter ses vingt-quatre ans qu'au mois de juillet, et nous étions au début du mois d'avril.

L'intervention de Jean-Antoine Michel permit d'obtenir une dérogation. De la même façon, le capitaine avait intrigué pour faire embarquer son fils sur la *Torche* avant l'âge légal. Il était dit que le jeune Nazairien serait, aux divers stades de sa carrière, en avance sur les autres. La recommandation paternelle eut un effet encore plus inespéré puisqu'elle dispensa le jeune aspirant d'être soumis à l'examen institué depuis peu et composé d'une partie pratique (gréement manœuvre, canonnage) et d'une partie théorique (mathématiques, français, instruments, calculs nautiques, machines à vapeur).

Les excellents états de service de Marius Michel, de même que son comportement héroïque au cours de la campagne d'Algérie, contribuèrent sans doute à emporter la décision. Peut-être entra-t-il aussi dans l'affaire un peu de chance, cet indice précieux de bonne fortune qui semblait accompagner Blaise dans ses principales entreprises. Professionnelles, au moins. Car la déconvenue de Louise pouvait être perçue comme un indiscutable échec.

Dans les derniers jours d'avril, il était incorporé dans la Marine marchande de l'État et, le 15 mai suivant, un courrier ministériel l'informait qu'il était nommé capitaine au long cours. Marius, qui s'était informé sur les ouvertures offertes par la navigation civile, avait déjà arrêté son choix : il servirait le pays d'une manière toute pacifique, mais d'un grand intérêt et d'un immense avenir, en acheminant les dépêches. Une page nouvelle de son itinéraire de marin était en train de s'ouvrir : celle des Paquebots Poste. La blessure de sa jambe droite, pratiquement guérie, continuait de le faire souffrir.

7

Comment les divers éléments qui composent une vie s'organisent-ils ? Quel principe secret préside au déroulement d'une existence ? Les grandes orientations que prend celle-ci sont-elles toujours le résultat d'un choix délibéré ? Chacun reste-t-il, toujours, en toutes circonstances, maître de son destin ? Ces questions, qui se posent pour tout individu, agitent l'esprit de Blaise Marius Michel à l'occasion de l'important tournant de sa vie que constitue la décision de faire carrière dans la Marine marchande. La direction générale de son parcours personnel était pour lui fixée depuis longtemps : elle serait tournée vers la mer. Cette mer dont son père et même son grand-père, mort avant sa naissance, avaient connu les caprices, les drames et les immenses joies. Cette mer vers laquelle ses promenades d'enfant dans son petit port natal, ses sorties dominicales avec ses parents, ses rendez-vous innocents avec Louise le ramenaient inlassablement.

Blaise Marius, par instants, se sentait comme programmé, guidé par une force supérieure contre laquelle il n'avait pas envie de lutter. Le poids de l'héritage familial, les principes de son éducation avaient, sans qu'il en eût réellement conscience, décidé de sa trajectoire. Ce déterminisme culturel s'était combiné à quelques accidents de la vie – le choléra, le renoncement à l'École Navale, l'hostilité des diplômés sur le *Marengo* – pour contrarier sa vocation. Afin de transformer le hasard en volonté, il lui fallait se démarquer de ses modèles, dessiner une trace inédite qui lui permettrait d'affirmer sa propre personnalité.

Il lui fallait aussi composer avec le contexte historique qui avait un rôle à jouer dans son itinéraire puisqu'il avait conscience d'entrer dans une époque de mutation, où se révélaient des innovations majeures (la navigation à vapeur), des entreprises ambitieuses (les conquêtes coloniales), des initiatives prometteuses comme celle des paquebots poste qui allaient susciter la création de nouvelles lignes maritimes et rapprocher les hommes par l'acheminement des dépêches et le transport de passagers.

Les paquebots poste auxquels le jeune Michel allait consacrer dix ans de sa vie étaient un concept assez neuf qui avait pris naissance dans la décennie précédente. En 1834, le directeur général des Postes s'était rendu à Marseille pour envisager la création d'un service postal régulier entre la France et le Levant. Le moment était favorable, puisque les navires à vapeur apportaient des garanties, au moins relatives, en matière de régularité et de rapidité. Il fallait en outre lutter contre la concurrence de l'Angleterre et de l'Autriche, pays qui avaient pris de l'avance dans ce domaine. Une loi fut votée et la décision qui en découla de construire dix paquebots suscita un élan d'enthousiasme.

Marius se souvient d'une phrase du journal *Le Toulonnais* du début mai 1837 illustrant cet état d'esprit : « *Désormais Alexandrie et Constantinople ne sont pas plus éloignés de Paris que l'est Saint-Pétersbourg.* » Jugement un peu exagéré. Et d'ailleurs, la capitale russe n'était pas tout près. Il avait suivi avec intérêt la construction des navires, assurée en grande partie par les arsenaux du Ponant. Ces bâtiments avaient pour noms *Dante*, *Eurotas*, *Léonidas*, *Mentor*, *Minos*, *Scamandre* ou encore, construit à Toulon, le *Sésostris*, et un peu plus tard, sortis des chantiers de la Ciotat, l'*Égyptus*, l'*Osiris*, tous deux de fort tonnage, et l'*Ajaccio*, plus léger. Tous ces vaisseaux, jaugeant environ 380 tonneaux pour une puissance de 160 chevaux, étaient propulsés par des roues à aubes alimentées au charbon.

Le jeune *midship* servait encore sur le *Cerbère* quand, au printemps 1837, le premier paquebot poste, le *Scamandre*, avait appareillé en direction de Constantinople. Le départ – auquel il n'avait pas assisté – ne s'était pas fait de Toulon, mais de Marseille, ville destinée à devenir la tête de pont de la Marine marchande, Toulon étant cantonné à son rôle de port de guerre. Les protestations de certains élus varois n'avaient pu empêcher une telle répartition.

Après l'obtention de son brevet de capitaine au long cours, et son intégration dans les Messageries Royales d'où relevaient les paquebots poste, Marius passa quelques semaines de repos en famille à Saint-Nazaire où il aimait à se ressourcer. L'occasion lui fut donnée de revoir d'anciens amis, de s'intéresser au nouvel emploi de son frère aîné, Fortuné-Amant, devenu agent de la Banque de France de Toulon (ainsi, un Michel ne serait pas marin), et de chercher à savoir ce qu'il en était de Louise. La jeune Madame Granet vivait désormais au domaine de *L'Estanguet* et avait donné naissance à une jolie petite fille qui occupait ses journées. Près de cinq ans s'étaient écoulés depuis leur dernière rencontre, lors de la fête organisée par la mairie à Saint-Nazaire. Les émois de l'adolescence, que les silences pudiques n'arrivaient pas à traduire, étaient loin. Un jour, peut-être, les anciens amis, vieillis, blanchis, se retrouveraient pour évoquer avec nostalgie les promenades du bord de mer ou les ascensions vers la chapelle Notre-Dame de Pitié. Ils regretteraient aussi les silences qui avaient, entre eux, créé une involontaire distance. Mais aujourd'hui, il ne fallait plus regarder en arrière, car Marius devait se préparer à de nouvelles responsabilités.

Sa première affectation en tant qu'officier des Paquebots poste eut lieu sur le *Minos*, un joli bâtiment aux lignes élancées, construit à Lorient et destiné à assurer le service des dépêches en Méditerranée orientale. Le capitaine Michel était le numéro trois dans l'ordre du commandement et recevait le titre de « lieutenant ». Sanglé dans son bel uniforme de toile bleu nuit, orné de boutons dorés où se lit l'inscription *Paquebots poste*, il observe depuis la passerelle, en ce jour d'octobre, s'éloigner le port de Marseille que ses années de collège lui ont rendu familier. Il dépasse le phare du Planier, qui surveille, de la hauteur de ses quarante mètres, l'entrée de la ville, il laisse, à bâbord, l'anse des Catalans où il a pris naguère ses premières leçons de natation avec l'oncle André-Émeric. En sa compagnie, il a rêvé, enfant, flânant sur le Vieux Port, d'être l'un de ceux qui conduisent ces beaux navires vers des contrées exotiques. Son rêve est en train de se réaliser. D'autres objectifs, plus ambitieux encore, restent à atteindre.

Le *Minos* doit rejoindre Constantinople qu'il atteindra dans une dizaine de jours. Le lieutenant savoure ce premier voyage vers une destination inconnue appelée à devenir pour lui – mais il l'ignore encore – une seconde patrie. Le trajet dessert d'abord les ports italiens : Livourne, Civitavecchia, Naples, Messine. Après le passage du détroit, cap est mis sur une île méditerranéenne dont le nom du navire, *Minos*, pourrait laisser penser qu'il s'agirait de La Crète. Mais là n'est pas la route, car le mouillage se fera à Malte où la station durera vingt-deux heures. Après cinq jours de navigation, l'équipage apprécie de descendre à terre et, pour les matelots surtout, de reconnaître les tavernes de La Valette. Les passagers payants se contentent de se promener sur les remparts de la ville et de s'offrir un thé dans les élégants cafés du port. Michel observe la côte et s'étonne de l'absence de signal lumineux pour en marquer le contour.

La deuxième escale, après une longue navigation de quatre jours, se fera à Syra, l'une des Cyclades, où le navire stationne environ vingt-quatre heures avant d'appareiller pour Smyrne, belle cité aux multiples minarets, cachée au fond d'un golfe profond, protégée par l'île voisine de Chios. Le mouillage dans le port de la mer Égée sera limité à huit heures et de nature essentiellement technique, personne ne descendant à terre. Enfin, le départ a lieu via Mettelin, les Dardanelles et Gallipoli (passages délicats très mal éclairés), pour Constantinople, où le navire pourra accoster près de deux jours plus tard pour une halte de trois à quatre jours, suivant le cas. Après quoi, retour vers Marseille, avant d'entreprendre, après quelques jours de permission, une nouvelle rotation. Cinq autres paquebots assurent le service, créant une confrérie d'officiers parmi laquelle Marius se construit de solides amitiés.

De même qu'avec certains des passagers embarqués sur le *Minos*. Car si ce type de bâtiment n'est pas très adapté pour le fret, il accueille en revanche des civils en promenade ou en voyage d'affaire. Le tarif est élevé : 400 francs pour une traversée de première classe Marseille-Constantinople, à quoi s'ajoutent les frais de nourriture. Pour ce prix, ces voyageurs de qualité prennent leur repas à la table du commandant ou d'un de ses adjoints – ce qui permit au capitaine Michel de se lier avec des personnalités de renom, orientalistes en mission, écrivains succombant au rite du « voyage en Orient », ministres ou membres du corps diplomatique. Se rencontrent là aussi quelques personnages troubles, en quête d'aventure ou à la recherche d'une nouvelle vie, ainsi que des femmes du monde, françaises ou étrangères, accompagnées ou non, souvent riches, désœuvrées et, hélas, sans grande profondeur. Ce beau monde se retrouvait sur le pont principal transformé, à certaines heures, et malgré les manœuvres, en véritable salon. Les passagers des classes inférieures avaient moins de contacts avec les officiers et bénéficiaient de conditions de voyage plus sommaires. Marius faisait bonne figure et s'amusait de cette comédie sociale qui se jouait sur un navire de sa Majesté loin des côtes françaises.

La fréquentation de cette bonne société remplissant l'oisiveté forcée d'une traversée d'occupations futiles et de conversations légères, le changeait de la discipline des navires de guerre, de la rigidité des consignes et de la morgue de certains officiers. Le paradoxe était que l'équipage, composé d'une cinquantaine d'hommes et de trois officiers, relevait de l'autorité de la Royale. Mais sur un paquebot, même administré par l'État, les règles de vie étaient plus souples et, autre paradoxe, il n'avait pas de compte à rendre aux autorités militaires, mais au Président du Comité de Direction des Paquebots poste du Levant, l'amiral Verninac de Saint-Maur. Marius gagnait, avec l'expérience de la ligne, plus de sociabilité et de légèreté. Les principes d'ordre et de labeur qu'il avait acquis jusque-là étaient confrontés à l'insouciance des nantis, à la douce fantaisie des privilégiés, à la suffisance des élites. Sa fine intelligence, qui avait su s'adapter avec succès aux questions touchant aux fonctions du marin, puis de l'officier, était en train de pénétrer les secrets de la mondanité frivole, qualité qu'il tenait pour accessoire mais dont les règles ne lui paraissaient pas indignes d'être connues.

Le temps de la vie errante et solitaire était en voie d'achèvement. L'âge et le contact avec le monde, l'invitaient à se mêler de manière plus intime au corps social, à devenir un acteur moins détaché des mutations économiques. C'est vers cette époque qu'il commença à songer à prendre épouse, faisant suite aux recommandations insistantes de Mme Michel qui voyait dans le mariage une forme d'accomplissement personnel. Il ne fallait toutefois rien précipiter. Homme de raison, le jeune capitaine s'était fixé comme premier objectif de gagner ses galons de commandant. Après, seulement, il pourrait envisager de fonder un foyer dans de bonnes conditions. En tant que lieutenant, sa solde s'élevait à 1 800 francs par an, à peine le double de ce que gagnait un ouvrier de l'arsenal, alors que le commandant percevait annuellement la somme de 3 000 francs, plus quelques à-côtés. Cet argument, un peu trivial, mais de bon sens, l'incitait à la patience. Il savait que sa promotion ne serait pas longue à venir, la direction des

Paquebots poste aimant à distinguer ses bons éléments. Et en effet, au bout de moins de dix-huit mois de service sur le *Minos*, Michel fut promu au grade de commandant en second. Puis, de là, embarqua sur le *Ramsès* avec le titre de second lieutenant. Après quoi il fut affecté successivement sur l'*Égyptus*, sur l'*Osiris*, le *Napoléon*, l'*Ajaccio*, le *Scamandre* et enfin, alors qu'il comptait cinq ans d'activité aux Messageries royales, sur l'*Eurotas* en qualité de commandant.

Par un de ces caprices de l'histoire, Blaise Marius accédait au rang de commandant l'année même où la monarchie agonisait. Au mois de février, des barricades s'étaient élevées dans certains quartiers de Paris. Le Premier ministre, Guizot, devenu impopulaire, était contraint de démissionner alors que, boulevard des Capucines, la troupe tirait sur les manifestants, donnant le signal d'une révolution. Le roi, sentant qu'il avait perdu le contrôle des événements, signa un acte d'abdication et s'enfuit en Angleterre, laissant le pays dans une extrême confusion. La Monarchie de Juillet était morte. La France, en crise, venait pour la deuxième fois de choisir la République.

Malgré quelques remous, la vie, à Marseille et en Provence, restait calme, la région tirant bénéfice des profits liés à la conquête coloniale et à la politique d'ouverture vers l'Orient, notamment l'Empire ottoman et l'Égypte. Les Messageries Royales, souffrant d'une gestion incertaine qui entraînerait un lourd déficit et leur future privatisation, continuaient toutefois, sous le nom de « Messageries Nationales », à développer les réseaux maritimes postaux vers le Levant grâce à une flotte d'une quinzaine d'avisos. Parallèlement, des négociants-armateurs audacieux, un peu à Toulon, surtout à Marseille, se lançaient dans l'exploitation de lignes commerciales en Méditerranée. La maison Rostand visait Constantinople ; la compagnie Bazin exploitait des lignes vers l'Algérie ; l'armateur Fraissinet songeait à ouvrir une ligne française vers New York et le golfe du Mexique. Plus modestement, la compagnie Valéry développait plusieurs lignes vers la Corse, d'abord de Toulon, puis de Marseille. Les premiers navires à hélices apparaissaient, comme le *Napoléon*, armé au Havre en 1842, navigant à une vitesse d'environ dix nœuds, soit trois de plus que les vapeurs à roues.

Attentif aux bouleversements politiques, industriels ou maritimes, le commandant Michel était surtout concentré sur ses nouvelles fonctions à la tête de l'*Eurotas*. Ce navire, dont il assure le commandement, est construit en bois doublé de cuivre et sort des ateliers de Rochefort. Il est d'une longueur de 57 mètres, d'une largeur de 10 et d'un tirant d'eau de 3,60 mètres. Il est actionné par une machine à vapeur à roues, gréé en trois-mâts goélette avec une haute cheminée située avant le second mât. Pour le manœuvrer, il nécessite trente-deux hommes d'équipages et quatre officiers. Vingt-six passagers payants, logés dans le faux-pont arrière, peuvent être embarqués. Il assure le service régulier officiel du Levant.

Parmi les voyageurs habitués de la ligne, Marius reconnut, lors d'un appareillage de fin d'été, une figure joviale et familière. Il s'agissait d'un industriel marseillais qu'il avait déjà aperçu du nom de Jean-Pierre Séris, personnage de haute taille, au crâne dégarni, à la moustache avantageuse et au parler bruyant et chantant de méridional. Au cours du dîner, dans le salon du navire, présidé par le commandant, situé en bout de table, Séris, placé presque à côté de lui, entreprit d'engager la conversation :

– Commandant, vous féliciterez votre chef. La cuisine à bord est excellente. Peut-être pas assez variée, mais remarquablement accommodée. C'est un bonheur de voyager dans ces conditions. Si je n'étais pas obligé de naviguer pour raisons professionnelles, je le ferais pour le simple plaisir du palais !

– Merci infiniment. Je ne manquerai pas d'en parler à notre chef. Vous exercez quelle profession, cher monsieur ? demanda Marius.

– Je suis dans la chimie. Nous préparons des produits qui entrent dans la composition du savon et de la cire. C'est pour cette raison que je suis amené à me rendre régulièrement en Sicile, près de Girgenti où se trouvent des exploitations de soufre. Je vais débarquer à l'escale de Messine, puis trois jours de diligence pour arriver sur la côte sud, à l'ancienne Akragas. Deux jours sur place, et je prendrai un autre « postal » pour le retour.

– Vous faites souvent le voyage ?

– C'est mon cinquième. Et je pense que ce n'est pas le dernier. Notre manufacture prospère et le savon de Marseille est très demandé. Je m'intéresse aussi à l'armement des bateaux pour l'Orient. Les affaires, que voulez-vous …

Après le repas, les deux hommes se retrouvèrent sur le pont pour fumer, en commun, un cigare (plus de pipe pour Marius). Dans un élan d'amical abandon, M. Séris lança son invitation :

– Pourquoi ne viendriez-vous pas vous joindre à nous pour une petite réception que j'organise chez moi, à Marseille, au mois d'octobre, en l'honneur des cinquante ans de mon épouse Joséphine ? Nous serions très honorés, elle et moi, de vous recevoir à notre table. Nous habitons rue Curiol, au numéro 17. Vous connaissez ? Vers le haut de la Canebière. Ce sera en toute simplicité. Je vais vous faire envoyer un carton.

Marius assura qu'il trouverait sans difficulté et qu'il se ferait un plaisir de se rendre à l'invitation. Depuis son engagement aux Paquebots poste, il avait loué un petit appartement rue Sainte, ce qui avait fait de lui un quasi véritable Marseillais. La rue Curiol n'était pas tout près, mais il emprunterait un fiacre. L'idée de rencontrer, à l'occasion de cette fête, quelques notables de la ville ne lui déplaisait pas.

La rue Curiol se trouve dans les quartiers chics de la ville à proximité de la porte Noailles. Les Séris habitent un bel hôtel particulier auquel on accède par une porte cochère donnant sur une cour pavée. Pour l'occasion, Marius s'est séparé de son uniforme bleu nuit, sachant que le costume civil ne le désavantage pas. En habit et cravate, la coiffure soignée, la moustache lustrée de noir, il ressent comme un léger frémissement au moment d'entrer dans le monde. Il est accueilli avec chaleur par le maître de maison qui s'empresse de le présenter à son épouse dont on célèbre l'anniversaire.

– Voici Joséphine, mon épouse, qui me supporte depuis vingt-six ans ! Elle appartient à une vieille famille marseillaise, les Napollon, qui ont donné à la ville plusieurs échevins. De mon côté, mes racines sont plutôt du côté du Béarn, mais mon père était capitaine de la Marine française. Je crois que chez vous aussi on compte beaucoup de marins…

Marius a juste le temps d'évoquer la dynastie de marins qui compose son ascendance, que le volubile Séris enchaîne sur un cours de généalogie dans lequel il mentionne un ancêtre conseiller du roi de Navarre, les belles armoiries de sa famille (azur à bande d'or) et la particule fort ancienne perdue au moment de la Révolution. Après quoi il se fait un devoir de présenter lui-même le commandant Michel à quelques invités de marque, un élu de la ville nommé Maurel, un dignitaire de l'église et surtout quelques professionnels de la marine marchande dont le directeur d'une compagnie concurrente des Messageries nationales, Albert Rostand en personne qui se montra d'une extrême courtoisie et très attentif aux activités du capitaine. Nourrissant, qui sait, l'espoir secret, de recruter ce brillant et élégant commandant pour sa propre flotte. Les armateurs-négociants, Marius l'avait déjà constaté, se montraient pleins d'égards pour les officiers qui étaient à l'origine de leur confortable fortune.

Un peu plus tard dans la soirée, Marius fut arraché par son hôte aux échanges techniques qu'il avait avec les professionnels de la mer pour être conduit jusqu'à une jeune femme qui se tenait à l'écart et qu'il n'avait pas remarquée jusqu'alors.

– Cher commandant, voici ma fille aînée, Marie Louise Augustine, que nous appelons Élodie, son nom de communion ; un amour d'enfant qui nous comble de bonheur, mon épouse et moi. Je lui ai parlé de vous en lui décrivant votre carrière. Elle est très admirative et brûle de vous connaître.

Les présentations assurées, l'heureux père s'éclipsa, laissant Marie Louise Augustine face à l'illustre capitaine, plus à l'aise pour diriger un navire que pour mener une conversation galante. La jeune fille – qui devait avoir sensiblement dépassé la vingtaine – lui parut être l'antithèse de Louise, la seule référence sérieuse qu'il eût en matière de commerce féminin. Même si, bien naturellement, le jeune officier avait connu, à Marseille ou dans les ports d'escale, des aventures, toujours restées sans suites.

Mademoiselle Séris avait l'air mutin, le verbe facile, le regard direct et le sourire engageant. Elle plongeait de grands yeux noirs dans ceux de son interlocuteur, jusqu'à lui procurer une sorte de gêne. Son visage, d'un bel ovale, était couronné par une abondante chevelure rangée en bandeaux sur le front et qui se terminait en boucles ordonnées dans le cou. D'une taille supérieure à la moyenne, ses formes généreuses étaient prises dans une robe de taffetas bleu serrée à la taille par un large ruban noir. Elle dégageait une impression de gaieté, de joie de vivre et de juvénile insouciance. Elle montra un intérêt inattendu pour la profession de capitaine au long cours, posant de nombreuses questions sur la nature des bâtiments, sur le fonctionnement de la vapeur, sur la vie à bord et les lieux exotiques servant d'escale.

Plein de retenue dans les premiers instants, Marius, vite conquis par cette fraîcheur communicative, se laissait aller à broder autour de ses expériences que la jeune fille accueillait avec autant d'étonnement que d'enthousiasme. Le reste de la soirée se limita, pour le commandant Michel, à un badinage complice avec la fille de la maison devenue, en quelques heures, une délicieuse amie. En se quittant, on se promit de se revoir lors de la prochaine permission, dans un mois environ, et Augustine-Élodie obtint la promesse de pouvoir monter à bord de l'*Eurotas* afin de satisfaire sa curiosité maritime. M. Séris insista de son côté pour que le capitaine revienne dîner au plus tôt, en petit comité, pour faire plus ample connaissance.

Mademoiselle Séris était âgée de vingt-quatre ans, alors que Blaise Marius en aurait bientôt trente. Mieux valait ne pas faire traîner les choses. Environ quatre mois après la réception de la rue Curiol, le commandant Michel, qui avait eu l'occasion de revoir plusieurs fois Élodie, se présentait au domicile des Séris, en tenue d'officier cette fois, redingote bleu nuit à col serré avec double rangée de boutons dorés, casquette sous le bras gauche et gants blancs dans la main droite, pour faire sa demande. Du côté des parents Michel, on voyait d'un très bon œil cette union avec une famille qui cumulait les avantages d'un blason prestigieux, d'une aisance matérielle appréciable et d'une position affirmée dans la bonne société marseillaise. Chez les Séris, on trouvait beaucoup de charme à cet officier calme, réfléchi, beau garçon, portant si bien l'uniforme et appelé à un brillant avenir. Le soupçon de mésalliance ne tenait pas devant la satisfaction d'avoir un gendre pourvu d'un commandement et le soulagement de voir Augustine-Élodie, qui avait jusqu'alors refusé plusieurs partis, accepter enfin l'idée du mariage.

Le 31 juillet à huit heures du matin, en l'hôtel de ville de Marseille, fut officialisée par Maximin Clément Maurel, premier adjoint au maire de Marseille, l'union entre Blaise Jean

Marius Michel, capitaine au long cours, né à Saint-Nazaire (Var), fils du citoyen Jean-Antoine Michel, lieutenant de vaisseau en retraite et de la citoyenne Joséphine Lantier, ci présente et consentante, et Marie Louise Augustine Séris, née à Marseille, demeurant dans cette ville rue Curiol, n° 17, fille majeure du citoyen Jean-Pierre Séris, ancien fabricant de produits chimiques et de la citoyenne Amable Marianne Joséphine Napollon, ci présente et consentante. Plusieurs témoins signèrent le registre dont Balthazar Napollon, le grand-père de la mariée, âgé de quatre-vingt deux ans, et Fortuné-Amant Michel, le frère du marié, employé à la banque de France, âgé de trente-deux ans.

En fin de matinée du même jour, le mariage religieux se déroula dans la belle église Saint-Laurent implantée sur la butte du même nom, à l'emplacement d'un ancien temple païen dédié à Apollon, en un lieu dominant le Vieux Port et offrant une vue spectaculaire sur le fort Saint-Jean. La noce se transporta ensuite dans un établissement du quai de Rive Neuve pour une fête qui réunit plus de deux cents invités. Tard dans la soirée, Marius invita sa jeune épouse à aller faire quelques pas sur le port. La nuit de juillet était douce et pas suffisamment obscure pour dissimuler les majestueux contours de navires à quai ou au mouillage. La ville semblait assoupie dans la tiédeur de l'été.

– Comme cet endroit est beau, dit Élodie. Je n'ai jamais eu l'occasion de voir le Vieux Port la nuit. Quel encombrement de bateaux, et ce bruit du vent dans les mâts, ce battements de drisses… Je comprends votre amour de la mer et de la navigation.

– Un port est toujours un endroit fascinant, répondit Marius. Et pour un marin, la nuit constitue une amie privilégiée, avec laquelle il passe de longs moments, pendant ses quarts. Mais elle constitue aussi un danger et, dans sa solitude, le guetteur surveille les feux, comme celui du Planier à huit mille de l'entrée du port de Marseille, d'une hauteur de quarante mètres, que je vous montrerai un jour. La lumière pour le marin, est un guide, elle corrige sa cécité nocturne. Il ne faut jamais l'oublier.

Sur ces mots le couple rentra rejoindre les festivités de la noce.

8

Les jeunes mariés s'installèrent dans un petit appartement de la rue de la Guirlande au numéro 2, résidence appartenant aux Séris et où Jean-Pierre lui-même avait vu le jour. Ce logement était situé derrière l'hôtel de ville et tout près de la « Maison diamantée », dans un quartier voué à la mer et au négoce. Ce très ancien bâtiment, qui passait pour avoir été le palais du Bon roi René, appelé par les Marseillais *l'Oustau bigarrado pouncho de diamant*, avait fière allure et portait ce nom en raison d'une construction en pierres taillées en forme de pointes de diamant.

De la rue de la Guirlande, les mâts des plus grands navires stationnés dans le carré du Vieux Port étaient visibles, mais pas celui de l'*Eurotas* que Marius devait réintégrer après deux semaines de permission pour reprendre son service sur les paquebots poste à destination du Levant. Les premiers jours de vie commune furent, pour les époux, l'occasion d'apprendre à mieux se connaître, le temps des fiançailles, diminué en outre des périodes en mer, ayant été réduit au minimum. Le traditionnel voyage de noces, propice à l'apprentissage de la conjugalité, ne fut guère possible en raison des obligations de Marius. Le couple irait passer quelques jours à Saint-Nazaire qu'Élodie était impatiente de découvrir.

Dès le premier jour, la jeune femme fut séduite par la petite ville que la tradition avait coutume de nommer « Beau-Port ». Elle n'avait jamais quitté Marseille, sauf pour quelques séjours d'été chez des cousins, près de Lambesc, et la côte varoise dégageait pour elle des charmes de littoral exotique. Accompagnée de Marius qui conduisait le landau, elle tint à connaître les nombreuses petites communes voisines de l'arrière-pays, Ollioules où l'on se rendait par une route très fréquentée qui venait d'être agrandie, Le Castellet et La Cadière, villages perchés qui se faisaient face, Le Beausset, Évenos où il leur arrivait de dépasser des convois chargés d'algues.

Après quelques jours, elle manifesta le désir de partir seule, tôt le matin, pour éviter les moments de forte chaleur, afin de découvrir le bord de mer par les sentiers réservés théoriquement aux douaniers. Elle tira ainsi jusqu'au moulin de Portissol, jusqu'aux madragues qui font face aux îles des Embiez ou du Rouveau. À l'ouest, par des chemins encore moins accessibles, elle dépassait la pointe de la Cride battue par les vents, puis celle de la Tourette et s'aventurait, au-delà du Vallat, jusqu'à la Gorguette, avant Bandol, surplombant une mer calme et luisante, ou parfois agitée des gifles du mistral, les jambes griffées par des bruyères blanches, le chapeau accroché par une branche de pin. Elle revenait épuisée et heureuse, le visage rougi par le soleil, le front perlé de sueur, les yeux brillants d'excitation, grisée par la sauvagerie des lieux.

Elle se mit en devoir aussi de découvrir la ville de son mari et ses habitants. Au hasard d'une promenade improvisée, elle passait par la rue Royale, la rue Saint-Roch, la rue de la Chapelle ; elle faisait une pause place de la Paroisse, près du lavoir dont l'eau coulait parcimonieusement. Sa piété la conduisit à entrer dans la vieille église Saint-Nazaire, charmante mais vétuste, à diriger ses pas vers la chapelle des Pénitents, vers l'oratoire Notre-Dame de Pitié qui offrait une vue panoramique sur la rade du Brusc. Dans la rue Saint-Antoine, elle cherchait à identifier les échoppes, ici un cordonnier, là un marchand de graines, un ferblantier, un armurier. Sur le port, elle surveillait l'arrivée des pêcheurs et participait en riant au travail de démaillage des sardines « d'aube ». Elle n'hésitait pas à lier conversation avec les gens du pays, surpris de découvrir un nouveau visage, mais rassurés quand ils apprenaient qu'il s'agissait de la bru du capitaine Michel. Elle parla ainsi au meunier François Arnaud, au boulanger Léon Flotte, au maraîcher Elzéard Soleillet. Elle fit connaissance avec Jules Trotabas qui occupait en partie des terrains près du cours des Palangriers, de Marc Antoine Arnaud, le maire, qui faisait commerce de tuiles et de briques, de Félix Gensollen, le cordier, de Jules Ourdan, le tonnelier.

Pour ces escapades dans le village, Marius la laissait partir seule, retenu par la préparation de son prochain voyage et surtout par le souci de rester auprès de sa mère. Car Joséphine Michel avait depuis peu contracté une mauvaise maladie et était contrainte de garder la chambre. Elle qui s'était fait une joie d'accueillir dans sa maison une fille de substitution, était réduite à quelques bribes de conversation et à de maternels sourires à l'adresse de celle qui devrait partager la vie de son cher Blaise. Élodie, grâce à son caractère enjoué, parvenait à distraire la malade en agrémentant le récit de ses journées de détails pittoresques.

À l'issue de cette dizaine de jours passés dans le petit port varois et vécus comme un temps de vacances, il fallut reprendre la diligence pour rentrer à Marseille. Curieusement, celle-ci était peinte en jaune, tirée par quatre forts chevaux ; étaient chargés, sur l'impériale, des malles et des bagages qui ralentissaient sa course. De nombreux paquets appartenaient aux jeunes mariés, Mme Michel mère, bien que diminuée, ayant tenu à pourvoir le ménage en linge de maison et ustensiles divers. Il fallut six heures à la diligence jaune pour rejoindre Marseille après avoir traversé les redoutables gorges d'Ollioules et effectué trois relais, au Beausset, à Cuges et à Aubagne. L'arrivée à Marseille se fit à la nuit tombante, par la porte Noailles. Puis, dans l'agitation habituelle de la grande ville, ce fut la descente de la Canebière et, précédé d'une forte odeur d'embruns, le passage près du Vieux Port et, non loin, la halte à la rue de la Guirlande. La nouvelle existence du couple Michel pouvait commencer.

Dans de nouvelles dispositions d'esprit, Blaise Marius reprit ses activités de commandant adjoint et repartit, vers la fin de l'été, pour une nouvelle traversée en direction de Constantinople. L'obligation d'abandonner Élodie pour un mois après si peu de temps passé ensemble n'avait rien de plaisant, mais elle s'inscrivait dans la logique de sa destinée de marin. La jeune femme, d'ailleurs, sans jamais se départir de sa bonne humeur, n'éleva aucune objection à cette séparation à laquelle elle s'était préparée et qui en préfigurait bien d'autres.
– Je préférerais vous garder auprès de moi, disait-elle en badinant, mais les dépêches ont besoin de vous et plus encore les jolies dames oisives en quête d'Orient. Elles ont bien de la chance de vous voir quotidiennement dans l'espace réduit d'un bateau ! Mais qu'y faire, j'attendrai votre retour avec patience et un jour, peut-être, je partirai avec vous…

Marius pensait encore à ces phrases faussement légères, qui cachaient peut-être une réelle tristesse, alors que l'*Eurotas* s'éloignait lentement du port et s'apprêtait à doubler le cap où s'élevait le fameux phare du Planier, inactif en cette journée ensoleillée. L'apparition de cette fière tour de plusieurs dizaines de mètres de hauteur qui marquait l'entrée en haute mer, lui rappela la conversation avec Élodie, sur le quai de Rive Neuve le soir des noces.

Dès que le navire fut sur son erre, le commandant, comme à son habitude, descendit dans sa chambre pour ranger ses papiers, vérifier les documents relatifs à la traversée et prendre quelques minutes de repos. En ouvrant un coffre dans lequel il rangeait des affaires personnelles, il eut la surprise d'apercevoir, entre des vêtements et des objets, un livre relié de petit format. Il l'identifia immédiatement, sans avoir besoin de lire, au dos, le nom de l'auteur et le titre : « HOMÈRE,

Odyssée ». L'ouvrage ne l'avait jamais quitté au cours de ses divers embarquements.

Il remonta rapidement sur le pont. L'*Eurotas* avait déployé les voiles de misaine pour profiter d'un vent porteur et accélérer l'allure de quelques nœuds. La côte était déjà loin et se devinait à peine, perdue dans une bande cotonneuse. Marius s'avança vers une partie du navire réservée à l'équipage et qu'il savait être déserte. Il décrocha la chaîne de protection, s'approcha du bastingage et, d'un geste déterminé, jeta le livre dans la mer où il flotta pendant quelques secondes avant de disparaître. Comme soulagé, bien que mélancolique, le commandant regagna sa cabine.

La ligne du Levant ne réservait plus, pour le capitaine Michel, de réelle surprise. Les escales lui étaient devenues, au fil des ans, familières, et la navigation ressemblait à une routine, ce qui aurait pu avoir comme effet, pour un autre que lui, de réduire la vigilance. Mais il se sentait à l'abri de telles défaillances. Un moment du voyage conservait pourtant une magie intacte : le passage des Dardanelles, la traversée de la mer de Marmara, l'entrée dans le Bosphore et la découverte de Constantinople. Même répété presque chaque mois, le spectacle de ces lieux d'une majestueuse beauté était pour lui un enchantement toujours renouvelé qui le laissait muet. Il faisait sienne la phrase de Chateaubriand qu'il avait lue peu avant : « *On a tant de relations de Constantinople que ce serait folie à moi de vouloir en parler.* » Même devant Élodie, toujours curieuse des récits de son mari, il lui était impossible de détailler ces merveilles.

Comment décrire les rives verdoyantes du Bosphore du côté de Büyükdere où les dignitaires ottomans possédaient de magnifiques maisons de campagne et où étaient construits d'étonnants *yali* ? Comment rendre la réalité des riches palais bâtis par les sultans en bordure du canal ? Comment évoquer le ballet de caïques qui entourent les navires venus de l'Occident ? Quels termes pour qualifier le château des Sept-Tours, vieille fortification menacée de ruine, entourée de cyprès et auréolée de brume ? Que dire de Galata où le vaisseau allait s'amarrer ? De Thérapia, ancien village de pêcheurs que les modernes appelaient Tarabya et où flottait l'étendard de la France ? De la Corne d'Or et du Petit-Champ-des-Morts ? Des hauteurs de Péra reflétées dans la mer dans un miroitement de couleurs ? « *Folie à moi de vouloir en parler.* »

Il en est des grands spectacles offerts par la nature ou par le génie de l'homme ce qu'il en est de l'expérience de l'extrême. Toute tentative pour les traduire en mots est vaine, comme sont vaines les tentatives pour exprimer l'au-delà des sens. Indicible des grandes admirations comme des grandes souffrances. Ce qui autorise un curieux rapprochement entre ces deux manifestations de l'intense. Les sommets, fussent-ils opposés dans leur nature, finissent par se rejoindre en abolissant le don qui fonde l'humanité, la parole.

Ce rapprochement entre des absolus antithétiques, Marius eut l'occasion de le vérifier quand, au retour d'un voyage du début de l'année 1850, il fut accueilli par le visage fermé de son épouse qui, abandonnant son éternel sourire, lui apporta la nouvelle qu'il redoutait d'apprendre depuis plusieurs semaines : Joséphine Michel, sa mère, venait de s'éteindre à son domicile de Saint-Nazaire.

De la même façon que l'éblouissement du regard sur les rives du Bosphore ne pouvait s'exprimer par des phrases, l'accablement de la douleur lui imposa un lourd silence qui dura plusieurs jours, jusqu'au moment des funérailles, dans le petit cimetière de Saint-Nazaire dont les citoyens réclamaient depuis longtemps l'agrandissement.

De nombreux amis et parents étaient présents en cette journée de mars pluvieuse – une pluie froide qui transperçait les vêtements – et venteuse – un vent d'est tourbillonnant qui emportait les chapeaux. Marius embrassa l'oncle André-Émeric et son épouse Anne-Marie, venus de Marseille, ainsi que le cadet de la famille Rouden, Nazaire, parent éloigné de sa mère, maître de cabotage qu'il avait eu l'occasion de rencontrer et à peine un peu plus âgé que lui. Il vit aussi venir vers lui, devant le caveau encore ouvert, une jeune et frêle jeune femme emmitouflée dans une ample cape, le visage caché sous une voilette noire et en qui il reconnut immédiatement Louise, qu'il trouva assez peu changée. Sans parler, car même en devenant mère de famille elle avait gardé son fond de retenue, elle lui serra la main, tenta d'éviter le regard de son ancien ami, un peu grâce au refuge de la voilette, un peu en baissant les yeux, puis s'échappa prestement, sans se retourner. Il aurait aimé la retenir. Ce n'était ni le lieu, ni le moment.

La vie sait parfois se montrer cruelle ou du moins ironique quand elle s'amuse à juxtaposer des situations contraires, grande joie et immense peine. Ou quand elle vous offre, d'une main, la compagnie d'une femme appelée à partager vos jours et prolonger votre nom, et vous en ôte une autre de l'autre main, celle qui vous a donné le jour et guidé dans vos premiers pas vers votre devenir d'homme. Ces réflexions, souvent faites par lui, Blaise Marius Michel ne se les répétaient que pour lui-même. Le mélange de pudeur et de dignité qui avait forgé son caractère lui interdisait de s'épancher, même auprès d'Élodie, pourtant pleine de sollicitude, ou auprès de son père avec lequel il partageait un stoïque refus de la plainte.

Deux autres événements, ne relevant plus de l'intime, marquèrent l'année suivante. Le premier fut la décision, prise à la suite du déficit abyssal de 37 millions de francs en treize ans, de privatiser les paquebots postes. Une convention fut signée entre l'État et les Messageries Nationales par laquelle étaient cédés à la compagnie quatorze avisos de la Marine nationale auxquels s'ajouteraient trois navires appartenant à l'armement Rostand. Une subvention annuelle de 300 000 francs or, garantie sur dix ans, permettrait de relancer la compagnie dans de bonnes conditions. Celle-ci prendrait pour nom « Compagnie de services maritimes des Messageries Nationales » puis, en raison des changements de régime, des « Messageries impériales ». L'emblème serait une tête de licorne inscrite dans une ancre de marine, façon de lier symboliquement le cheval, à l'origine de la société, et la mer, vers laquelle elle avait évolué. Le premier départ organisé par la nouvelle compagnie fut celui de l'*Hellespont*, sous le commandement d'un capitaine marseillais bien connu de Michel, Auguste Capoufigue. Le statut se transformait, mais le service restait le même.

Le deuxième événement était d'une importance plus grande pour l'histoire du pays bien qu'il n'eût pas de retentissement direct, au moins dans un premier temps, sur la carrière de Marius. La jeune République décida de se donner un président élu au suffrage universel (masculin), et Louis-Napoléon Bonaparte, neveu de l'Empereur, à une écrasante majorité, fut porté au pouvoir. Après moins d'un an de gouvernement, le Prince-Président essaya de faire réviser la Constitution à son avantage et, faute d'y parvenir, décida de passer en force. Au début du mois de décembre suivant, il révoqua les ministres, musela l'opposition et imposa son autorité en attendant de consulter la nation par voie de plébiscite. Des fusillades, vite réprimées, éclatèrent à Paris, alors que la résistance en province était plus vigoureuse, en particulier dans le Var. Les communes de l'est du département, Le Luc, La Garde-Freinet, Vidauban, Cogolin se soulevèrent. D'autres rassemblements eurent lieu à Aups et à Brignoles. À Toulon, ceux qu'on appelait les « rouges » essayèrent de tenir tête à la troupe avant d'être réprimés sous l'autorité du préfet Pastoureau. L'insurrection, à laquelle la prudente Saint-Nazaire n'avait pas eu l'occasion de réellement prendre part, s'acheva dans le sang. Les arrestations, les exécutions et les déportations furent nombreuses. Un an exactement après ce coup d'État, l'Empire était proclamé, avec comme souverain, Napoléon III, fils de Louis de Hollande et d'Hortense de Beauharnais.

Devenues « impériales » et passées sous pavillon privé afin d'assurer le sauvetage économique, les Messageries poursuivaient avec succès l'exploitation des lignes du Levant. Marius Michel s'acquittait de sa tâche d'adjoint au commandement avec un zèle qui lui valait l'estime générale. À bord de l'*Eurotas*, les incidents étaient rares et les inévitables problèmes techniques (bielles défaillantes, chaudière en panne, pièces mécaniques brutalement brisées...) trouvaient toujours des solutions rapides et au meilleur coût. Le navire avait acquis une solide réputation de ponctualité et ses officiers étaient suffisamment appréciés pour que l'on demandât à l'un d'eux, en l'occurrence le lieutenant Michel, d'assurer le remplacement d'un collègue souffrant sur la ligne desservant Alexandrie et Beyrouth.

Marius accueillit cette opportunité avec une réelle satisfaction. Car si la ligne de Constantinople lui procurait un plaisir toujours renouvelé – surtout à l'approche des rives ottomanes – la perspective d'introduire un peu de nouveauté dans sa navigation ne pouvait que lui convenir, et plus encore la possibilité de découvrir des lieux inconnus, en particulier le port d'Alexandrie qui l'avait toujours fait rêver en raison du légendaire phare. La contrepartie de ce service imprévu était que Marius serait loin de chez lui pour les fêtes de fin d'année.

– Je regrette sincèrement de ne pas être auprès de vous pour ces fêtes familiales, expliquait-il à Élodie la veille de son départ. Mais vous comprendrez qu'il m'était difficile de refuser, mes supérieurs ne l'auraient pas accepté. Nous aurons d'autres Noëls à passer ensemble, avec nos futurs enfants par exemple... Et puis vous serez avec vos parents qui vous entoureront de toute leur affection.

Élodie prenait la chose à la légère, du moins en apparence :

– Noël ou Pâques, tout cela est peu important pour moi. L'essentiel est que vous soyez heureux dans votre métier. Et que vous honoriez vos galons d'officier. Nous, les femmes de marin, nous sommes habituées à attendre le retour des bateaux. C'est un peu notre côté Pénélope. Et puis j'ai mon piano…

Depuis quelques semaines Élodie avait effectivement repris la pratique du piano, instrument pour lequel elle éprouvait une véritable passion. Rassuré, amusé même, mais incapable de déceler le léger mouvement de dépit soigneusement caché par son épouse, Marius anticipait sur son programme :

– Jusqu'à l'escale de Syra, la route reste la même que celle que nous suivons depuis cinq ans. Mais au-delà des Cyclades, c'est l'inconnu. Et puis, Alexandrie est pour moi un lieu mythique, il rappelle le génie d'un homme exceptionnel et il est attaché à celle des Sept merveilles du monde qui a toujours eu ma préférence, le fameux phare sur la presqu'île de Pharos, qui lui a donné son nom, aux limites du delta du Nil. J'ai repéré sur les cartes l'emplacement de la construction. Je vais enfin découvrir par moi-même ce qu'il en reste, plus de vingt siècles après. Tout cela est très excitant. Je vous promets un récit détaillé à mon retour.

La traversée jusqu'à Syra, puis Beyrouth, se déroula sans aucune difficulté, sans découverte majeure non plus. En quittant la capitale libanaise, le temps commença à se gâter et les officiers de l'*Eurotas* prirent leurs dispositions en vue d'une traversée mouvementée. Mais, malgré une mer houleuse et des creux importants, le navire se comportait bien ; le savoir-faire de l'équipage et l'expérience du commandant devaient permettre de maîtriser les éléments pour atteindre les côtes égyptiennes déjà très proches.

L'arrivée à Alexandrie coïncidait avec le premier jour de la nouvelle année. Une fête était prévue à terre, mais, déjà, pour marquer la Saint-Sylvestre, les passagers avaient revêtu leurs plus beaux habits et se préparaient à une soirée joyeuse, à un dîner de réveillon accompagné de champagne. Le ciel, toutefois, devenait de plus en plus chargé et, à l'approche de la nuit, la mer prenait des reflets sombres qui lui donnaient des allures de gouffre aux limites mal définies. La visibilité était quasi nulle, le baromètre dépassait les 700 millimètres : les derniers milles à parcourir et l'atterrage seraient sans doute délicats.

Marius Michel, au jugé, estime que l'on doit être proche du port, ainsi que le lui confirme la sonde, dont les mesures (dix-huit brasses) sont inquiétantes. Reste à trouver la passe, alors que la brume est de plus en plus épaisse. Être à proximité des lieux où fut érigé un des plus anciens phares du monde et ne disposer d'aucun feu pour se guider lui paraît relever de l'absurde. Selon ses calculs, on devrait approcher du Lazaret, qui fournirait un abri sûr.

Le navire ne l'atteindra jamais.

De sinistres craquements annoncent l'imminence du drame, retardé peut-être par la double coque métallique. À bord, le silence est total, à moins que les murmures ou les éclats de voix ne soient couverts par le fracas des vagues, les crissements du bois et les bourrasques de vent. Les secousses deviennent de plus en plus violentes jusqu'à l'une, l'ultime, qui donne l'impression que l'*Eurotas* se cabre, fournit un dernier effort pour échapper à son agonie, avant qu'il ne retombe, s'immobilise, couché sur le flanc bâbord. Immédiatement des gerbes d'eau envahissent le pont, secouent avec violence la base des mâts, s'attaquent à la cheminée et menacent de s'engouffrer dans la salle des machines, les cabines et les cales.

Il faut faire vite, Michel l'a compris, et surtout éviter les mouvements de panique. L'*Eurotas* est planté sur le banc, la quille bloquée par le sable. Mais le continent est proche ; si l'on procède avec méthode et rapidité, il est possible d'assurer une évacuation générale. Le commandant explique le déroulement des opérations à son état-major qui le transmet à l'équipage. L'enseigne de vaisseau Gardanne est chargé de faire mettre à l'eau les canots de sauvetage, au moins les trois pouvant être utilisés, les autres étant impossibles à décrocher en raison de la position de l'épave.

La manœuvre s'organise, et les embarcations commencent leur va-et-vient en débarquant les vingt-six passagers, à sauver en priorité. De son poste de commandement, le capitaine Michel, à l'aide d'un porte-voix, donne ses ordres, avec fermeté mais sans affolement. Les chaloupes reviennent avec des nouvelles rassurantes : après un recomptage soigneux, il est avéré que tous les civils sont en sécurité. Mais le navire menace de chavirer et le risque d'incendie grandit. Il convient de ne pas traîner et d'éviter de perdre son temps en congratulations.

L'autre priorité concerne les sacs postaux dont le paquebot poste a la responsabilité. Là aussi, la mission sera accomplie rondement. Et alors, pourquoi ne pas tenter le sauvetage de la cargaison, composée d'étoffes, de denrées diverses, de tabac et de colorants ? Tirant sur les avirons et se relayant, les matelots font des prouesses, encouragés par leur pacha dont le sang-froid les rassure. Il sera le dernier à quitter le navire, alors que le jour commence à poindre et que l'on distingue, dans la grisaille de ce poisseux matin d'hiver, premier jour de l'année, les lointains contours de la cité égyptienne. Aucune victime n'était à déplorer.

Marius Michel venait de vivre la pire épreuve qui menace un marin : le naufrage. Il n'avait pas vu le phare d'Alexandrie ni la ville du même nom. Mais il avait fait son devoir et, une nouvelle fois, montré son courage.

9

Un échouage, pour un officier de marine, n'a rien de glorieux, et Blaise Marius se sentait mortifié après la pitoyable fin de l'*Eurotas* devant le port d'Alexandrie. Pourtant, la Direction des Messageries impériales et la Commission d'enquête dégagèrent totalement la responsabilité du commandant et, mieux encore, le félicitèrent pour le sang-froid dont il avait fait preuve dans ce moment difficile. Éviter la panique, sauver des vies humaines, permettre la récupération de la machine et assurer la continuité du service étaient des actes qui méritaient même une distinction. Ce fut la titularisation aux fonctions de commandant en février et la promesse d'un futur commandement sur un autre navire. Quelques années plus tôt, son exploit de Djidjelli, plus personnel et plus téméraire, lui avait aussi valu la reconnaissance de ses supérieurs et une accélération de carrière. Les événements se répétaient, même s'il paraissait discutable de comparer une juvénile initiative solitaire et la gestion maîtrisée d'une situation de crise.

Cet épilogue positif du naufrage ne parvenait pas toutefois à effacer de l'esprit du capitaine Michel les heures sombres de ce 1er janvier et les conséquences dramatiques de l'absence de balisage sur les grands axes maritimes. Une autre conséquence entretenait le souvenir de ce douloureux épisode : le changement physique survenu sur sa personne. En effet, en raison d'un phénomène physiologique mal explicable, l'épreuve du naufrage et du sauvetage général avait eu pour résultat de rendre ses cheveux totalement blancs. Était-ce le résultat de la peur ? Blaise n'était pas capable de dire s'il avait réellement eu peur. Non qu'il soit à l'abri de ce type d'émotion, mais plutôt parce qu'il n'avait guère eu le temps de se poser des questions de ce type, pressé par l'urgence et la nécessité d'organiser les secours puis l'évacuation. Toujours est-il qu'à moins de trente-cinq ans, il arborait une tête chenue.

Rapatrié en France et autorisé à jouir chez lui de quelques jours de repos, Marius fut stupéfait de l'image que lui renvoya son miroir et s'agaça des malicieux commentaires que son apparence suscita de la part de son épouse.

– Mais, mon cher, vous avez beaucoup d'allure ainsi. Vos yeux bleus n'en ressortent que mieux. Et vous y gagnez en gravité. Je suis sûr que votre autorité va se trouver accrue par vos airs de burgrave. Un commandant titulaire se doit de faire âgé. Et comme ce commandant aime les bonnes choses, j'ai fait préparer par Berthe à son intention son plat préféré, un sauté de veau. Qu'en dites-vous ?

Cette façon de dédramatiser les situations ou d'en souligner l'aspect amusant était une spécialité d'Élodie ; elle avait le mérite de corriger la tendance au sérieux de Marius. L'incident du naufrage était clos. Il fallait n'en tirer aucune vanité ni aucune rancœur et passer à autre chose.

En l'occurrence, au nouveau commandement, qui prit effet le 13 février sur un navire de belle réputation construit en fer et comportant deux cheminées, le *Philippe-Auguste,* sorti des chantiers de La Ciotat. Embarquement de courte durée à vrai dire, puisque le 27 septembre, Marius se voyait confier le *Nambourg*, puis, après un passage à terre, le *Mérovée* pour à peine quelques jours, enfin l'*Amsterdam*, solide vapeur en bois construit au Havre en 1838. Ce dernier commandement ne devait durer qu'un peu plus de deux mois, mais allait offrir au capitaine varois une rencontre appelée à changer sa vie.

Depuis deux ans, la France du Second Empire, gouvernée par Napoléon III, s'était engagée dans un conflit lointain que l'on appelait « guerre de Crimée ». Le tsar de Russie, Nicolas 1er, désireux de s'implanter en Turquie, avait prétendu, en envoyant des troupes, vouloir défendre la cause des moines orthodoxes du pays. Le sultan Abdül-Medjid ayant refusé toute négociation, les Russes attaquèrent l'Empire ottoman sur le Danube et dans le Caucase, avant que la flotte turque soit en partie détruite dans le port de Sinope, sur la mer Noire.

Les Français et les Anglais réagirent immédiatement en envoyant une escadre de coalition en Baltique. La guerre fut bientôt déclarée et les alliés tentèrent de s'emparer de la Crimée, et notamment du port de Sébastopol dont le siège fut long et meurtrier.

Sans être engagée dans les combats, la Compagnie des Messageries vit la guerre de l'intérieur, car il lui est demandé d'acheminer régulièrement troupes et matériels sur les bords de la mer Noire. Deux départs hebdomadaires ont lieu de Marseille transportant, à chaque voyage, cinq ou six cents hommes, des chevaux et des armements ; pour leur retour, les bâtiments sont chargés de rapatrier en France les blessés et les malades, nombreux en raison des épidémies. L'*Amsterdam*, affecté à la ligne de Constantinople, fait partie du pont maritime consécutif au conflit.

Dès sa prise de commandement, en pleine mauvaise saison, Marius Michel, fut confronté, sur cette destination, à de redoutables intempéries qui l'obligèrent à une grande vigilance. Le drame de l'*Eurotas* était présent à sa mémoire et il ne tenait pas à être victime d'un nouveau naufrage. D'autres navires eurent à souffrir de la tempête, comme la corvette à vapeur *Pluton* ou l'*Henri-IV*, commandé par le capitaine Amable Constant Jehenne, qui s'était échouée au large d'Eupatoria, en mer Noire, sans perte de vies humaines, heureusement. Le paquebot poste *Amsterdam* fut chargé de ramener en France le capitaine et son état-major.

Mais un autre passager de marque avait également embarqué sur le navire à destination de Marseille, le fils d'un Maréchal de France, anobli par Napoléon, Gustave Olivier

Lannes de Montebello. Ce général comte, qui avait participé à la conquête de l'Algérie, occupait depuis deux ans le poste d'aide de camp de Napoléon III, et l'empereur l'avait missionné en Orient pour rendre compte de la situation militaire en Crimée. Le capitaine Michel donna des ordres pour offrir à ce proche de l'empereur des conditions de voyage privilégiées. Il fallait aussi, comme Montebello en avait fait la requête, que le retour se fasse au plus vite, en empruntant les voies les plus rapides.

Le capitaine Michel n'hésite pas : il délaissera la route du sud, pour mettre le cap à l'ouest et longer les côtes grecques, non sans péril en raison de la myriade d'îles à contourner, d'une mauvaise visibilité et d'une signalisation quasi inexistante. Il s'en est ouvert au comte.

– Pour gagner du temps sur le trajet, j'ai décidé de traverser l'archipel, comme le faisaient les marins d'autrefois chargés de surveiller les pirates. Le risque existe, mais mes officiers sont expérimentés et nous redoublerons d'attention en multipliant les quarts. Je m'engage moi-même, monsieur le Comte, à diriger les opérations de navigation. Je resterai s'il le faut nuit et jour sur la passerelle. Les marins n'ont besoin que de peu de sommeil.

– Merci, commandant. Mais cette route, l'avez-vous déjà empruntée, ?

– Jamais jusqu'à présent, la Compagnie ne le souhaite pas. Il est pourtant possible de gagner plusieurs jours. Il suffirait que des feux soient installés aux lieux stratégiques pour diminuer les risques et offrir un passage à peu près sûr.

– Vous voulez dire qu'aucun balisage ne permet de se repérer par mauvais temps ou la nuit ?

– Exactement, monsieur le Comte. Il y a bien quelques phares, mais ils sont vétustes, de faible portée et pas très fiables car mal entretenus. Ce n'est pas un hasard si les naufrages sont si nombreux sur les routes du Levant. Depuis le temps que je navigue en Méditerranée, j'ai eu le temps de réfléchir aux aménagements possibles. J'ai même commencé à établir des relevés sur une sorte d'atlas et à tracer des itinéraires.

– Commandant, nous devons absolument prendre cette affaire au sérieux. Pouvons-nous nous retrouver dans la soirée pour étudier la question ? Je convoquerai les officiers qui m'accompagnent et vous nous exposerez précisément l'état de vos recherches. Le capitaine Jehenne se joindra à nous.

Dans le grand salon déserté par les passagers, sous l'éclairage de la lampe, devant les yeux ébahis des spécialistes de la mer et du comte général, Marius Michel déroule ses cartes et détaille son étude. Au sortir des Dardanelles, les futurs phares sont dessinés le long de la route qui se dirige vers les îles de Lemnos et de Strati, puis, à l'extrémité des caps de la côte est de la Grèce, Oro, Malée, Matapan, avant d'être disposés le long des îles Ioniennes qui précèdent la traversée par la voie classique vers la Sicile. Une fois franchi le Péloponnèse, la navigation devient plus facile et la route est connue. Les mêmes dispositions peuvent être prises dans l'autre direction, en mer Noire, vers Samsoun et Trébizonde.

Montebello, prenant le premier la parole, ne cache pas son enthousiasme.

– Commandant, vous avez réalisé là un travail de premier ordre qui force l'admiration. Dès mon retour en France, nous réunirons une commission d'experts et je présenterai moi-même votre projet à sa Majesté l'empereur. Je dépenserai toute mon énergie pour emporter la décision, qui pour moi ne fait aucun doute. Nous allons faire bouger les choses. La guerre aura eu au moins cet effet de faire progresser l'activité maritime dans cette région de la Méditerranée. Mais je vous en prie, commandant, allez prendre un peu de repos ; depuis quatre jours et quatre nuits, je ne vous ai pas vu dormir. Vous devez être épuisé.

L'*Amsterdam*, avec quelques jours d'avance, arriva à Marseille le 5 janvier et fut dirigé vers le nouveau port de la Joliette, la darse du Vieux-Port étant devenue trop encombrée. Marius bénéficiait d'une semaine à terre, ce qui lui permit de retrouver Augustine-Élodie et de prendre possession du nouvel appartement, plus spacieux que le précédent, que le ménage avait loué au numéro 10 de la rue de Jemmapes, vers le haut de la Canebière.

– Avouez que l'endroit est agréable, commentait la jeune madame Michel. Je dispose enfin d'une pièce pour faire de la musique et vous d'une autre pour travailler. Nous aurons aussi de la place pour nos enfants. Et puis, nous nous sommes rapprochés de chez mes parents qui m'aident à supporter ma solitude quand vous vous promenez sur les rives orientales.

Marius sentit dans ces mots une taquinerie qu'il tenta d'écarter en argumentant :

– Je vous promets, très chère, de raccourcir mes absences. Il se peut que les choses évoluent vite si, comme je vous l'ai raconté, le général Montebello défend le dossier des phares. Préparez-vous peut-être à du changement.

L'aide de camp de l'empereur donna suite à sa promesse et s'empressa de faire rédiger un mémoire sur l'opportunité d'un équipement en balisage de cette région de la Méditerranée orientale. Ce texte fut soumis aux hautes autorités maritimes, l'amiral Bruat qui présidait le Conseil de l'Amirauté et les amiraux des pays alliés, l'Anglais Edmund Lyons et le Turc Achmed Pacha. L'affaire remonta même jusqu'au nouveau ministre de la marine, l'amiral Hamelin, qui avait miraculeusement échappé à la mort devant Sébastopol. À l'unanimité, le projet fut jugé pertinent et la mise en œuvre considérée comme urgente. En dernier ressort, Napoléon III donna son aval pour charger le capitaine Michel de lancer l'entreprise au plus vite, avant que des concurrents, les Anglais par exemple, s'avisent de proposer leur propre plan. La guerre de Crimée traînait en longueur et il fallait faciliter le trafic maritime vers cette région.

Alors que l'on débattait de l'avenir de ses propositions, Marius avait repris ses rotations en direction de Constantinople sur un nouveau vapeur, le *Périclès*. Ce vaisseau, sorti tout récemment des chantiers de La Ciotat, était une goélette à coque métallique dont les caractéristiques techniques étaient proches de ses précédents bateaux. Le capitaine était à l'escale de Syra, vers la fin du mois de février, quand, par l'intermédiaire de l'état-major d'un autre navire venu de France, il apprit le naufrage tragique de la *Sémillante*. Cette frégate en bois à trois mâts carrés, se déplaçant uniquement à la voile, avait été construite à Lorient avant de rejoindre l'escadre de la Baltique. Puis elle avait rallié Toulon d'où elle devait transporter des troupes vers la Crimée. Commandée un temps par le capitaine de frégate Le Mauff de Kerdudal, elle était passée, après que celui-ci fut emporté par l'épidémie de choléra, sous les ordres d'un officier bien connu de Blaise Marius, le capitaine de frégate Gabriel Jugan. Il n'avait pas oublié le différend du *Marengo* et les insinuations de cet aîné condescendant qui l'avaient conduit à le provoquer en duel. Une persistante douleur dans la jambe droite suffisait pour lui rappeler l'incident. Depuis, Michel avait eu connaissance des états de service de son ancien adversaire et avait pu mesurer ses qualités de marin.

Celles-ci furent de peu d'utilité au patron du voilier face à un vent de près de 30 nœuds dans une passe réputée particulièrement dangereuse. Partie de Toulon le 14 février, la *Sémillante*, empruntant la route dite « éolienne », sombra deux jours plus tard dans les bouches de Bonifacio, après avoir heurté des récifs faisant partie de l'archipel des Lavezzi. Rien ne put être sauvé et l'on compta plusieurs centaines de victimes. Le chiffre avancé fut de sept cents. Jugan, évidemment, en faisait partie, de même qu'un autre marin plus proche encore de Marius, Jacques Vasseur avec lequel il avait navigué sur le *Cerbère* et dont il prenait régulièrement des nouvelles.

Le timonier breton, qu'il avait rencontré par hasard à Toulon peu avant, se réjouissait de cette expérience sur un bateau à voile qui ressemblait à ceux de ses débuts. Il espérait bien qu'un jour, après la guerre, l'occasion lui serait donnée de naviguer sous les ordres du capitaine Michel, cet ancien apprenti qu'il avait dégrossi au cours d'un de ses premiers embarquements et qui avait, par son travail, atteint les sommets. Vasseur mâchonnait toujours son éternelle pipe sans esquisser le moindre sourire. Mais il paraissait vieilli et fatigué, les favoris avaient blanchi, les yeux très clairs s'étaient encore enfoncés sous le front plissé de rides. Il ne reverrait jamais Tréguier. Peut-être son corps serait-il repêché entre la Corse et la Sardaigne, et inhumé quelque part, sur une île déserte battue des vents. Il avait bien fait, l'ami Jacques, de ne pas prendre femme, de ne pas avoir d'enfants, de refuser de laisser à terre des êtres chers qui, aujourd'hui, seraient dans le deuil. C'était là sa conception du métier de marin. C'était aussi la fin qu'il souhaitait avoir. Une vieille « *mère à genoux* », pourtant, l'attendait peut-être encore, là-bas, dans un coin du Trégor, comme le suggéraient ces vers du poète Victor Hugo qu'avait retenus le commandant du *Périclès* :

« *Où sont-ils, les marins sombrés dans les nuits noires ?*

O flots, que vous savez de lugubres histoires !

Flots profonds redoutés des mères à genoux ! »

Marius lui-même, sans la chance, aurait pu faire partie de ces « *patrons morts avec leur équipage* », de ceux qui ne sont pas revenus et dont on s'entretient « *parfois dans les veillées* »... La nuit de l'océan est obstinément noire, et seule la ferveur du souvenir parvient à vaincre l'ensevelissement.

Faute de pouvoir analyser les circonstances du naufrage de la *Sémillante*, Michel se contentait de plaindre ces camarades, son adversaire d'hier, Jugan, son initiateur et ami surtout, le bon Jacques Vasseur. Il méditait aussi sur cette impitoyable Providence qui, une fois de plus, associait les événements heureux à de dramatiques disparitions. Et, par-dessus tout, il faisait ce terrible constat sur lequel il revenait toujours : tout ce malheur par une fatale insuffisance de la signalisation maritime.

Ce thème allait devenir le centre de sa vie et orienter dans une direction inattendue sa carrière. Le *Périclès* était au mouillage à Constantinople, le temps du débarquement puis du chargement en vue du retour. En ce jour de juillet, le Bosphore, entouré de collines verdoyantes, irradié de soleil, offrait un spectacle fascinant que Marius Michel ne se lassait pas de contempler. Un matelot vint le prévenir qu'un émissaire de l'ambassade de France s'était présenté à la coupée et avait exprimé le désir de lui remettre un message de la plus haute importance. L'ambassadeur en personne, M. Thouvenel, le convoquait, toutes affaires cessantes, au Palais de France, à Péra, pour lui communiquer une information officielle.

– Merci d'être venu au plus tôt, commandant, commença l'ambassadeur en offrant un fauteuil à son visiteur. Des ordres me sont parvenus de France vous concernant, confirmés par un entretien que j'ai pu avoir avec un conseiller du sultan Abdül-Medjid. Sa Majesté l'empereur, en accord avec les autorités turques, a décidé de vous nommer, à dater du 1er août, directeur général des Phares de l'Empire Ottoman. Vous êtes en même temps élevé au titre de vice-amiral. Bien entendu, vous allez quitter le commandement de votre navire et il vous est demandé de désigner votre remplaçant. Dans des délais raisonnables, vous devrez vous installer ici, à Constantinople, pour diriger le lancement de l'opération et prendre vos fonctions. Vous pourrez faire venir auprès de vous votre famille. Félicitations, monsieur le Directeur général.

Avec un peu de froideur et un langage administratif, son excellence l'ambassadeur de France vient de prononcer les adieux de Marius Michel à la Royale et le début d'une entreprise dont l'intéressé mesure mal les suites, mais qui répond à une préoccupation très ancienne : répandre la lumière, non pour dissiper l'obscurantisme de l'humanité, mais pour permettre à tous de parcourir le monde et aider au rapprochement des continents. L'homme des phares vient au monde en ce milieu de l'année 1855.

DEUXIÈME PARTIE

LE PORTEUR DE LUMIÈRE

10

Le cimetière de Saint-Nazaire ressemble à tous les cimetières de petite ville. Un peu à l'écart, sans être trop éloigné du centre, il est entouré de murs assez hauts pour le protéger, moins des intrus que des manifestations bruyantes de la vie. Quelques cyprès irrégulièrement disposés tentent de fournir une ombre bienfaisante aux visiteurs, surtout pendant les mois d'été, et surtout en Provence.

Blaise Marius Michel semble indifférent au soleil et à l'écrasante chaleur quand il se dirige vers le caveau de sa famille où reposent désormais ses deux parents. Dans le recueillement du lieu, à peine perturbé du chant joyeux des cigales, il se reproche de n'avoir pu assister aux derniers moments de ceux qui lui ont donné la vie. Cinq ans déjà que sa mère a quitté le monde. Quelques semaines à peine que son père l'a rejointe pour l'éternité. « Le scandale de la mort peut-il être nié par la force de l'amour ? » s'interroge le capitaine, enfermé dans la prostration et le silence. Pourquoi faut-il, une fois de plus, qu'un tournant professionnel, chargé de promesse, coïncide avec un douloureux arrachement affectif ? Jean-Antoine Michel n'a pas eu le bonheur d'avoir connaissance de la promotion de son fils préféré, élevé au rang de Directeur général des Phares, soutenu par l'Empereur des Français et par le sultan de Turquie. De même, Joséphine n'avait pu suivre l'ascension de son cadet, parvenu, grâce à son travail, au rang de commandant. Ni l'un ni l'autre n'auraient la joie de connaître une descendance, de pouvoir transmettre aux enfants de leur enfant, un peu de l'histoire de la famille, de ses traditions, de ses fiertés, de ses échecs.

Marius est seul aujourd'hui entre les tombes silencieuses. Son passé défile dans son esprit, assez linéaire et relativement heureux, en dépit de quelques accidents de parcours. Son futur, il ne peut l'imaginer, car il s'éloigne de ce qu'il a connu jusqu'alors. En passant de la Royale aux Messageries, il n'avait rien abandonné de sa vocation de marin. La fonction, globalement, restait la même. L'aventure des phares qui s'ouvrait à lui supposait une rupture plus nette, des lendemains imprévisibles. Ses futures responsabilités semblaient de nature à le détourner non pas de la mer – il serait dit que dans cet espace s'inscrirait toujours son destin – mais de la navigation. Les chances étaient minces qu'il soit conduit à nouveau à commander un navire.

De ces changements, de cette plongée dans l'inconnu, il eût aimé parler avec son père dont les choix et les conseils s'étaient toujours révélés judicieux. Il eût aimé s'en ouvrir à sa mère, femme aimante et protectrice qui, sans avoir rien fait fait pour orienter sa conduite, lui avait toujours, par son indéfectible affection, facilité le franchissement des obstacles. C'est sans doute en cette aide diffuse que se résume le rôle des parents. Des parents définitivement absents pour le nouveau Directeur général des Phares de l'Empire ottoman qui, dans quelques jours, traverserait la mer de Marmara pour rejoindre le cadre de sa nouvelle vie, cette Sublime Porte, qu'il a commencé à aimer avant d'être tenu de s'y installer.

Le voyage vers Constantinople, par une route qui lui était familière, sur l'*Impératrice Eugénie*, n'eut que peu de ressemblance pour Blaise, avec ceux qui l'avaient précédé. Il était désormais déchargé de toute responsabilité en matière de navigation et, sans être considéré comme un passager ordinaire, il pouvait savourer le plaisir d'une traversée oisive. Il prenait toutefois ses repas à la table du commandant qui aimait à échanger avec lui sur les questions maritimes et sur celles, assez neuves, concernant les phares et balises.

L'atlas élaboré en secret pendant plusieurs années, avait fait l'objet, pendant le séjour à terre, d'une mise au clair et de diverses améliorations matérielles jusqu'à devenir un document précis à partir duquel pourrait être lancée l'entreprise de construction. Le Varois s'était documenté sur les modalités techniques, aspect qu'il ne maîtrisait pas en totalité, ainsi que sur le coût du projet. Cette question financière avait cessé de faire problème dans la mesure où lui avait été accordé un budget de douze millions de francs-or pris sur la cassette personnelle de Napoléon III. L'empereur avait, par ce geste, marqué son engagement et sa confiance dans l'ancien capitaine qui lui paraissait être l'homme de la situation. Les progrès de la signalisation seraient un atout essentiel pour la suite de la guerre de Crimée qu'il devenait urgent de conclure. Les objections des plus réticents furent levées, comme s'y engageait une lettre d'un haut fonctionnaire au ministre de la Marine, dont Marius avait eu connaissance, et qui précisait : « *Lorsque des intérêts aussi sérieux se présentent, toutes les difficultés doivent disparaître. [...] Une seule question me paraît devoir être traitée actuellement, celle de savoir quelles sont les dispositions à adopter pour assurer le plus convenablement et le plus promptement l'éclairage de ce pays.* »

Le pays en question n'était pas totalement dépourvu d'éclairage puisque Michel avait pu, grâce à des repérages personnels et à l'exploitation de certains documents, comme l'Atlas de Coulier, en dénombrer vingt-quatre dans la zone entourant Constantinople. Aucun de ces feux n'était d'une grande efficacité, car trop anciens, de faible portée et éclairés de façon sporadique. Il faudrait repenser l'ensemble de l'équipement. Ce qui demanderait de l'énergie, des personnes compétentes et pas mal d'argent. La tâche s'annonçait rude.

Marius pensait toujours à l'organisation de son travail, il pensait aussi à Élodie, restée à Marseille mais qui pourrait bientôt le rejoindre, au moment précis où l'*Impératrice*

Eugénie, clipper de cinquante-deux mètres et de trois cents tonneaux sur lequel il avait voyagé, après avoir traversé la mer de Marmara, se présenta en vue du port de Constantinople – qui d'ailleurs ne ressemblait en rien à un port. Le mouillage se fit au niveau de la pointe de Concapi, sous les murs du Sérail. La ville, en cette journée de grand soleil s'offrait au visiteur dans son insolente beauté. Les flèches luisantes des minarets se mêlaient aux torches des cyprès légèrement agités par le vent. Les navires à l'ancre se comptaient par dizaines. Les équipages se hélaient bruyamment. Les drisses battaient contre les mâts. Des odeurs de santal et d'encens remontaient des quartiers populaires proches d'Aya Sofia. Des nuées de tourterelles descendaient de la colline de Péra pour se mêler aux bruyantes mouettes tournoyant autour des embarcations.

Un canot, manœuvré par plusieurs nageurs, vint prendre le nouveau directeur des Phares et Balises ainsi que l'officier que le ministère lui avait affecté comme adjoint, le capitaine de frégate Antoine Garbeyron, pour les conduire à Karaköy où les attendait le secrétaire général de l'ambassade à la Porte. De là on se dirigerait vers Thérapia, sa résidence d'été, où l'ambassadeur Thouvenel tenait à les recevoir au plus tôt. Un représentant du sultan Abdül Medjid et divers autochtones en tenue traditionnelle, la tête coiffée du fez, complétaient ce comité d'accueil.

– Bienvenu dans notre capitale, prononça le dignitaire turc dans un français plutôt correct. Je m'appelle Ekim Öztam et suis chargé de vous adresser les salutations de notre souverain qui se réjouit de votre présence et vous recevra dans quelques jours. Un logement provisoire est mis à votre disposition dans les locaux de l'Amirauté, à Galata. En attendant de vous trouver une demeure digne de votre rang où vous pourrez vous installer avec votre épouse. Je travaille sous les ordres du grand vizir Fuad Pacha qui souhaite que tout soit fait pour rendre votre séjour agréable.

L'ancien marin, peu habitué à de telles prévenances, comprend à cet instant que sa vie a changé et qu'il lui faut apprendre à côtoyer les grands. Le difficile chemin parcouru jusque là et l'héritage de son éducation lui évitent de succomber aux mirages de la vanité.

Après le temps des civilités vint celui du labeur. Dans l'élégant palais de l'Amirauté, vers la pointe de Galata, là où la Corne d'or rejoint le Bosphore, en même temps qu'un logement cossu – plusieurs chambres somptueusement meublées et entretenues par un personnel nombreux et essentiellement masculin –, avait été mis à la disposition du capitaine Michel de vastes bureaux ouvrant sur la mer. C'est là que se prirent les premières décisions en vue de la réalisation du grand œuvre.

Plusieurs collaborateurs, français et ottomans, marins ou ingénieurs, étaient engagés dans l'entreprise. La première disposition consista à établir le plan précis des besoins, à hiérarchiser les urgences et à définir le degré d'intensité des feux en fonction du lieu d'implantation. Car tous les phares ne devaient pas avoir la même importance, ni la même portée ; seuls ceux dits de « première catégorie » auraient une hauteur qui avoisinerait les cinquante mètres et pourraient être visibles à environ vingt milles marins. D'autres constructions, plus modestes, et à des degrés d'intensité inférieurs, compléteraient le balisage général. Onze feux seraient livrés en priorité pour répondre à l'urgence ; les autres suivraient régulièrement.

La deuxième phase fut celle de la construction pour laquelle furent employés des maçons, des charpentiers et des ferronniers, certains appartenant au génie militaire, la plupart venus de France, en même temps que Michel, sur le navire *Impératrice Eugénie*. D'autres ouvriers purent, au fil des mois, se joindre à eux, ainsi qu'une main-d'œuvre locale. Les matériaux nécessaires à la construction étaient généralement trouvés sur place, à la différence des équipements techniques qui, en règle générale, étaient exportés d'Europe. C'était le cas en particulier des éléments d'éclairage dus à la société Henry-Lepaute et à la maison Sautter, en attendant que d'autres fournisseurs se mettent sur les rangs, comme l'entreprise Barbier-Besnard et Turenne qui emporta le marché. Des progrès majeurs avaient été accomplis dans les systèmes d'éclairage grâce aux lentilles Fresnel qui allaient équiper les phares et les balises.

En moins d'une année, une vingtaine de feux furent en état de marche, dans les Dardanelles, dans la Marmara, dans le Bosphore ou en mer Noire. Le Directeur général sentait la nécessité, le plus souvent, de se rendre lui-même sur place pour diriger les travaux, ce qui le tenait éloigné de Constantinople et lui interdisait d'envisager un prochain retour en France. La venue dans l'ancienne Byzance de son épouse était prévue pour un peu plus tard, quand un logement serait disponible et après que les premiers phares seraient mis en service. Une correspondance régulière permettait à Marius de garder le contact avec Élodie qui, à son habitude, feignait de prendre avec légèreté cette séparation plus longue que les précédentes. La jeune femme se montrait curieuse des nouvelles activités de son mari qui ne manquait jamais de lui décrire la nature de son travail. Comme dans une lettre des premiers jours de l'année 1856 que madame Michel crut nécessaire de lire intégralement à ses parents, venus la soutenir dans l'appartement de la rue de Jemmapes.

« *Ma très chère épouse,*
Nos chantiers avancent, non toujours sans quelques difficultés. Mais je suis bien entouré, surtout par Garbeyron, dont je vous ai parlé, qui me seconde sur beaucoup de points. J'ai plaisir aujourd'hui à vous faire le récit d'une réalisation un peu particulière, dont je tire une certaine fierté, d'un point de vue technique, mais qui peut être jugée amusante. Vous savez que

les Anglais, s'ils sont nos alliés dans la guerre qui nous oppose à la Russie, sont aussi nos concurrents en matière d'intérêts stratégiques dans les mers du Levant. Afin de marquer leur territoire, les autorités ottomanes m'ont demandé de créer en priorité un feu dans l'île des Serpents (Ylan Adasi, en langue turque), au large du port de Sulina et du delta du Danube. Cette île est citée par Euripide dans son Andromaque *comme étant devenue le « brillant paradis d'Achille ». On y a trouvé d'ailleurs un temple en l'honneur du héros grec. L'île a été longtemps un amer, avant que le fanal soit abandonné.*
Or la couronne d'Angleterre n'a jamais caché ses visées sur cette île qu'elle souhaitait équiper d'un phare, ce qui semblait être le prétexte à une annexion. Le Sultan, par l'intermédiaire du président du conseil de la Marine, Mustafa Pacha, a souhaité, en toute discrétion, afin de ne pas froisser son allié britannique, les précéder dans l'entreprise en me confiant la tâche d'installer en hâte un feu dans l'île. Ce que je me suis engagé à faire avec mes équipes, dans des délais records, et en utilisant les moyens du bord. Ce fut notre première réalisation. Nous avons en même temps équipé les lieux d'une citerne, car l'île des Serpents était privée d'eau douce.

Il y a quelques jours, alors que je me trouvais encore dans l'île, un navire anglais commandé par l'amiral Smithson, s'approcha des côtes, se disposant à débarquer des hommes et du matériel pour établir un balisage. À la nuit tombée, sur la recommandation de l'officier turc, je fis allumer le phare construit par mes soins, ce qui signifiait à l'amiral anglais que son intervention n'avait plus de raison d'être. Avec ce fair-play *que l'on reconnaît à nos voisins, Smithson se retira et laissa à l'Empire la propriété de l'île désormais bien éclairée.*
Cette histoire pour vous montrer que j'ai su gagner la totale confiance des autorités ottomanes, en particulier du grand vizir Fuad Pacha et de Saïd Effendi, conseiller de l'Amirauté.

Même le sultan Abdül Medjid m'entoure de sa protection. Tous ces gens, et quelques autres, sont impatients de vous rencontrer. Et moi plus encore de vous retrouver, chère Élodie, à qui j'adresse d'affectueux baisers.
Votre mari ... »

D'autres lettres, nombreuses, étaient remplies de notations personnelles sur le peuple ottoman et la ville de Constantinople que Blaise – il le regrettait – n'avait pas le temps de savourer. La capitale ne lui était pas inconnue, mais il lui restait à découvrir bien de ses aspects et il aurait pu le faire grâce à des visites qui lui étaient proposées, guidées par des connaisseurs, conseillers du sultan, francophones de surcroît. Il eut le temps, entre deux voyages, d'apprécier les plaisirs du *hammam* et les curiosités du Grand Bazar, de prendre des repas dans les *meyhane* (restaurants traditionnels) et d'assister au spectacle des *mevlavi* (derviches tourneurs) ; de visiter le prodigieux palais de Topkapi et la Süleymaniye construite par l'architecte royal Mimar Sinan, la fameuse basilique de Sainte-Sophie, la Mosquée Bleue et la Citerne-Basilique. Il traîna aux environs de l'Hippodrome. Il médita, à Fatih, devant les *türbe*, ces mausolées de notables. Il s'égara dans le fourmillement humain du pont de la Validé-Sultane qui relie l'Europe à l'Asie par-dessus l'eau turquoise de la Corne d'Or, et accomplit une promenade nocturne en caïque sur le Bosphore jusqu'à Scutari. Les pique-niques aux îles et la flânerie dans Péra la chrétienne, la génoise. Il goûta au café turc et aux loukoums, fuma le narghilé et arrosa ses repas de raki parfumé à l'anis.

Blaise Marius prenait le soin de raconter en détail à son épouse ces découvertes de « touriste », pour employer un mot acclimaté par l'écrivain-diplomate Stendhal. Il se montra en revanche plus discret sur le chapitre de l'enivrante aventure avec Fatmé, cette jeune intendante aux yeux aussi grands que tristes.

Elle pouvait avoir dix-huit ans et, rare femme dans un personnel essentiellement masculin, elle était chargée de veiller au confort du Directeur général des Phares pendant ses séjours à l'Amirauté impériale. Elle parlait peu, bien qu'elle connût le français. La femme turque est volontiers taciturne. Enveloppée de voiles et d'étoffes, elle circulait entre les pièces comme une fée irréelle. La tête découverte, les pieds glissés dans des sandales à talons, elle prenait possession des lieux qu'elle enfermait dans son immense regard. Elle était partout présente et pourtant invisible. Laissant sur son passage un peu de son odeur musquée que le capitaine Michel aurait reconnue entre mille.

Elle ne fit jamais rien pour se trouver seule à seule avec l'hôte français. Mais elle ne refusa pas l'invitation à s'asseoir dans le salon central pour une improbable conversation où l'officier intimidé réunissait ses faibles connaissances de turc quand la jeune ottomane, le regard palpitant sous ses cils noirs, se contentait de répondre, par une inclination de tête, un léger sourire ou une franche coloration de ses joues. Les yeux, pourtant, restaient tristes.

Marius ne sut jamais si la présence discrète mais permanente de Fatmé dans les appartements qui lui étaient concédés était le résultat d'un hasard heureux, nouvel effet de sa chance, ou un cadeau offert par le sultan pour l'aider à supporter sa solitude et à se convertir aux beautés de l'Orient.

Il aimait à contempler ses longs cheveux légèrement dorés quand ils se répandaient sur ses épaules nues. Il aimait le contact de ses longues mains garnies de bagues quand elles se posaient délicatement sur son visage et caressaient sa barbe. Il aimait le tremblement de la tunique de mousseline quand elle laissait apparaître la blancheur offerte d'une poitrine. Il aimait ses mouvements réglés, cousins de la danse, et ses lents regards, proches de l'envoûtement. Il aimait quand, sans rompre le silence, elle lui apportait sur un plateau d'argent, un sorbet ou une boisson aromatisée.

Miracle de Fatmé qui transfigurait sa vie et lui rendait légères les harassantes journées de travail, les difficiles voyages dans des lieux inhospitaliers, les âpres discussions avec des partenaires méfiants. Magie de Fatmé, toute de grâce et de transparence, dont l'aisance dans l'air renvoyait à sa gaucherie l'Occidental maladroit. Bonheur de Fatmé dont l'âme se révélait dans le regard, qui n'avait pas besoin de mots pour exprimer la sensualité de l'amour et les appels du désir. Mélancolie de Fatmé abîmée dans une langueur mystérieuse que les gens d'ici appelaient *hüzun*. Rêverie de Fatmé, confondue avec la plus belle et énigmatique ville du monde, sensuelle et farouche, amicale et jamais apprivoisée.

Les heures troublantes et trop brèves passées avec la jeune domestique – était-elle une domestique, avec son port de princesse ? – faisaient oublier au capitaine Michel celles, plus longues, plus disputées, consacrées à établir un équitable tarif pour les phares en voie de réalisation. Car l'entreprise d'éclairage des mers, si elle était destinée à faciliter la navigation, notamment en temps de guerre, et à éviter les naufrages, n'avait jamais été conçue comme une œuvre philanthropique.

À l'issue de diverses réunions, une convention finit par être signée entre les diverses parties et un document annonçant le prix des passages fut publié, avec une mise en application différée. L'État français, ayant choisi de se retirer de l'affaire, Addül Medjid restait seul commanditaire et le capitaine Michel seul maître d'œuvre. Immédiatement, les protestations affluèrent : pourquoi payer des taxes sur un trajet jusqu'alors gratuit ? Les compagnies anglaises et autrichiennes furent les premières à exprimer des réserves. Les Messageries impériales, dont le capitaine Michel était toujours l'employé, firent également connaître leurs réticences à l'idée de s'acquitter de ce péage. Au point que l'ambassadeur Thouvenel, sensible à ces protestations, craignit de voir la rentabilité de l'entreprise compromise.

Un accord fut finalement trouvé, à un tarif inférieur à ce qui se pratiquait ailleurs, mais encore assez élevé pour espérer remplir les caisses du sultanat et, dans un futur proche, enrichir le concepteur, devenu administrateur général, Marius Michel. Les négociations étaient encore en cours, de même que le programme de construction des phares, quand, par un traité de mars 1856, la guerre de Crimée prit fin. Le travail de balisage, loin d'être achevé, ne répondait plus à la même urgence. Il méritait certes d'être poursuivi, mais sans engager des fonds trop élevés car les nations sortaient exsangues du conflit. Le projet allait s'inscrire dans un vaste mouvement de reconstruction dont l'Empire ottoman restait le centre.

Le Directeur et administrateur général des Phares et Balises, confirmé à son poste, pouvait s'accorder quelques jours de répit et était même incité à rentrer en France pour faire le point avec les services du ministère sur l'avancement des travaux et pour récupérer du matériel destiné aux futures constructions. Le pionnier était en train de se transformer en chef d'entreprise. À l'occasion de son retour de voyage, Blaise Marius Michel serait invité à se faire accompagner par son épouse qui pourrait désormais partager sa vie à Constantinople. En apprenant cette nouvelle, Fatmé, sans pleurer, montra encore plus de tristesse dans ses yeux.

11

À peine eut-elle posé le pied à Constantinople qu'Élodie ressentit un total sentiment d'aversion pour la ville. Comme si un instinct féminin lui indiquait qu'elle allait trouver dans l'ancienne Byzance une double rivalité : celle d'une cité aux charmes diffus capable d'éloigner son mari des réalités occidentales ; celle d'une femme inconnue parée des vertus de l'exotisme et de la jeunesse. Elle n'en dit évidemment rien à Blaise, qui, à l'inverse, manifestait une joie peu coutumière à l'idée de s'installer sur les rives du Bosphore pour entamer une nouvelle étape de sa vie conjugale et mener, soutenu par son épouse, la tâche difficile qui devait conduire à l'accomplissement du grand œuvre en cours.

Une nouvelle, pourtant, aurait été de nature à resserrer l'intimité du couple : madame Michel allait devenir mère. Après six années de mariage, marquées par beaucoup de séparations, après une évolution flatteuse de sa position sociale, l'ancien capitaine jugeait urgent de s'assurer une descendance. Cet événement lui apportait une raison supplémentaire de se réjouir et de remercier la providence qui s'appliquait à satisfaire ses attentes ou ses désirs. Le seul regret, du côté de la future maman surtout, était que l'enfant ne naîtrait pas à Marseille mais verrait le jour dans le décor peu apprécié de la Nouvelle Rome – appelée ainsi à cause des sept collines qui la composaient. L'autre interprétation, plus positive et vue du côté paternel, consistait à reconnaître que le destin de la famille Michel devenait, grâce à cet événement, définitivement lié à l'Empire ottoman. Une des premières démarches de Marius fut de se rendre chez un photographe célèbre de la ville, les établissements « Abdullah Frères » à Péra, pour fixer, dans un portrait, son image du moment. Nous le voyons accoudé à une barrière sculptée de motifs mauresques, une cigarette dans la main droite, le regard clair et lointain, l'apparence juvénile malgré le visage sérieux et l'air déterminé. La moustache s'est un peu épaissie et les cheveux, totalement blancs, sont sagement rangés. La posture révèle un homme serein et sûr de lui, prêt à se mettre au travail.

Il fut attribué au Directeur-administrateur des Phares et Balises et à son épouse un bel appartement sur les hauteurs de Péra, dans la partie moderne de la ville, là où se situaient les ambassades des pays étrangers, dont le Palais de France. La grande rue qui traversait le quartier était très animée, fréquentée par une population à majorité européenne et bordée d'échoppes, de boutiques et de cafés. On y trouvait aussi des palais de notables, construits en marbre et précédés de portiques à colonnades, ainsi que d'élégantes maisons de bois, plus modestes, bien que luxueuses, appartenant à de riches négociants.

La demeure des Michel comptait un étage qui abritait les chambres, le rez-de-chaussée étant composé de pièces d'apparat et de réception. Le grand salon, situé au centre du bâtiment, était décoré de bois et donnait sur un minuscule jardin planté d'orangers et agrémenté d'un petit jet d'eau. Dans une pièce adjacente avait été installée une balançoire, selon une mode très répandue dans le pays. Peu de meubles, à part quelques coffres, des miroirs, d'épais tapis au sol et des coussins sur lesquels on s'appuyait pour lire, causer, fumer ou recevoir. Il fut impossible à Élodie d'obtenir le piano qui lui eût permis de mieux supporter sa condition d'exilée.

Depuis l'étage, en passant sur le balcon, on jouissait d'une vue dominante permettant de distinguer, entre les cyprès, la tour de Galata. Plus au loin, côté sud, l'œil embrassait la péninsule de la vieille ville de Stamboul avec ses nombreux minarets, puis les eaux de la mer de Marmara et, à distance, la côte asiatique et les communes d'Üsküdar et de Kadiköy. À l'est, se déroulait le canal du Bosphore, encombré de caïques et de navires en tout genre, presque dans l'alignement des mâts, se détachait, légèrement voilée de brume, la tour de Léandre, encore nommée tour de la Vierge, qui rappelait un épisode de la mythologie grecque et qui, grâce à son emplacement stratégique, face à la pointe du Sérail, avait pu protéger la ville des invasions étrangères.

Dès le premier soir, de sa chambre, Marius Michel fut attiré par le feu qui brillait en haut de cet édifice planté à un quart de lieue du rivage. L'éclairage maritime n'était donc pas inconnu sur les côtes ottomanes. Les sultans successifs n'avaient toutefois pas songé à l'étendre au-delà des zones très fréquentées du détroit. C'était pour combler ce manque que le Varois avait été recruté. Le travail avait déjà commencé et allait continuer à un rythme soutenu.

À partir des relevés effectués par Michel et ses adjoints, fut établi, par les soins de la maison Robiquet, hydrographe à Paris, un atlas précis des futurs phares que devrait construire et gérer l'Empire ottoman. Le résultat était un imposant ouvrage d'une cinquantaine de pages in-folio, relié dans un vert moiré avec les coins vert sombre, représentant les diverses côtes de la Méditerranée orientale (depuis la Corse et la Sicile jusqu'à l'Égypte), avec les emplacements des feux à installer, marqués par un point rouge d'où, par un cercle tracé à partir de ce point pris comme centre, était dessinée la zone d'éclairage prévue. Les distances, correspondant aux rayons du cercle, pouvaient varier de dix à vingt milles. Cette première donnée était complétée par d'autres indiquant la nature du feu (feu simple, feux superposés), le mode de fonctionnement (fixe, éclats de minute en minute avec ou non éclipses totales), la couleur (blanc, rouge ou alternés).

Déjà, plusieurs allumages étaient en place, notamment aux Dardanelles, dans la mer de Marmara, au nord de la mer Égée et dans la partie ouest de la mer Noire. Les opérations semblaient en bonne voie, mais les constructions ne progressaient pas au rythme espéré par le capitaine Michel. Le sultanat ne se montrait guère pressé de développer une entreprise qui, dans un premier temps au moins, lui demandait de lourds efforts financiers sans lui rapporter de réels bénéfices. Le gouvernement français s'étant retiré de l'affaire, il n'avait plus le pouvoir d'intervenir auprès de son partenaire pour réchauffer sa motivation et soutenir un projet devenu, certes, moins prioritaire avec le retour de la paix dans la région, mais d'un intérêt majeur pour la navigation moderne. Le Directeur-administrateur souffrait de cet essoufflement des enthousiasmes et mesurait son impuissance face aux autorités ottomanes dont il était, en quelque sorte, le simple employé.

En raison de ces difficultés et de ces lenteurs, Marius Michel décida de se rendre en France pour trouver des investisseurs prêts à s'engager dans l'aventure des phares. Le départ était fixé pour les derniers jours de janvier quand, avec plusieurs semaines d'avance sur la date prévue, Élodie mit au monde, le 25 janvier, une minuscule petite fille à l'apparence chétive qui fut aussitôt enregistrée à l'ambassade de France de Constantinople. L'arrivée d'Amélie – ce fut le prénom choisi pour le bébé – eut pour premier effet de repousser à plus tard le voyage du nouveau père et, de façon plus profonde, d'apporter des changements dans le mode de vie du couple. La jeune maman, peu sensible depuis le début aux attraits de la ville, se refusa un peu plus à toute vie sociale, préférant, à peine remise de ses couches, se consacrer exclusivement aux soins du nouveau né. Aucune aide extérieure n'avait le droit d'approcher Amélie pour son bain, sa toilette ou son sommeil. À peine si une nourrice, indigène à la poitrine opulente, était-elle tolérée pour les nécessités de l'alimentation.

Élodie, avec cette naissance, sentit que son isolement et sa morosité venaient de prendre fin. La vie mondaine que lui offrait sa position n'était pas parvenue à la guérir du sentiment d'être coupée de ses racines. Devenue mère, elle cessa de rencontrer les épouses de diplomates ou de fonctionnaires européens, renonça à ses activités philanthropiques en faveur des blessés de la guerre de Crimée et reporta la totalité de son affection et de ses soucis sur sa petite fille dont la santé se montrait fragile et suscitait des inquiétudes. La maternité, outre qu'elle rendait madame Michel, autrefois si gaie, soupçonneuse, jalouse, irritable, accaparait toutes ses minutes au point de l'éloigner de son mari qui, de son côté, était absorbé par ses responsabilités et ses déplacements.

C'est dans ce climat de tension conjugale que Marius reprit contact avec Fatmé dont il réclama qu'elle fût affectée à l'accueil de ses hôtes dans les locaux de l'Amirauté. La mesure fit jaser dans l'entourage professionnel du directeur. Obsédée par ses soucis de mère, prisonnière de son amour exclusif pour son enfant, Élodie laissait dire, feignait de ne rien voir, de ne rien comprendre, alors que de zélés domestiques ne manquaient pas de lui rapporter les manigances de l'intrigante, ainsi qu'ils nommaient la jeune Orientale aux yeux tristes.

– J'ai autre chose à faire que de m'occuper des médisances, répondait Élodie. Amélie a besoin de moi et je dois surtout songer à sa santé. J'ai une totale confiance en mon époux qui travaille énormément et m'entoure de toute son affection. Cette créature ne peut pas compromettre notre vie commune ni ce que nous sommes en train de bâtir.

Elle n'aurait pas été hostile, pourtant, à un retour prochain dans son pays, dans sa ville. Ni à la perspective d'arracher Marius aux envoûtements de la Sublime Porte, de montrer Amélie à ses parents, de faire respirer à l'enfant l'air de la Provence dont elle gardait la nostalgie.

Ce fut Marius qui, comme il le faisait régulièrement, embarqua peu après pour la France où des négociations importantes l'attendaient. Après quelques jours passés à

Marseille, sans même se rendre à Saint-Nazaire, il prit, pour la première fois de sa vie, le train qui devait le conduire à Paris. La ligne venait d'être ouverte depuis peu et le Varois, farouche partisan du progrès et des innovations, était impatient d'expérimenter ce nouveau moyen de transport exploité par la compagnie PLM. En moins d'une journée il fut rendu dans la capitale.

Il était attendu dans les locaux du ministère des Transports et fut reçu par le directeur de cabinet du ministre entouré de plusieurs secrétaires. Après avoir plaidé son dossier, écouté une réponse polie qui lui signifiait l'impossibilité du pouvoir impérial d'apporter la moindre aide, Michel fut invité à se rendre au fumoir où l'attendait un personnage proche du ministre, et même de l'Empereur, qui avait manifesté le désir de le rencontrer.

Quelques minutes plus tard il se trouvait en présence d'un homme sensiblement plus âgé que lui, à la chevelure abondante d'un blanc uni, au visage plein, traversé de rides et barré d'une large et joyeuse moustache. Le comte Ferdinand de Lesseps, un cigare à la bouche, lui tendit une main chaleureuse :

– Commandant Michel, je suis très heureux de faire votre connaissance. Je connais votre parcours et, vous l'ignoriez peut-être, j'occupais la fonction de vice-consul à Alexandrie quand s'est produit le malencontreux échouage de l'*Eurotas*. Tout le monde s'accorde à dire que votre comportement fut exemplaire et que, grâce à vous, de nombreuses vies humaines ont été sauvées. J'avais eu connaissance aussi de votre action héroïque dans ce petit port d'Algérie. J'étais alors en poste à Tunis. Mais ce qui m'intéresse surtout, c'est le présent, cher ami, et le travail remarquable que vous avez entrepris pour l'éclairage des côtes méditerranéennes. Mon ami Saïd Pacha, vice-roi d'Égypte, suit aussi l'affaire avec intérêt. Il faut que vous m'exposiez le détail du projet. Il est peut-être moins spectaculaire que le percement d'un isthme, mais je suis convaincu de son intérêt majeur pour le trafic maritime, qui d'ailleurs ne va faire qu'augmenter avec notre futur canal.

La conversation fut cordiale, presque amicale, les deux hommes ayant en commun l'intérêt pour cet Orient à la fois lointain et proche, pour ces rivages porteurs d'exotisme que les poètes et voyageurs découvraient et décrivaient avec lyrisme et qu'il fallait offrir au plus grand nombre. Ils croyaient au rapprochement des pays, au développement des échanges et des voyages, à l'amélioration des conditions de vie, à l'apport de la technique, à la modernité et au progrès. L'homme des phares, face à l'homme du canal. Michel exposa la situation de la compagnie qu'il dirigeait et expliqua la nature de ses besoins.

– Personnellement, cher Michel, répondit le diplomate et entrepreneur, je ne puis pas faire grand-chose pour vous aider. Vous devinez aussi que le travail du canal m'absorbe en totalité. Mais je vous invite à venir me trouver à mon domicile demain soir, je vous présenterai à ma nouvelle épouse, Agathe, nous dînerons, et surtout j'aurai plaisir à vous faire connaître le cousin d'Agathe, Camille Collas, qui pourrait vous être d'un grand secours. Lui-même a été marin puis député et, à la Chambre, il a eu à défendre plusieurs propositions de loi sur les affaires maritimes. En ce moment, il dirige au Havre une compagnie de navigation et le hasard fait qu'il est de passage à Paris. Il est un peu du Sud, comme vous, de Bordeaux plutôt, et vous devriez bien vous entendre.

Le nom de Camille Collas n'était pas inconnu à Marius Michel. Ancien capitaine au long cours, comme lui, il avait, naguère, été chargé de diriger une commission parlementaire sur l'état de la flotte royale et dressé, à l'occasion, un réquisitoire sévère contre les carences en équipements et les incompétences en matière de gestion. Il était également intervenu devant les députés pour demander un crédit en faveur des navires de la Méditerranée, puis pour proposer un mémoire visant à définir le statut des paquebots postes. À la suite du coup d'État, Collas, avait remis son mandat pour revenir aux affaires et fonder une compagnie de navigation, tout en s'occupant de commercialiser les vins de Bordeaux. Ses affaires l'avaient souvent conduit vers le Levant qu'il semblait bien connaître.

L'homme est avenant, direct, un peu plus grand que la moyenne. Du même âge que Michel, il paraît plus âgé, sans doute en raison de sa barbe grisonnante. Il parle d'une voix ferme, sûre, légèrement chantante :

– Lorsque j'ai visité l'Orient, en 1841 et 1842, j'étais trop jeune pour étudier complètement les hommes et les choses ; mais il m'est resté des impressions qui me portaient à repousser ces appréciations qui me paraissaient, a priori, basées sur l'ignorance ou inspirées par l'esprit de parti. La Turquie me paraît être le pays dont la situation est la plus propre à développer en France cette politique, que l'on devrait nommer la politique du travail, qui est destinée à remplacer les rivalités ambitieuses des peuples…

Le propos est un peu trop abstrait au goût de Marius qui y décèle toutefois, sans déplaisir car proche de ses positions, l'influence du saint-simonisme. Derrière cette idéologie généreuse et la phraséologie qui l'accompagne se cache sans doute un véritable désir d'œuvrer concrètement en faveur de la civilisation et du progrès. Collas est de la trempe de Lesseps et la suite de sa harangue prouve qu'il peut dépasser les généralités pour prendre la mesure d'une réalisation concrète.

– Vous avez lancé là, Michel, une entreprise colossale qui peut aussi bien faire votre fortune que votre ruine. Je connais assez bien les sultans : ils se lassent très vite de leurs nouveaux jouets. Si j'ai bien compris, vous n'avez pas réellement de pouvoir dans la Direction des phares et balises de l'Empire ottoman. Vous êtes, en somme, un simple fonctionnaire aux ordres d'Abdül Medjid qui peut, du jour au lendemain, vous remercier et renoncer à éclairer les côtes. Votre affaire est viable à condition que vous puissiez renégocier le contrat, obtenir une concession sur l'exploitation des phares assortie d'une redevance que vous verseriez aux autorités ottomanes. Vous devenez dès lors maître du jeu, libre de mener l'entreprise comme vous l'entendez, même si le sultan garde le droit de regard sur vos choix, notamment sur les mers qu'il contrôle.

– Mais si le sultan se désengage, qui financera les constructions ? Vous devinez que je ne dispose pas des capitaux suffisants ; le ministère estime ne pas pouvoir revenir sur les accords signés avec l'État ottoman. L'Empereur nous a consenti une aide de départ, mais ne semble plus très intéressé par le projet. Les sommes à investir sont importantes. Vous-même…

– J'aime suffisamment la Turquie pour me lancer avec vous. Mais mes finances ne sont pas illimitées. Il me faut étudier le dossier, réfléchir, faire des comptes, en parler à des amis, à des banquiers. Et puis, j'ai d'autres affaires en France, que je ne peux pas négliger. Mais votre projet est très excitant. Quand repartez-vous pour Constantinople ?

– Vers le 15 avril. J'ai laissé là-bas mon épouse et notre petite-fille, Amélie, âgée de deux ans.

Il se garda de prononcer le nom de Fatmé. Même si la jeune femme à la peau mate et aux yeux tristes occupait sa pensée et se mélangeait, dans son esprit, aux présences aimées restées en terre ottomane.

– D'ici là, j'aurai pris mes dispositions et je vous donnerai ma réponse. Mais il faudra aussi que je me rende à Constantinople. Je crois, capitaine, que nous sommes partis pour une belle aventure.

Une accolade accompagna la phrase qui signifiait, Michel le comprit ainsi, « Nous allons gagner beaucoup d'argent ». La conversation de travail touchant à son terme, Madame de

Lesseps proposa à ses invités de passer au salon où l'homme du canal sortit une boîte de cigares et des verres à armagnac.

Bernard Camille Collas et Blaise Marius Michel se revirent plusieurs fois dans les jours qui suivirent. L'ancien député de Gironde montrait une parfaite connaissance des rouages administratifs permettant de monter une société. Sa participation à l'affaire semblait acquise. Restaient à régler certaines questions techniques concernant le financement et à choisir le ou les collaborateurs indispensables au fonctionnement de l'entreprise. Marius avait son idée sur ce chapitre :

– Je vous propose de nous associer les services d'un homme de ma connaissance, dont je me porte garant et qui nous sera d'une grande utilité. Il s'appelle Joseph Baudouy et j'ai déjà eu l'occasion de travailler avec lui quand j'étais aux Messageries impériales. Il habite Constantinople où je le vois souvent et parle la langue turque.

– Je connais Baudouy pour l'avoir rencontré. Il sera notre représentant sur le terrain. Nous allons l'intéresser à l'affaire et lui proposer de devenir le secrétaire général de notre société que nous appellerons « Michel et Collas ».

– Non, « Collas et Michel ». Respectons l'ordre alphabétique. Ou encore « CM », comme « Compagnie maritime », ou comme l'association de nos deux prénoms, Camille et Marius.

– D'accord pour « CM » ou « Collas et Michel ».

12

– Pourquoi es-tu si triste, belle Fatmé ? demanda Blaise.

Ils étaient dans une aile du palais de Tophane, ancienne fonderie impériale devenue dépôt de munitions, tout près du Bosphore et en contrebas de la résidence personnelle des Michel, située à Galatasaray, sur le haut de la colline de Péra que l'on rejoint par « *une ruelle en montagne russe assez semblable au lit d'un torrent à sec* » comme venait de l'écrire Théophile Gautier. De nouveaux bureaux avaient été offerts avec ce lieu au Directeur-général. La jeune femme s'avançait vers lui portant, sur un plateau, le nécessaire pour le café. Ses mouvements souples et aériens étaient ceux d'une danseuse, faisant voleter les voiles de gaze qui l'entouraient (le *yasmak*), alors que frissonnait le léger foulard qui couvrait ses longs cheveux et que tintaient légèrement les bracelets qu'elle portait aux poignets et aux chevilles.

Elle posa le plateau sur une table de bois, prit place sur les coussins de satin face à l'homme qui s'adressait à elle et, choisissant ses mots de français, murmura une réponse :

– Je ne suis pas triste, mon maître. C'est la vie qui est triste. Je suis comme les femmes de mon pays : soumise et mélancolique. J'aimerais que tu sois plus souvent auprès de moi. Mais je ne suis pas jalouse de Madame Élodie. Nous autres, comme le veut notre religion, avons appris à partager. Je sais que tu partiras bientôt pour aller retrouver ta femme, que tu quitteras Constantinople pour retourner en France, que tu oublieras Fatmé, que l'on ne sait pas de quoi demain sera fait. Mais je m'en remets au *mektoub*. Voici ton café. Ne pose pas trop de questions, il est des choses dont on ne doit pas parler.

Elle s'allongea délicatement sur les coussins, appuyée sur un coude, dans la position d'une odalisque, et se mit à chanter, dans sa langue, une mélopée dont Blaise, malgré ses progrès en turc, ne put saisir le sens, sauf à reconnaître le verbe « pleurer ».

– Les questions, en effet, sont inutiles, dit-il. Les explications aussi. Pourtant je veux que tu saches que tu comptes beaucoup pour moi. Ma vie, jusqu'ici, a été droite, rectiligne, sans histoire. Organisée en fonction d'objectifs simples : devenir officier, puis fonder une famille, enfin réaliser un grand projet. Tout découlait naturellement. Toi, tu n'étais pas prévue, pas programmée. Tu es celle qui est venue dérégler la belle mécanique. J'étais grave, sérieux, calculateur, rationnel : tu m'as rendu plus humain, plus léger, aérien presque. Tu as ébranlé mes certitudes, tu m'as fait douter. Ton invitation au désordre m'a révélé ce que j'ignorais jusqu'alors : la volupté de la transgression. Tu m'as ouvert au monde du plaisir gratuit, de la fantaisie. Tu as illuminé ma vie, à moi qui souhaitais apporter la lumière aux navigateurs. Ta clarté m'éblouit, elle dérange mes plans, mais leur donne en même temps une saveur nouvelle puisqu'ils ne peuvent aboutir qu'au prix de sacrifices douloureux. J'aimerais, comme tu le souhaites, être plus souvent avec toi, t'écouter chanter, te regarder m'apporter mon café, t'allonger sur les coussins. Mais il y a Élodie, que j'aime, d'une autre manière, même si elle ne m'apporte rien de ce que tu me donnes ; il y a la petite Amélie qui n'a pas une très bonne santé ; il y a maintenant ce nouvel enfant qui vient de naître en France, un garçon. Il y a aussi les phares auxquels je dois me consacrer, la société que nous avons créée avec Camille. Il y a l'Europe qui est ma vie alors que l'Orient est mon rêve. Il est plus facile de jeter un pont sur le Bosphore pour relier deux civilisations que de réussir à réunir des exigences aussi contraires. Je sais qu'il me faudra choisir et que je dois, moi aussi, accomplir mon destin. Mais je ne veux pas te perdre, ma Fatmé, encore moins t'oublier.

Rarement Marius, d'un naturel pudique, avait consenti de tels épanchements. S'il s'était abandonné à des confidences, c'est qu'il pressentait une issue prochaine de sa liaison, il se doutait que l'aventure avec Fatmé allait devenir de plus en plus inconciliable avec sa situation personnelle, autant professionnelle que familiale.

Car Camille Collas, son associé, venait de débarquer à Constantinople, et, presque en même temps, son épouse avait mis au monde, à Marseille, où elle était revenue, un deuxième enfant. L'arrivée de l'ancien député de Gironde avait précipité les choix et conduit à des décisions importantes. La Société Collas et Michel avait officiellement pris corps avec la signature d'un contrat précisant la mission qu'elle se fixait – procéder dans un délai de deux ans à l'installation d'une centaine de phares et feux sur les côtes ottomanes –, la nature et la durée de la concession – vingt ans à dater de la mise en fonction des premiers phares – et surtout la répartition des droits et bénéfices. Sur ce point, Collas, conseillé par sa banque et servi par une longue expérience des affaires, avait été un allié précieux. L'homme, en outre, était membre de la loge des *Carbonari*, société secrète italienne dont faisait également partie l'Empereur lui-même, ce qui ajoutait à son crédit et à son entregent. Le contrat, qui remplaçait diverses conventions provisoires, octroyait au Bordelais un pourcentage de 4/9 des revenus escomptés. Michel recevrait 3/9 et Baudouy 2/9. Seuls les deux premiers avaient droit au titre d'Administrateur général. Collas pouvait prétendre à un pourcentage plus élevé en raison des investissements personnels et des démarches accomplies, à Paris ou à Londres, pour convaincre les compagnies de navigation de s'acquitter, à chaque passage de phare turc, à chaque entrée dans un port, de taxes perçues par une société privée française.

Chacun des trois associés connaissait ses fonctions : Baudouy assurait la logistique administrative à Constantinople ; Collas travaillait, en Europe, à asseoir la légitimité de la société et Michel s'occupait de l'approvisionnement en matériel (essentiellement venu de France), de la négociation des prix avec les fournisseurs, du recrutement du personnel et de la surveillance des constructions, celles des tours appelées à recevoir des feux et des bâtiments annexes. Les terrains étaient concédés à titre gracieux par l'Etat ottoman à qui revenaient 22 % des recettes encaissées. Ce qui signifiait que les dirigeants de la société en percevaient le reste, soit 78 %, à répartir suivant les taux établis. L'affaire pouvait devenir, dans des délais rapides, et une fois les mises de départ remboursées, extrêmement rentable. Et Collas, qui savait compter, promettait à ses associés une très prochaine fortune.

L'établissement des statuts nécessita un temps assez long et de multiples tractations, mais ne posa pas de problème majeur. Il n'en fut pas de même pour la question familiale. Madame Michel, qui n'avait jamais pu se faire à la vie de Constantinople, décida, dès le début de sa grossesse, de rentrer en France. Son deuxième enfant, un fils, elle en était sûre, naîtrait à Marseille, ville qu'elle n'aurait jamais dû quitter. Marius, dont les responsabilités l'amenaient à se déplacer beaucoup, ne put être présent à ses côtés, au moment de la venue au monde d'Alfred, par un jour glacial de février. L'agrandissement de la famille et sa confortable aisance matérielle, conduisirent les Michel à changer de logement. L'installation se fit dans un hôtel particulier d'un quartier chic de Marseille, rue Sylvabelle, au numéro 103. Les riches armateurs, comme les Rostand, habitaient à deux pas. Certes l'immeuble (sur trois niveaux, avec jardin intérieur), nécessitait des aménagements, mais le capitaine Michel, qui sentait se développer en lui une âme de bâtisseur, pensait à des transformations dans l'esprit oriental et à une décoration qui lui rappellerait la Sublime Porte.

Pour faire bonne mesure, il lui fallut louer un appartement à Paris où il se rendait de plus en plus souvent, ce qu'il fit dans les beaux quartiers, sur le boulevard Malesherbes, au numéro 97. Les bureaux de la Société étaient domiciliés à quelques dizaines de mètres, au 24 de la rue Pasquier. Enfin, Marius n'oubliait pas Saint-Nazaire, sa ville natale qu'il revoyait toujours avec émotion, même si, depuis la disparition de ses parents, le retour dans la maison du port, au pied de Notre-Dame de Pitié, s'accompagnait toujours d'un sentiment d'abattement.

De toutes ces résidences, sa préférée restait celle où il passait le plus de temps, Constantinople, et pas seulement à cause de Fatmé. Tout convenait à Marius dans la ville du Croissant, à commencer par la présence obsédante de la mer, offerte ici sous la forme d'une étoile à trois branches. Vers l'ouest, un bras d'eau étroit et actif qui entre dans les terres et qu'on nomme métaphoriquement « Corne d'Or » ; à l'opposé, un large détroit aux rives boisées et parsemées de palais prétentieux ou de maisons de maître, le Bosphore ; au sud, une vaste étendue d'eau, mal délimitée et ouverte à la navigation, la mer de Marmara, que les anciens nommaient Propontide. Beaucoup de la vie de l'ancienne Byzance se passait sur l'eau, bien que l'on ne puisse pas dire, faute de quai et de fermeture, que cette métropole fût un port, comme l'était Marseille. Les vaisseaux de passage se massaient confusément de part et d'autre du pont de Galata, entourés de caïques transportant des gens ou des marchandises.

Contrairement à ce qu'il en était de la plupart des visiteurs de passage, Michel, homme du présent, se sentait peu d'attirance pour la vieille Stamboul, ses somptueuses mosquées, son immense palais de Topkapi, résidence des sultans et du harem, dissimulé dans le parc de Güilhane, au bout du promontoire du Sérail. À la rigueur, aurait-il été séduit par les bazars, celui appelé « égyptien » en particulier, témoignages authentiques de la vocation commerciale de la ville ainsi que de son sens de l'accueil, attesté par la présence des *han*, ces caravansérails transformés en cours actives où se mêlaient échoppes et ateliers.

C'est plutôt à Péra qu'il aimait à se trouver. Là, sur le versant européen de la Corne d'Or, il était chez lui, car l'Orient se faisant amical et moderne. Les Génois, les Grecs, les Levantins, les Arméniens, les Juifs s'étaient succédés ou réunis sur cette colline pour fonder une communauté fraternelle tournée vers les activités portuaires, la finance et le commerce. La Grande Rue (*Cadde-i-kebir*), d'où s'échappaient de mystérieux passages chargés de mystères, invitait à la flânerie, à la promenade ou aux emplettes. La majestueuse tour de Galata surveillait cette agitation humaine répandue dans les petites rues ou dans les escaliers escarpés. Les riches Européens venus s'installer en ces lieux les avaient métamorphosés, prenant sur les anciens vignobles pour construire des demeures grandiloquentes aux façades richement travaillées. La diplomatie y avait alors élu domicile, installant dans d'élégants bâtiments les ambassades, comme ce Palais de France, tout proche du domicile du capitaine Michel, qui y était souvent reçu.

Le Directeur-administrateur des Phares et Balises avait souffert qu'Élodie se soit montrée hermétique aux beautés contrastées de la Nouvelle Rome, et plus encore du secteur de Péra qu'elle fut impatiente de quitter. Alors qu'ils auraient pu mener, ensemble, une vie agréable, pleine de découvertes. Recevant pas exemple des dignitaires locaux, prévenants et généreux, ou des Européens en voyage d'agrément ou de travail, ravis de trouver, si loin de chez eux, un peu de la culture française. Resté seul dans la grande maison en haut de la colline, Marius continua, autant qu'il put, de mener une vie sociale, mais le cœur n'y était plus.

Restait, pour remplir sa vie, le travail à la direction générale des phares. Et la tâche était lourde, accablante parfois, bien que passionnante. Pendant que Camille Collas courait l'Europe pour négocier avec les compagnies de navigation les conditions et les montants des redevances, il incombait à Marius de mener à bien le programme de création d'unités d'éclairage. Pour réaliser ce grand œuvre, il avait recruté, en majorité dans la population locale, environ sept cents personnes, ingénieurs, techniciens, mécaniciens, gardiens, agents de perception. Il s'était fait attribuer, dans l'ancien fort de Tophane, à proximité du Bosphore, d'immenses bureaux où il employait un personnel administratif composé de comptables et de secrétaires. Le capitaine Michel, habitué au commandement, retrouvant ses réflexes d'officier, parvenait, avec une autorité naturelle, à diriger ces équipes et à résoudre les conflits ou les problèmes. Il s'attacha enfin les services d'un lointain parent, Édouard Rouden, âgé d'une trentaine d'années, neveu d'André-Émeric, l'oncle maternel qui l'avait soutenu pendant sa scolarité marseillaise, le nageur des Catalans. Ce petit-cousin, lui-même capitaine au long cours pour les Messageries maritimes et excellent marin, s'était vu attribuer la mission de commander les navires sur lesquels Michel menait ses inspections le long des côtes de l'Empire ottoman. Il faisait en même temps office d'aide de camp et d'homme de confiance.

Les réalisations de la société dépassèrent toutes les espérances puisque mieux que d'être respecté, le programme d'allumage fut vite dépassé. Dès la première année, les Dardanelles, passage hautement stratégique, furent équipés d'une vingtaine de feux. Le rythme se maintint les années suivantes avec des chantiers sur la côte sud du Pont-Euxin, puis en mer Égée et dans la mer Rouge. Parallèlement, d'anciens phares peu performants étaient remis en état et rendus conformes aux besoins modernes.

Les profits attendus tardèrent pourtant à arriver. Un peu en raison de la mauvaise volonté des pays utilisateurs – notamment l'Angleterre –, un peu en raison de complications administratives. L'argent de la redevance fut d'abord, pendant près d'une année, bloqué dans les chancelleries, ce qui mit en difficulté la survie de la Société et la conduisit à envisager l'arrêt complet des constructions. Cette menace, qui pénalisait également le sultanat, eut pour effet d'imposer des règles plus contraignantes qui permirent le recouvrement régulier des taxes. En une année d'exploitation, les recettes totales s'élevèrent à près de deux millions de francs et augmentèrent sensiblement les années suivantes. Les bénéfices, représentant les deux tiers de ces sommes, devenaient substantiels et permettaient aux co-directeurs d'envisager l'avenir avec optimisme. En imaginant d'élargir leur action à d'autres investissements sur place.

– Pourquoi te montres-tu triste, belle Fatmé, demanda Blaise à la jeune Orientale qui lui apportait son café dans les salons de Tophane.

Fatmé lui tendit une tasse, s'assit sur les coussins de satin, face à l'officier français et, plus grave que de coutume, consentit, cette fois, à répondre.

– Ce n'est pas d'être avec toi qui me rend triste. Ni que tu sois un homme marié. Ni que tu doives un jour partir et me quitter. Ni que tu sois souvent absent, pris par ton travail. Tout cela, c'est la vie. Et la vie ne peut pas rendre triste. C'est quand la vie doit s'arrêter que nous devons cesser d'être joyeux.

– Que veux-tu dire, Fatmé ? Tu es jeune, belle, tu as la moitié de mon âge. Ta vie ne fait que commencer.

– Il ne suffit pas d'être jeune pour échapper aux décisions de la providence. Aujourd'hui, mon maître, je veux te dire mon secret. Mes deux secrets, même. Le premier s'appelle Nilda, le second, poussière. Nilda est ma petite fille, dont je ne t'ai jamais parlé pour ne pas t'ennuyer avec mes affaires et parce que, peut-être, tu aurais cessé de m'aimer. Ne me demande rien de plus à son sujet : c'est ma fille, mon enfant, que j'aime par-dessus tout. Si je te révèle son existence aujourd'hui, c'est parce que je ne peux pas faire autrement et qu'il ne sert plus à rien de te cacher les choses. Car j'ai un deuxième secret. Je porte le mal. Un mal terrible dont on ne guérit pas. Les médecins me l'ont dit et ont reconnu leur impuissance. Demain, dans dix jours, dans un mois, que sais-je, on m'emportera au cimetière. À Eyüp, comme je l'espère, là où je suis née. Non pas pour être enterrée avec les personnes importantes qui dorment près de la grande mosquée où repose Ayoub Al-Ansari, l'ami du prophète. Mais vers le haut, là où sont les gens du peuple, comme moi, là où, du sommet de la colline, la vue embrasse le cours complet de la Corne d'Or et se distingue au loin la ville de Constantinople où j'ai connu, grâce à toi, de grands bonheurs.

Elle s'arrêta de parler pour servir à nouveau du café. Puis secoua les coussins dans son dos, rajusta le voile qui couvrait sa chevelure et continua.

– Quand je serai partie, Nilda n'aura personne pour s'occuper d'elle. Je n'ai plus de parent, plus de famille, pas de mari. Que va-t-elle devenir ? Si toi qui es bon et riche tu pouvais lui venir en aide, veiller à son éducation, la soutenir… Au moins pendant les premiers temps…

Blaise, bouleversé par ces révélations, observait un silence sombre. Essayant de trouver un ton léger, il fit mine de récuser le propos.

– Mais Fatmé tu me parais en excellente santé ! Les médecins ne sont pas infaillibles. Ils peuvent se tromper. Je vais t'adresser à celui que m'a recommandé le ministre Fuad Pacha ; je suis certain qu'il trouvera les bons remèdes pour te soigner. On ne meurt pas à ton âge. Ni en France ni à

Constantinople. Quant à Nilda, je regrette que tu ne m'aies jamais parlé d'elle, que tu ne me l'aies jamais montrée. Moi aussi j'ai une petite fille et nous aurions pu comparer nos expériences de parents. Nous allons arranger tout cela. Te guérir d'abord, puis nous occuper de Nilda. Quel âge a-t-elle ?

– Six ans. Deux ans de plus que la petite Amélie. Elle est un peu coquine, mais si jolie…

– Je veux absolument connaître Nilda. Promets-moi de me l'amener demain.

Le lendemain, Marius Michel embarquait pour Samsoun où devait être réglé un problème d'implantation de phare. Il en profita pour vérifier les installations en fonction sur les côtes sud de la mer Noire et tira jusqu'à Sébastopol pour préparer de futures constructions. Il fut de retour à Péra un dimanche, plus d'un mois plus tard. On lui apprit que Fatmé était morte le mardi précédent. Elle avait été enterrée, comme elle en avait exprimé le souhait, sur la colline d'Eyüp. Sa petite fille, Nilda, avait été recueillie, de façon provisoire, par la cuisinière de la maison, elle-même mère de plusieurs enfants.

Quelques semaines plus tard, Madame Michel reçut, dans ses appartements de Marseille, un courrier de la main de son mari resté à Constantinople. La lettre commençait par décrire la vie quotidienne dans la maison de Péra, les rencontres, amicales ou professionnelles. Elle s'attardait ensuite sur les progrès de l'entreprise des phares, le dernier déplacement en mer Noire. Puis était évoqué le futur retour en France (sans doute dans deux ou trois mois) avant que les dernières lignes n'annoncent, en termes imprécis, une arrivée imminente :

« *… Je dois enfin vous informer, très chère épouse, que vous allez bientôt recevoir la visite d'une femme de chambre d'un paquebot poste de mon ancienne compagnie en provenance de Beyrouth. À l'escale de Constantinople, je lui ai confié quelqu'un que je vous recommande d'accueillir avec toute la bienveillance dont vous savez faire preuve. Je ne peux vous en* *dire davantage sur son compte pour l'instant et vous expliquerai le sens de cette démarche quand j'aurai la joie prochaine de vous retrouver à Marseille.*

D'ici là, très chère épouse, recevez de votre mari .... »

Élodie ne comprit pas très bien les raisons pour lesquelles son mari jugeait bon de lui expédier une employée supplémentaire alors qu'elle disposait déjà, pour la servir, d'une abondante domesticité. Encore une lubie provoquée par cet étrange pays.

Son étonnement fut encore plus grand quand, peu après, on vint lui présenter une fillette, plutôt jolie, en lui précisant qu'il s'agissait de la personne que lui confiait le Directeur-administrateur général des Phares et Balises de l'Empire ottoman. Il ne s'agissait donc pas d'une servante de plus mais sans doute d'une orpheline que Blaise, dans sa grande générosité, souhaitait protéger. L'enfant ne parlait pas un mot de français et annonça un prénom que personne ne fut en mesure de comprendre.

– Qu'à cela ne tienne, dit Mme Michel. Elle portera le nom du saint du jour. En espérant que ce soit une sainte.

Le calendrier affichait la date du 25 novembre. La fille de Fatmé, de ce jour, fut appelée Catherine.

13

Âgé d'à peine plus de quarante ans, Blaise Jean Marius Michel, que l'on nommait déjà, dans certains milieux, « l'homme des phares », donnait, au début des années 1860, l'image de la réussite. Sans avoir connu la pauvreté, il avait été élevé dans un climat de gêne matérielle alors qu'il était en train de se bâtir une véritable fortune. Son mariage avec l'héritière d'une famille aisée et prestigieuse lui avait fourni une assise sociale qui lui ouvrait de nombreuses portes. Élodie, lui avait donné deux beaux enfants qui pourraient prolonger la lignée. Ses études s'étaient arrêtées vers la quatorzième année mais, au prix de grands efforts, il avait pu avancer professionnellement jusqu'à devenir officier, puis à occuper, depuis quelques années, un poste de haute responsabilité. Il avait conquis la confiance des Padischahs ottomans, Abdül Medjid d'abord, qui l'avait chargé de la délicate mission d'éclairer les côtes de son Empire, Abdül Aziz ensuite, son frère, qui lui avait succédé.

Du côté français, il jouissait d'une estime au moins équivalente. Sa Majesté l'Empereur lui faisait régulièrement connaître sa satisfaction pour les services rendus et l'encourageait, même si l'État s'était désengagé de l'affaire, à poursuivre ce travail d'allumage qui s'inscrirait dans l'histoire, au même titre que l'autre réalisation importante du règne, le percement de l'isthme de Suez qui allait vers son achèvement. Le Directeur-administrateur des Phares et Balises entretenait d'ailleurs des relations presque amicales avec Ferdinand de Lesseps et pleines de cordialité avec le duc de Montebello qu'il rencontrait lors de ses passages à Paris. À titre de récompense, le capitaine Michel, fut, au premier jour de la nouvelle décennie, élevé au rang de chevalier de la Légion d'honneur.

Une décoration qu'il portait avec fierté car elle lui permettait d'égaler son père qui, naguère, avait reçu la même distinction. Elle s'ajoutait à la médaille commémorative de Crimée qu'il avait reçue peu avant.

Ce parcours exemplaire, pensait en lui-même l'enfant de Saint-Nazaire, était dû autant à son talent personnel et à son travail acharné, qu'à une bonne étoile qui lui avait permis de tirer le meilleur parti des hasards, des rencontres ou des péripéties de la vie. « J'ai eu beaucoup de chance se disait-il. Aujourd'hui, je ne fais que récolter les fruits de mes efforts. Mais ce succès en appelle d'autres et je ne dois pas m'arrêter en chemin, d'autres aventures m'attendent et il me faut continuer à me montrer ambitieux, à me fixer des objectifs élevés, à réussir ma vie, à donner du bonheur à ma famille, à faire honneur à mes parents. Il convient pourtant de rester sur ses gardes, car je me doute que la chance peut très vite tourner. »

Au titre de ses résolutions, et en prévision d'un futur retour dans sa ville natale, il décida de consacrer une partie des premiers revenus des phares à l'acquisition d'une propriété sur la commune de Saint-Nazaire. Madame Féraud, née Gauthier, devenue veuve, avait souhaité se dessaisir d'une belle parcelle de terrain sise dans le quartier Pierredon, à deux lieues du port. Il s'agissait d'un terrain de plus de huit hectares, planté de vignes, qui comprenait un bâtiment d'habitation – « une bâtisse de maître sans étage supérieur », écrivait Me Granet dans son contrat – et une maison de fermier. Depuis le chemin qui conduisait à Toulon, le terrain s'étageait entre les pins et les oliviers, alors que la construction, dominante, faisait face au Colombet. Sans être proche, la mer se devinait, le vent du large apportant les odeurs d'embruns et les mouettes venant se poser sur le bord des fenêtres. Marius prévoyait d'agrandir et de surélever le bâtiment pour en faire une demeure conforme à son nouveau statut. En attendant d'entreprendre la construction d'une autre résidence en bord de mer, là où il avait grandi.

Tout semblait donc sourire à Marius, du moins en ce qui concernait sa vie publique, sociale et professionnelle. Car pour ce qui relevait de l'intime, il n'était pas épargné par les épreuves. Un sort, défavorable cette fois, s'acharnait contre lui pour l'empêcher d'assister aux derniers instants des personnes aimées. Il avait été absent au moment de la disparition de sa mère, absent pour la mort de son père, absent lors de la brève agonie de Fatmé à laquelle il était attaché plus qu'il n'aurait voulu. Son ami et protecteur Jacques Vasseur avait péri avec les marins de la *Sémillante*, alors que lui-même était en mer. Jusqu'à l'un de ses derniers parents, son oncle paternel, Pierre André Fortuné Bonaventure Amant dont il avait appris le décès depuis Constantinople. Le dernier lien avec le pays natal était assuré par son frère aîné, Fortuné-Amant qui, depuis plusieurs années, avait cessé de donner des nouvelles.

Marius souffrait de cette relation obsédante et inaboutie à la mort. Il tentait d'en conjurer les effets en fréquentant les cimetières. Avant de quitter les rives du Bosphore pour rejoindre son épouse à Marseille où il allait élire domicile de façon durable, il désira accomplir le pèlerinage d'Eyüp (encore retranscrit *Eyoub*) où reposait sa belle Orientale aux yeux tristes. Un caïque à voile, loué près de l'arsenal, le déposa au pied de la colline après moins d'une heure de navigation.

Cette colline, une des sept qui constitue le site de Constantinople et de ses faubourgs, est recouverte presque en totalité par des pierres tombales, disposées non, comme en Europe, horizontalement, mais verticalement, à la manière de stèles. Beaucoup d'entre elles, à vrai dire la plupart, ont perdu de cette verticalité et suivent une inclination aléatoire qui apporte de la légèreté à ce lieu grave et recueilli. Le temps, la souplesse du terrain ou la fantaisie des vivants ont eu raison de la rigueur du site qui s'éloigne un peu plus, par ce désordre, du sage alignement des champs funéraires occidentaux. Nous serions plutôt là dans un jardin, impression confirmée par les plantations qui ornent le dessus de certaines tombes, totalement ouvertes.

Blaise s'est arrêté devant une de ces stèles, encore droite parce que plantée de fraîche date. La pierre est couronnée d'une fleur, ce qui signale une défunte féminine. Pour les hommes, la décoration traditionnelle exhiberait un tarbouche ou un turban. Il connaît les rites mortuaires et sait que le corps, sorti du cercueil est enfoui, couché sur l'épaule gauche, en direction de La Mecque. Il regrette de ne pas avoir assisté à la toilette de Fatmé, puis à son enroulement dans le linceul de coton blanc noué aux deux extrémités, puis au moment de recueillement qui accompagne la lecture de la *Fatiha*. Une épitaphe, qu'il parvient à déchiffrer, lui indique qu'il est bien devant la sépulture de celle qu'il a aimée en secret. En levant les yeux, à travers les colonnes décapitées et bancales et un rideau de cyprès en forme de cierges, derrière les *türbe* et les dômes de la mosquée voisine, se devinent les eaux bleues de la Corne d'Or précédant, de l'autre côté du rivage, les premières constructions de la ville, gardées par les inévitables minarets. Un chat tigré dort paresseusement sur une pierre tombale. Ne pas déranger le silence. Laisser se reposer les morts. Et se consacrer aux vivants, comme l'aurait voulu Fatmé, soucieuse, en quittant la vie, d'assurer l'avenir de Nilda, sa fille.

Rebaptisée Catherine, la fillette grandissait dans le bel hôtel particulier de la rue Sylvabelle. Marius, qui avait espacé et raccourci ses séjours à la Porte, suivait avec attention l'évolution de l'enfant qui, par ses traits, lui rappelait le souvenir de celle qui lui avait offert son corps à Tophane. Élodie avait accepté de prendre en charge l'éducation de la petite étrangère présentée comme la fille d'un collaborateur turc tué dans un affrontement en mer. Ce qu'elle appréciait en Catherine, était sa gaieté communicative, une joie de vivre qui avait été la sienne jusqu'aux premières années de son mariage. Cet état d'esprit contrastait avec celui d'Amélie, d'un tempérament plutôt effacé, et rendue encore plus ombrageuse par les effets de la maladie.

Les deux enfants devinrent vite inséparables. En quelques mois, Catherine, curieuse et intelligente, était parvenue à une bonne maîtrise du français et, plus âgée, plus mûre, avait pris sans peine l'ascendant sur l'enfant de la maison. Amélie vouait autant d'admiration que d'affection à la jeune ottomane qui la guidait dans ses jeux et même dans ses apprentissages scolaires.

Mme Michel ne voyait pas d'un bon œil cette amitié qui lui enlevait un peu de son autorité sur sa fille. Elle pouvait se montrer irritée par certaines espiègleries des deux complices qu'elle préférait s'abstenir de sanctionner afin de préserver Amélie. Elle supportait mal certaines réponses impertinentes de Catherine qui, aggravée par un léger sourire, prenaient l'allure de provocations. Elle décida, pour limiter l'influence de la fille de Fatmé, de confier son éducation à Marthe, la fidèle servante attachée à la famille. Les deux fillettes furent séparées ce qui accrut les tensions et fit sombrer Amélie dans des crises de tristesse. Consciente de l'effet néfaste de cette séparation, Élodie consentait parfois à réunir les deux enfants à l'occasion de promenades au parc, pour des goûters ou des fêtes. Amélie retrouvait alors un peu de vivacité et même assez d'audace pour tenir tête à sa mère, ce qui, pour Élodie, devenait inacceptable.

Sans consulter son mari, elle se résolut à écarter Catherine en la confiant à une institution religieuse qui saurait faire son éducation. L'enfant reviendrait à la maison plus tard, une fois son caractère stabilisé. Le capitaine Michel, pris par ses déplacements et ses activités de chef d'entreprise, abandonna à sa femme, et à regret, le soin de trouver la meilleure solution. Pour ne pas exagérer dans le sens de la répression, fut choisie une communauté réputée pour son sens de l'écoute et de la compréhension : les sœurs de Don Bosco liées à l'ordre des Salésiens.

– Les religieuses, expliqua Élodie à son mari, cherchent à éduquer par la douceur. Et, citant mot pour mot le propos de la mère supérieure, elle ajouta : « Le message chrétien propose un chemin qui transcende les échecs personnels. Toute l'attitude pédagogique de Don Bosco s'enracine dans sa foi. »

Marius n'avait rien à répliquer à l'explication. Il se souvenait que lui aussi était passé chez les Bons Pères dans son enfance. L'institution Don Bosco avait l'avantage de se situer non loin du domicile familial, entre les rues Breteuil et Paradis. Catherine pourrait, à certaines occasions, venir rendre visite à la famille et surtout retrouver Amélie. Celle-ci fut profondément affectée par ce qu'elle appelait « l'enfermement » de son amie. Il ne se passait pas de jour qu'elle ne parlât d'elle et réclamât son retour rue Sylvabelle. Sa tendance à la mélancolie s'accrut et elle restait prostrée, silencieuse, acceptant de participer aux repas mais refusant quasiment de s'alimenter. Ses parents montraient une vraie inquiétude face à la dégradation de son état. Mais Élodie refusait catégoriquement de retirer Catherine de Don Bosco.

Le capitaine Michel ne se voyait pas utiliser son temps à régler ce genre de problème domestique. Il n'était évidemment pas question pour lui de se désintéresser du devenir de la fille de Fatmé, mais il se sentait appelé par des réalisations de plus grande envergure, celle, en cours, de l'éclairage des côtes de la Méditerranée orientale et d'autres auxquelles il songeait. Il souhaitait également éviter toute source de conflit avec Élodie qui non seulement avait perdu presque en totalité sa propension à l'enjouement, mais montrait les signes d'une santé fragile. L'épouse consentit toutefois, après de longues discussions, à s'installer en partie au domaine de Pierredon où elle pourrait retrouver, au bénéfice du calme et du bon air, un peu de force et d'allant.

Ce compromis fut accepté par Élodie car il présentait l'avantage d'éloigner Amélie de Marseille et de la soustraire à l'influence, toute relative, de Catherine qui, sans vivre dans la maison familiale, pouvait revenir régulièrement, le dimanche en particulier, chez les Michel. De plus, le jeune Alfred, qui allait sur ses quatre ans, pourrait trouver dans la vaste propriété de Saint-Nazaire un terrain de jeu compatible avec son tempérament agité. Enfin, Élodie, tout attachée qu'elle était au grand port où elle était née, n'était pas hostile à l'idée de revoir les paysages où elle avait été heureuse quand, au moment de la maladie de la mère de son mari, elle était venue vivre dans la cité varoise. Les promenades en bord de mer et les escapades en landau sur les routes de l'intérieur résonnaient dans son esprit comme le moment privilégié d'une rare communion avec la nature.

La ville de la Tour – *Turris civitas custodia* était sa devise, et une tour figurait dans ses armes – n'avait rien perdu de ses agréments mais était en train de changer et de s'agrandir. L'hôtel de ville, face au port, avait fait l'objet d'une surélévation qui lui donnait une allure plus noble. Les voies communales avaient été refaites, élargies et, parfois, pourvues de trottoirs. Les routes qui conduisaient vers Bandol et Toulon avaient été améliorées de façon à permettre des déplacements plus rapides. Un feu avait été placé à l'entrée du port, due à l'action d'un petit parent de Marius, Nazaire Rouden, le jeune frère d'André-Émeric, qui agissait au titre de syndic des gens de mer. Depuis longtemps Blaise espérait que cette pointe fût dotée d'un éclairage et il se félicitait de cette décision dans laquelle il était, indirectement et sans qu'il le sache, impliqué, la municipalité ayant été inspirée par l'action de l'enfant du pays dans les mers du Levant.

Mais le plus grand bouleversement de la vie locale avait été apporté par l'arrivée du chemin de fer. Le 1er mai 1859, un premier train avait circulé sur la ligne Marseille-Toulon et s'était arrêté à la gare baptisée « Saint-Nazaire-Ollioules » car elle desservait deux communes. Dans le même esprit de progrès, un réseau télégraphique était envisagé et le titulaire du poste avait même été désigné en la personne de l'instituteur, Joseph Soleillet. Des dossiers restaient en attente concernant l'élargissement des quais et l'amélioration du port.

Grâce au train, les fréquents déplacements de Marius Michel entre Marseille et Saint-Nazaire avaient été rendus plus rapides. L'hôtel particulier de la rue Sylvabelle avait été confié aux maçons qui avaient entrepris des modifications importantes dans la structure générale et dans la décoration. La large façade extérieure avait gardé sa belle harmonie néo-classique, mais l'intérieur, pour répondre au vœu du propriétaire, s'était vu réaménagé à la mode ottomane. Les plafonds, les encadrements de portes et de fenêtres furent dotés d'éléments décoratifs orientalisants, des arabesques, des faïences à dominantes bleues, des inscriptions arabes. Les pièces principales étaient couronnées de coupoles peintes en trompe-l'œil. Le mur principal du grand salon était recouvert d'une fresque représentant des caïques naviguant sous le pont de Galata ou à l'arrêt à l'embarcadère de Karaköy. En haut du grand escalier, une statue de femme partiellement dévêtue, sorte d'hétaïre échappée d'un harem, soutenait un flambeau de plâtre censé donner de l'éclairage. L'arrière du bâtiment ouvrait sur une cour, rue Saint-Jacques, où venaient s'aligner les voitures des résidents ou des visiteurs.

Le capitaine Michel, qui se découvrait une âme de bâtisseur, dirigeait avec une assurance de professionnel les corps de métier. La construction des phares de Méditerranée, à laquelle il avait été associé, lui avait donné une bonne connaissance des règles de l'architecture et du bâtiment, usage qu'il mettait à profit pour diriger les modifications de ses diverses résidences. Car, dans le même temps, le domaine de Pierredon était totalement repensé, agrandi, embelli.

Le temps de la navigation semblait révolu. Le temps des séjours prolongés en terre ottomane aussi. Une large part des pensées et des sentiments de Marius était restée du côté de Constantinople, mais la perte de Fatmé avait produit comme une rupture avec l'ancienne Byzance. Michel, se défendant d'être un affectif et se plaçant plutôt dans la catégorie des rationnels et des pragmatiques, s'en voulait de ressentir, au fond de lui, une douleur persistance quand il se rappelait les moments passés avec sa belle Orientale aux yeux tristes dans le palais de Tophane. Le goût de ses caresses, la subtile odeur qui émanait d'elle, ses déplacements de fée vaporeuse nourrissaient ses souvenirs et alimentaient ses regrets. Pour justifier son éloignement, il avait délégué au fidèle Baudouy le soin de contrôler la mise en œuvre des phares dont l'installation se poursuivait à un rythme soutenu. Au delà des rives ottomanes, les feux d'Alexandrie, de Burlos, de Rosette, de Damiette, de Port-Saïd avaient été éclairés en préparation de l'ouverture prochaine du canal de Suez. Les redevances appelées « droits de phare » commençaient à être versées régulièrement. Le grand œuvre semblait en voie d'achèvement. Il fallait trouver à Blaise d'autres terrains de jeu.

L'occasion se présenta à lui de façon aussi fortuite que naturelle. Il séjournait, avec Élodie et les enfants, à Saint-Nazaire, dans la maison de famille, montée Notre-Dame, à proximité de la vieille Tour carrée, en allant vers les Baux, quand il reçut la visite d'un ami d'enfance, Jean-Baptiste Hermitte, qu'il avait eu l'occasion de revoir quelquefois lors de ses passages dans sa ville. L'homme, un colosse qui dépassait Marius d'une bonne tête, avait repris l'exploitation familiale et faisait profession d'agriculteur, occupant une élégante bastide du côté du quartier des Picotières. Sans préambule, Hermitte exposa le motif de sa visite.

– Nous sommes contents de te voir revenir dans ton village, Marius. Mais ce village, il a besoin de toi. Comme tu le sais, je fais partie du conseil municipal et je suis le premier à souffrir de notre endettement et des difficultés administratives qui empêchent Saint-Nazaire de se développer. Notre maire, Marc Arnaud, que tu connais bien, manque d'ambition et d'initiative. De moyens aussi. Moi, je n'ai pas le temps, avec la ferme. Et pas l'instruction non plus. C'est pourquoi nous sommes quelques-uns à avoir pensé à toi pour t'occuper de la mairie. Je suis sûr que tu pourrais beaucoup nous apporter.

Marius fut tout à la fois, surpris, flatté et embarrassé de la proposition. Les objections étaient nombreuses : les affaires qui le tenaient souvent éloigné de la Provence ; l'absence de résidence officielle à Saint-Nazaire, ville où il avait finalement assez peu vécu ; son incompétence en matière de gestion municipale…

Jean-Baptiste proposait, pour chaque réserve, des réponses convaincantes qui rendaient le Directeur-administrateur des Phares de plus en plus hésitant. Jusqu'à un dernier argument, donné de manière distraite mais qui allait emporter la décision :

– Si tu ne viens pas, celui qui a le plus de chance d'être élu, sera Joseph Granet, le fils de l'ancien maire, tu te souviens bien de lui, quand nous étions à l'école. Ce n'était pas le meilleur élève. Ce ne serait pas le meilleur maire. Même son domaine de *L'Estanguet*, que son père lui a légué en bonne santé, est en train de péricliter.

Le nom de Joseph Granet était évidemment familier à Blaise, bien qu'il n'eût pas eu l'occasion de revoir son ancien camarade d'école. Mais plus qu'à Joseph lui-même, c'est à celle qui était devenue son épouse qu'il songea immédiatement, la timide et tendre Louise, celle qui aimait à l'écouter raconter les exploits de marins et qui l'encourageait à les imiter. Se trouver en rivalité avec celui qui lui avait dérobé sa proche amie constitua un ressort déterminant. La réponse, positive, ne se fit pas attendre.

Le 5 septembre 1865, dans la salle du conseil municipal, Blaise Jean Marius Michel, chevalier de la légion d'honneur, premier conseiller municipal dans l'ordre des élections, devenait maire de Saint-Nazaire. Les adjoints étaient Jean-Baptiste Hermitte et Paul Flotte. Joseph Granet était élu en tant que conseiller municipal.

14

Le nouveau maire, ceint de son écharpe tricolore, finit son discours en rappelant, sans remonter trop loin, la vocation maritime de Saint-Nazaire qui ne se limitait pas, au XVIIe déjà, au commerce et à la pêche, mais concernait également l'aide aux Armées navales du Roi auxquelles elle fournissait des barques et surtout des matelots. D'autres faits glorieux avaient été portés à la connaissance des citoyens venus écouter le premier magistrat à l'occasion de l'inauguration des quais, agrandis grâce à des terrains gagnés sur la mer et prolongés jusqu'à ceux, déjà existants, du quartier des Baux. Pour sa première allocution, Marius Michel, d'un naturel réservé, avait fait preuve d'une éloquence qu'on ne lui soupçonnait pas. Cette assurance était sans doute le résultat des succès de l'enfant du pays dont on savait qu'il s'était brillamment illustré en tant que marin et officier avant de conquérir, dans les pays du Levant, une position de premier plan qui lui avait apporté la richesse. Ce parcours prestigieux conférait à l'édile une indiscutable légitimité.

Après quelques mots prononcés par le sous-préfet, venu de Toulon, et un intermède musical assuré par *l'Harmonie nazairienne*, le ruban symbolique fut coupé par une fillette vêtue d'un costume provençal. Le petit port varois pourrait désormais accueillir et abriter dans de bonnes conditions toutes sortes d'embarcations. Les tartanes n'auraient plus à s'accrocher à un corps-mort au milieu de la baie ; les petites barques de pêcheurs n'auraient plus à être péniblement tirées sur le rivage où une vague un peu violente risquait de les emporter. Quelques navires de commerce allaient même pouvoir accoster, dont ceux appartenant à Marius Michel lui-même. De plus, le chemin vicinal en bord de mer avait été aménagé, permettant un meilleur accès aux bateaux et offrant aux Nazairiens un agréable lieu de promenade. Enfin, les deux fontaines encadrant le port avaient fait l'objet d'une rénovation et d'un embellissement tout en fournissant de nouveaux points d'eau. L'une était consacrée à l'Agriculture, l'autre à la Marine, les deux ressources de la ville. Elles venaient d'être sculptées en pierre dure de Cassis par l'artiste Émile Aldebert de Marseille pour le prix de 7 400 francs.

Cette journée festive se superposait, dans l'esprit de Blaise, à celle qu'il avait vécue, près de trente ans en arrière, quand la municipalité avait souhaité l'honorer après son exploit de Djidjelli. Le père Tolozan n'était plus là, remplacé par le curé Icard, ses parents non plus, et le monde avait changé. Il occupait lui-même les fonctions du maire d'alors, M. Fournier, qui, à l'époque, avait fait de lui un éloge appuyé. Il se rappelait aussi que ce jour de juin était précisément celui où il avait vu Louise pour une des dernières fois, lui avait parlé. Elle venait alors de se marier avec cet incapable de Joseph Granet, dont la présence à la cérémonie, avec l'ensemble du conseil municipal, augmentait le sentiment de dépit de son rival. Entre deux serrements de mains Blaise tentait de reconnaître, dans la foule, son ancienne amie qu'il imaginait changée, vieillie, mais surtout revenue de ce mauvais mariage qui contrastait avec la fulgurante ascension des Michel.

Le sous-préfet le tira de ses réflexions.

– Dites-moi, monsieur le Maire, je suppose que vous n'allez pas en rester là et que vous avez d'autres projets pour votre commune.

– En effet, monsieur le sous-préfet. Beaucoup de choses peuvent être faites pour assurer l'avenir de Saint-Nazaire. À commencer par un bureau télégraphique qui devrait remplacer celui que nous avons installé provisoirement dans les locaux de la mairie. Il nous manque aussi un bureau de poste, une brigade de gendarmerie, une école pour les jeunes filles et du personnel supplémentaire pour l'hôpital. Je prévois aussi de fournir à la ville un nouveau lavoir en transformant le vieux puits de la rue Saint-Pierre. Enfin il va falloir, au plus vite, construire un vrai pont, en fer de préférence, sur la Reppe, afin de faciliter l'accès à la gare et la circulation vers Bandol et Toulon.

– Mais toutes ces réalisations risquent de dépasser le budget de la commune dont les finances ne sont pas florissantes.

– Il est vrai que les comptes ne sont pas très brillants. Mais si l'argent public vient à faire défaut, il peut être remplacé par des fonds privés. Les mécènes ont toujours existé dans l'histoire pour aider à la production de grandes choses. Notre « Beau-Port » mérite de s'agrandir et de s'embellir, et je souhaite y contribuer.

– J'ai su que vous avez déjà avancé sans intérêt la somme de 4 000 francs pour la construction du nouveau lavoir. Ces prêts généreux, il faudra bien les rembourser.

– Je n'entends pas devenir le créancier de la ville qui m'a vu naître. Nous aurons bien le temps de faire les comptes. Pour l'instant, je peux me permettre d'apporter mon expérience acquise loin de ces côtes et investir ici une part des bénéfices que les phares de l'Empire ottoman me rapportent. Je suis sûr que mes parents et tous mes ascendants approuveraient mes initiatives en faveur de l'intérêt collectif.

Les danseurs et les danseuses en costume traditionnel venaient d'achever leur danse, ce qui signalait la fin de la cérémonie. Élodie Michel, suivie de Marthe, la gouvernante, qui tenait par la main le petit Alfred et la jeune Amélie, vint rejoindre son mari pour le féliciter de son discours et de la bonne tenue de la fête. Ensemble, ils décidèrent de faire quelques pas sur les nouveaux quais inondés de monde en cette fin de dimanche.

– Avouez, mon ami, que cet endroit est au moins égal aux rives du Bosphore que vous prisez tant. Je trouve ce paysage tellement plus apaisant, plus harmonieux et plus conforme à notre tradition. Franchement, je ne comprends pas comment on peut s'enticher de ces lieux lointains, plein de désordre et d'agitation. Au fait, quand repartez-vous pour Constantinople ? Je vous trouve moins d'impatience à retourner dans votre ville de prédilection. Auriez-vous cessé de vous y plaire ?

Élodie mettait-elle de la malice dans ses propos et ses questions ? Marius préféra ignorer l'ironie et rester dans un registre vague.

– J'ai moins à faire là-bas pour l'instant. Baudouy s'en sort très bien et le précieux Édouard Rouden me rend compte régulièrement de la bonne marche de la société. J'y retournerai bientôt pourtant, mais seulement quand mon propre bateau sera achevé. Il est actuellement en construction aux Ateliers de la Ciotat. À ce sujet, je vous réserve une surprise. Quant à la comparaison entre notre joli port et la Sublime Porte, je ne peux m'y résoudre et, pour moi, j'aime les deux et me refuse à choisir. J'ai vécu des moments très heureux à Constantinople et je ne l'oublie pas. J'y ai toujours beaucoup d'amis, et je jouis de l'estime du Padischah. Rappelez-vous que notre fille y est née et que nous disposons toujours d'une grande maison, à Péra. Si vous vouliez…

Marius n'eut pas à attendre une éventuelle réponse de son épouse, car Louise était devant lui, immobile, figée par la surprise, comme il l'était lui-même. Trois enfants, une jeune fille et deux garçons l'accompagnaient, l'un jouant avec un cerceau. Elle avait assez peu changé même si, sous le chapeau, se devinaient des cheveux grisonnants. Une discrète voilette cachait en partie son visage resté lisse et ses yeux, qu'elle tenait baissés, semblaient vouloir éviter de toiser l'homme important qui lui faisait face, le maire de la ville, le plus riche propriétaire de Saint-Nazaire.

Blaise observa un temps d'hésitation essayant de dominer un léger trouble que remarqua son épouse. Fallait-il aller au-devant de son amie, entamer la conversation, demander et donner des nouvelles ? Fallait-il expliquer à Élodie son ancienne amitié alors qu'elle venait, par ses allusions, de réveiller la présence de Fatmé dont elle ignorait la disparition ? Les trois femmes ayant compté dans la vie du capitaine Michel se trouvaient réunies sur cette jetée à peine ouverte à la promenade et qu'il venait d'inaugurer.

Il ne fit pas un geste et baissa les yeux. Louise, passa en silence. Sauf au moment où le cerceau de l'enfant menaça de partir à la mer.

– Jean, s'écria-t-elle, ne t'approche pas trop de l'eau.

Blaise Marius sursauta, car, entre ses deux prénoms usuels, son troisième, connu des seuls intimes, était Jean.

– Venez, ma chère, allons jusqu'à la montée Notre-Dame enchaîna-t-il en reprenant ses esprits. La construction de notre future maison a commencé.

Emporté par ses élans de bâtisseur, le nouveau maire avait en effet lancé un autre chantier au départ du chemin qui monte vers Notre-Dame de Pitié. Pas très loin de l'ancienne demeure familiale, il prévoyait de réaliser une sorte d'hôtel particulier à trois étages dont les plans montraient les futures décorations de la façade : grands balcons en fer forgé, pignons ouvragés, fenêtres surmontées de chapiteaux aux structures alternées, larges ouvertures. Sous peu, l'édifice pourrait devenir la résidence principale des Michel, de préférence au château de Pierredon, finalement boudé par Élodie qui le trouvait froid et isolé. Pour elle, d'ailleurs, l'idéal eût été de vivre en permanence à Marseille, ce que les nouvelles fonctions de son mari ne permettaient pas. De providentiels soucis de santé l'amenèrent à justifier des séjours prolongés du côté du Vieux-Port.

Le capitaine Michel, lui, multipliait les déplacements à Paris où il avait aménagé de nouveaux appartements au 59 du boulevard Haussmann. Les démarches étaient multiples, puisqu'il lui incombait de rencontrer des fournisseurs et des partenaires, de signer des contrats, de courir les ministères et les administrations, de surveiller, en accord avec Collas, la bonne marche de la Société. Camille Collas venait d'acheter un superbe domaine aux environs de Paris et aimait à y inviter ses amis et à recevoir son associé qui s'y rendait de bonne grâce. En revanche, la vie dans la capitale ne séduisait guère Michel qui répugnait à endosser l'habit pour sacrifier aux exigences de la représentation mondaine. Il était né pour vivre au grand air, sur la passerelle d'un navire, dans un village sur les bords de la mer ou en des lieux désertés de l'Orient qu'il avait mission de pourvoir d'un feu. Le hasard le fit se trouver à Paris lors de la visite officielle du Tsar Alexandre II de Russie en juin 1867. Napoléon III, plein d'égards pour son ancien officier devenu vice-amiral de la flotte ottomane et co-directeur d'une société qui ajoutait au prestige du pays, l'avait invité à assister à la revue militaire qui se déroula à Versailles. Au retour, le cortège fut victime d'un attentat dont Marius avait relaté les circonstances dans une lettre à son parent et confident Nazaire Rouden :

« *Paris, 8 juin.*

[...] Je voulais encore te dire que j'ai été le témoin de la tentative d'assassinat sur l'empereur de Russie. Je suis resté avec ma voiture pendant trois heures près de l'assassin puisque j'ai dû me retirer pour faire place aux équipages impériaux et que c'est à cet endroit même que j'ai quitté que le coup de pistolet a été tiré. Dans cette revue, il y avait plus de 700 000 âmes, deux fois plus que la population de Marseille... Le soir, il y eut une illumination splendide pour montrer au tsar combien les Parisiens sont contents qu'il n'eût pas été tué [...].»

De cet événement dramatique, l'homme des phares, tout naturellement, avait retenu la phase d'illumination.

Mais c'est dans la petite ville dont il avait la charge qu'il aimait à se retrouver et à donner libre cours à ses compétences d'organisateur et de bâtisseur. Les projets de construction ou d'amélioration annoncés au sous-préfet lors de l'inauguration furent menés à terme dans leur intégralité. D'autres réalisations suivirent, financées, en grande partie, par les deniers personnels du maire. Les registres de délibération du conseil municipal pendant le mandat de Marius Michel font état de multiples améliorations, comme la construction des aqueducs destinés à drainer les eaux de pluie, le dragage du port, la recherche de nappes phréatiques destinées à améliorer l'approvisionnement en eau potable, la dotation en personnel et en équipements de l'hospice des Sœurs de la Charité, la création d'un nouveau lavoir pour remplacer celui du port, l'ouverture d'une maison de retraite, le carrelage de la mairie, l'entretien et la réfection de chemins vicinaux et, action apparemment mineure mais dont il se montrait fier, la plantation d'arbres, notamment des palmiers sur les quais et des platanes sur la place de l'église. Saint-Nazaire se transformait sous l'impulsion dynamique d'un nouveau maire qui ne cachait pas ses ambitions pour sa ville.

Pour ajouter au renom de la cité, le premier magistrat décida d'organiser, à l'occasion des fêtes de la saint Nazaire, un concours de régates. Avec l'appui de la Société nautique de Marseille et l'accord du gouvernement, la manifestation réunit des bateaux venus des villes voisines, de Fréjus à Cette. Un représentant de l'empereur, en la personne du baron Roussin sur son bateau le *Daim*, vint assister aux festivités suivies, depuis le port, par une foule joyeuse. Marius Michel, sur son yacht *Amélie*, piloté par Nazaire Rouden, appréciait la réussite de l'entreprise destinée à donner du bonheur à ses concitoyens. D'autres réjouissances répondirent au même souci : la traditionnelle procession à la vierge de Pitié du 15 août, les fêtes de la saint Pierre, puis celles de Noël, avec, dans la vieille église, une messe de minuit chantée par un chœur de jeunes filles que dirigeait le maître de chant Hilarion Croze.

Élodie, séjournant la moitié de l'année à Marseille, n'assistait généralement pas à ces manifestations populaires. Dans sa ville, entre l'éducation de ses deux enfants, les soins apportés à sa mère devenue veuve (Jean-Pierre Séris s'était éteint en 1864), l'embellissement de sa grande demeure, ses bonnes œuvres et quelques réceptions, elle estimait avoir une vie suffisamment bien remplie pour se dispenser de jouer les potiches auprès du maire d'une petite ville qui lui était devenue indifférente. Deux sujets de préoccupation ternissaient son quotidien : la santé d'Amélie et le comportement de Catherine. L'enfant recueillie était en passe de devenir une belle adolescente, mais, en grandissant, se montrait plus que jamais rétive à toute autorité. Il serait difficile de la transformer en une sage religieuse, ce qui aurait dû être son destin. Les sœurs de Don Bosco l'avaient à plusieurs reprises menacée de renvoi, mesure écartée en raison de la générosité du bienfaiteur Marius Michel.

La vigueur excessive de Catherine s'opposait à l'alanguissement d'Amélie dont les médecins étaient incapables de définir le mal. Elle ne communiquait pratiquement pas avec ses parents, préférant se réfugier dans les livres ou dans une rêverie qui pouvait l'occuper une journée entière. Un unique sujet semblait lui redonner un peu d'animation : le futur retour à la maison de Catherine, qu'elle réclamait quotidiennement, ce que refusait d'entendre sa mère. Un jour, disait-elle, les yeux brillants d'ardeur, elle irait elle-même sauver son amie captive et l'arracher à sa prison mystique.

Ces contrariétés familiales et ces tiraillements entre Marseille, Paris et Saint-Nazaire allaient être balayés par deux événements dramatiques, l'un de nature historique, l'autre, plus tragique encore, totalement privé. Marius Michel fut réélu pour un second mandat de maire au moment même où la France vint à entrer en guerre. Il s'était félicité du choix de ses concitoyens qui avaient massivement accordé leur confiance à l'Empereur lors du plébiscite, mais avait regretté que l'on n'ait pu éviter le conflit avec la Prusse. Les premiers revers, puis la défaite eurent peu d'effet sur la vie de la petite cité varoise ; mais, en bon patriote, le maire souhaita apporter sa contribution à l'effort national en accueillant sur sa commune des malades et des blessés de la guerre. La chapelle Notre-Dame de Pitié, lieu chargé de souvenirs heureux pour Marius, fut transformée en « ambulance », sorte d'hôpital improvisé où étaient prodigués des soins attentifs aux victimes. Dans les mois qui suivirent, la proclamation de la République bouscula les repères de Michel et contraria la réussite des premiers temps de sa deuxième magistrature. L'opposition de certains élus et d'une partie de la population à quelques initiatives eurent vite fait de refroidir son enthousiasme de réformateur-bâtisseur. Peu de chance qu'il aille au bout de son second mandat. Mais le désagrément que lui procurait l'ingratitude des Nazairiens n'eut rien de comparable à l'immense chagrin que lui apporta la mort absurde et brutale d'Amélie.

On peut mourir d'amour, même à quinze ans, l'âge de l'aînée des enfants Michel au moment du drame. Amélie, souffrant d'un mal diffus et d'une solitude que la séparation d'avec son amie Catherine rendait inguérissable, chercha, au moment de l'adolescence, à fixer son affectivité insatisfaite. Le premier jeune homme qui s'intéressa à elle parvint à déclencher une passion exclusive.

Il se prénommait Angelo et était le fils de Renato Monti, le maçon piémontais chargé de l'aménagement de la maison de Saint-Nazaire. Le garçon, d'une beauté sauvage, pouvait avoir vingt ans et, bien que fils du patron, ne répugnait pas à s'attribuer des tâches pénibles qu'il accomplissait en chantant des airs de son pays. Oisive et rêveuse, Amélie passait de longs moments à observer les gestes sûrs du jeune ouvrier qui semblait ignorer la fatigue ou la tristesse. Elle aimait à lui apporter une carafe d'eau qu'il acceptait en la remerciant d'un éclatant sourire. Elle s'intéressait à son travail, à cet art de la construction qu'il avait appris de son père et dont il parlait avec lyrisme.

La jeune fille n'était pas autorisée à sortir seule et ne put honorer les invitations d'Angelo à le retrouver, un dimanche, pour une promenade sur le port. Les jeunes gens pouvaient toutefois se croiser à la messe, échangeant des regards, des signes d'intelligence, attendant le moment de la fin de l'office quand, sur le parvis, ils pourraient se saluer poliment. Habillé avec soin, rasé de près, coiffé d'un élégant chapeau, Angelo avait l'allure d'un monsieur et Amélie baissait les yeux pour ne pas pleurer.

Ils se retrouveraient le lendemain, au milieu des gravats et de l'odeur de plâtre frais, à l'abri du monde. Elle ferait préparer par Marthe un café brûlant qu'elle apporterait, avec quelques biscuits, des navettes marseillaises, à son nouvel ami qui accepterait d'interrompre son travail pour un brin de conversation. Il lui parlerait de sa terre natale, au pied des montagnes, de sa famille, de ses nombreux frères et sœurs, de son attachement au petit port de Saint-Nazaire où il était allé à l'école pour apprendre le français qu'il parlait sans accent, un endroit où il faisait bon vivre, rendu encore plus accueillant par la compétence de Monsieur Michel, le maire, qu'il respectait autant que son père.

La joie de vivre du jeune Italien eut le pouvoir de métamorphoser Amélie qui commença à montrer des signes de regain d'optimisme. Ses parents se réjouissaient de son rétablissement et approuvaient l'influence de l'ouvrier qu'il jugeait positive et sans risque. Jusqu'au jour où l'adolescente, surmontant sa timidité, révéla à sa mère la nature de ses sentiments.

– Angelo est le garçon que j'aime. J'ai appris à le connaître. Il saura me rendre heureuse. Lui aussi a de l'amour pour moi. Il a déjà parlé à ses parents. Nous voulons nous marier ; pas tout de suite, parce que je suis encore jeune et que lui n'a pas fini de bâtir la maison qui sera la sienne. Mais bientôt, dans un an par exemple. Père pourra nous unir, à l'Hôtel de Ville.

La nouvelle fut reçue avec effroi. Et stupéfaction, car à aucun moment Élodie n'avait soupçonné cet éveil des sens chez sa fille à peine sortie de l'enfance, prisonnière de sa solitude et de sa maladie. Une telle union était évidemment inenvisageable : une Michel, une de Séris ne pouvait pas épouser un maçon, aussi brave garçon soit-il. Il devenait urgent d'interrompre ce début de liaison avant qu'il ne soit trop tard. Interdiction formelle fut intimée à Amélie de revoir le jeune homme. Ordre fut donné à maître Monti de placer son fils sur un autre chantier sous peine de se voir retirer les rénovations des deux bâtiments. Toute sortie de l'adolescente, même pour se rendre à la messe, serait sévèrement contrôlée et menée sous surveillance. Le capitaine Michel, de retour de voyage, fut prié d'entériner ces décisions.

Par son intransigeance, Élodie Michel put éviter la mésalliance mais elle provoqua la mort de sa fille. Amélie retomba dans une sorte d'abattement, cessa de parler, de s'alimenter, d'exprimer le moindre désir. Même la personne de Catherine, qu'on songea à rappeler de Don Bosco, ne semblait plus la concerner. La maladie reconquit le terrain que l'amour lui avait fait perdre. Les médecins diagnostiquèrent une forme malicieuse de phtisie et laissèrent paraître leur inquiétude. En quelques semaines le dépérissement se transforma en agonie. Au début du mois de juin, Amélie rendit l'âme sans avoir revu Angelo.

Une culpabilité obscure et profonde envahit Marius Michel au sortir du cimetière de Saint-Nazaire. La nuit du deuil venait assombrir, une nouvelle fois, et de façon plus cruelle, son cheminement lumineux. Il allait falloir, malgré tout, tenter de vivre.

15

Marius Michel est à Paris pour ses affaires. Il n'aime pas réellement cette grande ville, même si ses appartements et ses bureaux se situent dans les beaux quartiers récemment aménagés. Aujourd'hui, pourtant, il est plutôt satisfait d'avoir pris ses distances avec Saint-Nazaire, son cimetière, son église, ses résidences personnelles, privées de la présence d'une douce jeune fille qui n'a pas eu le temps de profiter de la vie.

Dans le train qui le conduisait vers la capitale, il a relu quelques poèmes tirés d'un recueil rédigé par Victor Hugo au moment de la disparition de sa fille Léopoldine. Le poète, qui vient de rentrer d'exil, est apprécié de Marius qui fut l'administrateur de ses biens pour son temps hors de France, mais dont toutefois il regrette quelques charges excessives contre l'empereur Napoléon III. Il les accepte, car les écrivains ont le droit de tout dire et il appartient au lecteur de faire le tri. Hugo lui est proche, car il est un homme qui a souffert, qui a connu lui aussi cet arrachement d'une partie de lui-même que constitue la mort d'une enfant. Et, grâce au pouvoir des mots, à cette maîtrise du verbe, il a réussi à sublimer la douleur, à transformer la souffrance en art, à éclairer l'humanité.

Le capitaine Michel se définit comme un marin, un homme du terrain, un bâtisseur tendu vers l'action et éloigné des spéculations des poètes ou des philosophes. Il est rude, simple, direct, un peu austère. Il ne possède pas, lui, cette capacité de trouver dans le lyrisme littéraire, l'exutoire au malheur. Il sait malgré tout reconnaître le génie des créateurs et a retenu quelques vers qui semblent écrits pour lui, pour elle :

« *Elle s'en est allée avant d'être une femme ;*
N'étant qu'un ange encor ; le ciel a pris son âme

Pour la rendre en rayons à nos regards en pleurs,
Et l'herbe sa beauté, pour nous la rendre en fleurs. »
Et puis, ailleurs dans le livre, d'autres alexandrins chargés d'allusions :
« *Elle aimait Dieu, les fleurs, les astres, les prés verts*
Et c'était un esprit avant d'être une femme,
Son regard reflétait la clarté de son âme… »

Toujours la lumière, le rayonnement, la clarté, ces éblouissements qui fascinent l'homme des phares : « *Je l'attendais ainsi qu'un rayon qu'on espère…* » La musique des vers a-t-elle le pouvoir d'atténuer la douleur ? L'art peut-il aider à surmonter la plus pénible des épreuves, la perte d'un être cher ?

Marius, une nouvelle fois, est confronté à la mort. Le décès de ses parents, forcément douloureux, était inscrit dans l'ordre des choses. La disparition de Fatmé, était plus injuste, plus révoltante, la jeune femme étant trop jeune pour partir, mais il ne s'agissait là que qu'une liaison passagère, et moralement coupable. La mort d'Amélie, en revanche, sa première enfant, sa préférée, sa descendance, emportée dans sa quinzième année, lui paraît totalement inacceptable.

Il aurait été tenté, comme le faisait Hugo dans ses poèmes, d'accuser la Providence, cette sœur amie qui l'avait, pendant plus d'un demi-siècle, porté vers les sommets et qui venait soudain de le trahir. Mais on devait accepter ses desseins, même les plus impénétrables. On n'avait pas à défier les forces supérieures. Le succès, l'opulence, l'accès rapide à la fortune pouvaient avoir quelque chose d'excessif, d'immoral. Les valeurs matérielles n'ont pas à dominer une vie. Sans être pieux, Marius, bon chrétien, comprenait les décisions divines reçues comme des épreuves ou des sanctions. Peut-être les avaient-ils méritées par son arrogance, son désir de conquête, son défi lancé au monde. Une antique figure mythologique avait reçu, selon la légende, une cruelle punition pour avoir voulu voler le feu aux dieux afin de le donner aux hommes. Son rêve prométhéen à lui, qui s'était voulu porteur de lumière, venait de se briser sur les débris d'un amour contrarié. Il fallait se soumettre, comme le conseillait encore le poète : « *Et dire qu'elle est morte ! Hélas ! Que Dieu m'assiste !* »

Ce secours lui aurait été bien utile pour continuer à mener sa mission au moment où il envisageait de se désengager des entreprises en cours. Sa première décision fut de démissionner de son poste de maire, beaucoup en raison de son insurmontable chagrin, un peu à cause de son échec au Conseil général et du manque de reconnaissance de ses concitoyens qui l'avaient réélu avec une très faible majorité. Il faisait part de sa déception dans une lettre de Paris, écrite sur un papier de deuil, entouré de noir, et adressée à Nazaire, son homme de confiance : « *J'attends la fin de la session du Conseil général pour me démettre de mes fonctions. Lorsque les Nazairiens m'ont voulu conserver quand même comme maire, j'ai fini par accepter par dévouement. Aujourd'hui, mon devoir est plus que rempli, et je me retire devant l'indifférence de la moitié de cette population.* » Peut-être a-t-il voulu aller trop vite et trop loin ; peut-être les habitants de sa ville natale étaient-ils trop pusillanimes pour le suivre dans ses initiatives ; peut-être n'avaient-ils pas mesuré la chance qui s'offrait à eux. Les mots sont sévères : « *Ah ! Si les Nazairiens avaient pu se rendre compte des services que j'aurais pu leur rendre une fois au Conseil général, libre de mes mouvements et avec mes relations ! Ils s'en apercevront quand ils ne m'auront plus nulle part ; pas même comme conseiller municipal...* ».

L'amertume de l'élu n'est qu'une façon de cacher la douleur du père. Les honneurs de la mairie ont perdu de leur saveur, comme a perdu de son charme la ville qui l'a vu naître et qu'il songe à fuir, ainsi que le révèle une autre correspondance au même ami : « *Je fixerai mon domicile à Marseille, pour ne plus être électeur à Saint-Nazaire et n'avoir plus de commerce avec mes compatriotes peu reconnaissants de ce que j'ai fait et désirais faire surtout.* » En s'éloignant de Saint-Nazaire, Blaise Marius souhaite effacer les traces du deuil, de cette mort obsédante qui pouvait être évitée. Seul le temps pourra, en partie, atténuer les effets de la blessure.

Et le recours à l'action, ce ressort qui lui a toujours permis de se relever. Cette action, qui pourrait le distraire de son chagrin, se situe du côté de l'Orient d'où un autre deuil, plus secret, l'a tenu longtemps éloigné. Le moment est venu de se recentrer sur les lieux qui l'ont fait rêver et de s'intéresser de plus près aux intérêts de la société qu'il co-dirige. Pendant des semaines, des mois, le Directeur-administrateur, retrouvant ses premières fonctions, va faire la tournée des installations pour en vérifier le bon fonctionnement ou guider les constructions en cours par des conseils prodigués aux entreprises ou au personnel recruté par ses soins. Plus de cinquante feux sont déjà en action, encore autant sont en projet. Les plus faciles à contrôler se trouvent à faible distance de la Porte, le phare de Koum Kapou, élégante tour surmontée d'un clocheton de verre, celui de San Stefano, celui de Fanaraki, celui, copié sur un minaret, de La Canée, celui de Fenerbahçe, très ancien, qu'il a fallu rénover. D'autres vérifications le poussent à traverser la mer de Marmara, à Gallipolli, par exemple, où s'élève une imposante bâtisse hexagonale plantée au bord de la falaise, Koum Khale, Tchardak, puis le long de la côte égéenne – Çanakkale, Edremit, Smyrne, Selçuk, Fetiye, et, plus au sud, jusqu'au fond du golfe d'Iskenderun, vers la Syrie, Jableh, Tartous et l'immense cheminée éclairante de Beyrouth. Certains périples, toujours sur un navire de la flotte ottomane commandé par Édouard Rouden, le ramènent vers la mer Noire où s'allument le Roumélie Fener, l'Anatolie Fener, les feux de Sinope, d'Ordu, de Giresun... Bientôt commenceraient les chantiers de la mer Rouge qui prolongeraient l'éclairage de

Port-Saïd, tels les phares, déjà actifs, de Rosette, Burlos et Damiette, et celui, programmé, de Raz-el-Bouroum.

Au retour de ses missions, il se retire dans sa maison de Péra qu'il a fait aménager somptueusement, comme il a pris l'habitude de le faire de ses diverses demeures. Le nouveau sultan, Abdül Aziz, désireux de ménager son hôte, se chargeait de faire entretenir les lieux et précédait toutes ses demandes. Pour échapper à la solitude, Marius descendait, à pied, jusqu'au palais de Tophane où il savait que Fatmé ne le rejoindrait plus. De la fenêtre, il apercevait la belle fontaine de marbre, décorée de motifs végétaux et d'inscriptions arabes, toujours en activité. Au-delà, le Bosphore déroulait ses eaux bleutées parsemées d'embarcations en désordre. En se penchant un peu, ou en montant sur le sommet des remparts, il distinguait le pont de Galata, les navires accostés à proximité, puis les constructions de brique annonçant l'arsenal. Partout du monde, de l'agitation, de la vie. Beaucoup de gaieté, un peu d'insouciance, y compris chez les gens du peuple, les petits métiers et les vendeurs à la sauvette. Au-delà du détroit, l'Asie, ses promesses et ses rêves. À l'extrémité de la Corne d'Or, Eyüp et son cimetière où il ne manquait jamais d'accomplir un pèlerinage.

La France était loin et Saint-Nazaire oublié, malgré les correspondances régulières échangées avec Élodie, abandonnée à sa peine et à son désordre affectif. La mort d'Amélie avait plongé Mme Michel dans un total anéantissement. Elle ne pouvait s'empêcher de s'attribuer la responsabilité de ce drame. Elle s'accusait de ne pas avoir entendu les appels de sa fille, d'avoir ignoré ses souffrances, d'avoir brutalement annulé ses rêves. Ses prétentions aristocratiques ne parvenaient pas à étouffer son bon sens qui lui répétait qu'une Amélie mariée à un maçon était mieux qu'une Amélie morte. Comment avait-elle pu se montrer aussi inflexible ? L'époque était en train de changer, comme l'attestait l'avènement de la République. Les préjugés de classe étaient dépassés et les jeunes filles modernes devaient pouvoir éprouver des sentiments pour l'homme de leur choix, rechercher le vrai amour, et tenter de le rendre compatible avec le mariage. Elle en arrivait à convenir, au prix de quelques efforts, qu'Angelo Monti, garçon travailleur et bien élevé, aurait pu faire un bon mari et même un bon gendre. Toute sa vie, elle porterait le poids de cette faute, de cette culpabilité qui lui ôtait jusqu'au goût de vivre. Elle refusa, de ce jour, de prendre ses repas à la table de famille et se mura dans un silence qui faisait songer à celui de la défunte Amélie. Elle ferma à clé, de façon définitive, le piano du salon. Elle passa l'essentiel de son temps à des travaux de broderie qu'elle ajustait en d'immenses tableaux qui auraient dû décorer ses maisons d'habitation. Devenir Pénélope pour ne plus être Médée.

Pour réparer ses torts et donner satisfaction, de manière posthume, à l'adolescente disparue, Élodie conçut le projet de récupérer Catherine auprès d'elle. C'était bien là un des plus grands désirs d'Amélie, et y souscrire, même trop tard, pouvait alléger son sentiment de culpabilité. Les démarches auprès les sœurs de Don Bosco furent rapides : la jeune pensionnaire venait de dépasser ses dix-sept ans, un âge auquel elle aurait dû prononcer ses vœux mineurs ou décider de rejoindre le siècle. Or la protégée des Michel, non seulement n'avait laissé paraître aucune inclination pour l'état de religieuse, mais s'était montrée suffisamment indocile voire impertinente pour qu'on n'envisageât pas de la retenir.

Catherine avait appris le décès de son amie mais ignorait les circonstances qui l'avaient provoqué. Elle savait Amélie malade et supposait qu'elle avait été emportée par la phtisie. Elle n'avait aucune raison d'en vouloir à Mme Michel qui, certes, l'avait maintenue contre son gré à Don Bosco, mais qui, en même temps, avait pourvu à son éducation et financé sa pension. Le retour chez ses bienfaiteurs lui parut naturel et elle s'efforça de manifester sa gratitude par un comportement plus réglé. L'espièglerie de sa jeunesse avait fait place à une forme de sage recul, non dépourvu de gaieté, par rapport aux événements de la vie. Revenir à Saint-Nazaire ou dans l'hôtel de la rue Sylvabelle à Marseille sans retrouver Amélie lui parut un moment incongru, seule l'amitié justifiant à ses yeux son intrusion dans une famille étrangère. Elle s'y résolut très vite quand, naturellement fine, elle comprit que Mme Michel souhaitait l'avoir auprès d'elle pour l'aider à supporter son deuil.

Blaise Michel, qui avait toujours éprouvé pour l'ancienne Nilda une grande tendresse, qu'il s'appliquait à ne pas trop montrer, se réjouit de cette réunion dont il mesurait, toutefois, le caractère ambigu. L'enfant de la femme qu'il avait aimée en secret devenait sa fille de substitution. Il refaisait parfois des calculs pour vérifier si Nilda n'aurait pas pu être même sa fille biologique – ce qui, en la circonstance, eût apaisé sa douleur. Hypothèse peu probable, mais qui ne l'empêchait pas d'accueillir avec satisfaction Catherine au foyer familial, sa présence étant rendue comme légitime par la superposition des deux disparitions, celle de Fatmé qui se conjuguait à celle d'Amélie. L'amour qu'il porterait à la petite Ottomane serait un peu le prolongement de celui qu'il avait éprouvé pour sa mère. La bienveillance toute paternelle qu'il montrerait pour elle cesserait d'être perçue comme un détournement affectif, mais serait interprétée comme un report de sentiment, passant de celle qui n'était plus vers celle qui la remplaçait.

Pour sauver les apparences et éviter de laisser penser précisément à un remplacement d'enfant, le couple Michel décida, d'un commun accord, de maintenir Catherine dans des fonctions ancillaires. On lui attribuerait un rôle de domestique privilégiée, chargée de certaines tâches, tout en jouissant d'une protection affectueuse. Un peu plus tard, on lui trouverait un mari de bonne moralité de façon à assurer son avenir. On la doterait généreusement et lui affecterait une jolie maison. En attendant, la jeune fille, d'une infatigable énergie, remplirait la maison de son rire et aiderait le petit Alfred, qui allait sur ses treize ans, à ne pas trop souffrir de l'absence de sa sœur.

L'ancien maire imagina une autre façon d'entretenir le souvenir de l'enfant disparue. L'immeuble de la montée Notre-Dame, à l'extrémité du port de Saint-Nazaire venait d'être achevé et se disposait à recevoir ses nouveaux occupants, qui d'ailleurs avaient déjà fait transférer quelques meubles depuis Marseille. Mme Michel, prise d'une soudaine aversion pour la ville de son mari et plus encore pour cette bâtisse où elle avait pu surprendre Amélie en conversation avec Angelo, opposa un refus catégorique à la suggestion d'habiter ce lieu. Encore préférait-elle vivre à Pierredon, bâtisse qu'elle n'affectionnait guère, mais qui avait le mérite d'être à l'écart du monde et entourée d'une nature qu'elle imaginait consolatrice. Marius lui-même, depuis qu'il avait abandonné ses fonctions de maire, n'était guère désireux de s'installer à deux pas de l'hôtel de ville.

L'idée lui vint d'affecter sa nouvelle maison à d'autres fins que celle d'une résidence personnelle. Une longue lettre aux accents testamentaires expliquait sa décision : « *Depuis la perte cruelle de ma fille bien aimée, j'ai pris la résolution de mettre tout de suite à exécution un projet qui ne devait recevoir son effet qu'après ma mort. Ne devant pas me rendre à Saint-Nazaire, je viens de charger mon frère, qui représente la famille Michel, de recevoir mercredi à 9 heures et demie du matin, le Curé de Saint-Joseph, la Supérieure Générale des Dames Trinitaires de Valence et la Directrice du même ordre où était ma pauvre enfant, qui se rendent à ma maison pour en faire un établissement de bienfaisance qui portera le nom d'Amélie. Cet établissement recevra les malades, vieillards, et infirmes pauvres de la localité, et probablement ceux de Bandol qui m'ont toujours montré beaucoup de sympathie. Il y aura, aussi, une salle d'asile pour les enfants pauvres en bas âge...* » Au passage, Fortuné-Amant, le frère aîné, qui s'était manifesté lors du décès d'Amélie, reprenait place dans la famille.

Pour rendre le bâtiment de la montée Notre-Dame mieux adapté à sa nouvelle destination, il fit construire un escalier avec rampe à double volée devant la maison et le fit communiquer au quai Sainte-Catherine, là où accostaient ses propres bateaux. À propos de bateaux, le beau yacht appelé *Amélie* fut vendu, Marius ne souhaitant pas naviguer sur une embarcation au nom marqué par le deuil. Vers le même moment, un autre navire lui avait été livré par les chantiers de La Ciotat et avait été baptisé, ainsi qu'il l'avait laissé entendre à son épouse, *Élodie*. Il reviendrait à Édouard Rouden, dont la présence à Constantinople était moins indispensable, d'assurer le commandement de l'*Élodie*.

Le désamour pour l'ingrate Saint-Nazaire n'empêcha pas le capitaine Michel de participer à l'amélioration et l'embellissement de sa ville, notamment par une généreuse contribution financière. Grâce à son aide, l'Hôtel des Bains se préparait à ouvrir pour recevoir des touristes ; l'école Saint-Vincent fut agrandie et augmenta sa capacité d'accueil ; une maison de retraite pour personnes âgées put voir le jour ; l'église de 1570, présentant des signes de vieillissement, fut consolidée, notamment la tribune de l'orgue. Et surtout l'ancien maire mit un point d'honneur à faire accélérer l'achèvement du feu situé à l'extrémité du port et tint à prendre en charge le salaire des gardiens.

Du côté du Levant, la Société Collas et Michel, très prospère, eut toutefois à souffrir de la guerre russo-turque qui conduisit à l'extinction de certains feux et à la destruction de quelques bâtiments. Collas, fin négociateur, entreprit des démarches auprès des compagnies d'assurance afin d'obtenir des dédommagements – ce qui ne fut pas simple. Il obtint également, après la fin du conflit, que les pays concernés prennent à leur compte la reconstruction des phares pillés ou détruits. L'occasion était bonne pour rouvrir le dossier de la concession d'exploitation qui arrivait bientôt à échéance. L'ancien député fit établir un nouveau contrat qui projetait la création de seize phares supplémentaires, avec, pour contrepartie, la prolongation de la concession de quinze ans. Le gouvernement ottoman fit traîner les choses dans l'espoir d'obtenir une augmentation de sa part dans les « taxes de phares », ce qui fut jugé inacceptable par les Administrateurs de la Société. Un compromis fut finalement trouvé et l'avenant à la convention signé, confirmant Collas et Michel dans leur très lucrative mission.

La survie de la Société étant assurée, les deux associés sentirent le moment venu de diversifier leurs investissements dans l'Empire ottoman. Camille Collas choisit de placer ses capitaux dans la construction d'un chemin de fer qui irait de Jaffa à Jérusalem, équipement rendu nécessaire par l'afflux des pèlerins sur ces terres. Quant à Marius Michel, il se tourna vers un projet longtemps caressé : la construction d'un port véritable à Constantinople. L'ancien marin avait pu constater, depuis le palais de Tophane ou depuis les nouveaux bureaux de l'Administration des Phares à Karaköy, l'encombrement maritime de ce lieu stratégique que constituait le confluent de la Corne d'Or et du Bosphore. Les navires en escale ou à poste étaient devenus, au fil des ans et surtout depuis l'ouverture du canal de Suez, de plus en plus nombreux et plus importants en tonnage.

Avec l'aide de l'ambassadeur de France, Henri Fournier, le Varois présenta au ministre ottoman de la Marine, le grand-amiral de l'Empire Hadji Mehmet Kassim, un projet de convention qui prévoyait de concéder à M. Michel la réalisation et l'exploitation de quais aux normes internationales capables de recevoir les grands vapeurs, sur les deux rives de la

Corne d'Or, côté Stamboul et côté Péra, et de part et d'autre du pont de Galata sur la rive européenne. Le concessionnaire apportait dans l'entreprise une caution allant de 200 000 à 500 000 francs et sa crédibilité était assurée par le « *bon renom qu'il a acquis par la construction et l'administration modèle des Phares de l'Empire ottoman* », ainsi que l'écrivait l'ambassadeur dans une note interne. La concession était fixée à soixante-dix ans et prévoyait l'exploitation de docks et d'entrepôts, la construction de deux ponts et l'ouverture d'une ligne de bacs à vapeur pour relier les deux rives.

Une fois la concession signée, les travaux, appelés à durer une bonne décennie, commencèrent immédiatement. Devenu une deuxième fois le partenaire de l'État ottoman, Marius Michel fut, de ce moment, élevé au rang d'amiral de l'Empire, ce qui lui conférait le titre de Pacha, que lui offrit solennellement le sultan Abdül Hamit II, en même temps qu'il lui remettait les décorations correspondantes. L'enfant de Saint-Nazaire, le capitaine au long cours, le richissime « homme des phares », s'appellerait, à dater de ce jour, *Michel Pacha*. Un nouvel honneur s'abattait sur lui, quelques années à peine après un grand malheur. Il perçut ce revirement comme une manifestation ironique du destin.

16

Dans le déroulement d'une vie, les échéances décennales sont souvent affectées d'une charge symbolique. Les marques du vieillissement deviendraient plus sensibles au changement de dizaine. Le zéro, porteur de significations négatives, quand il apparaît derrière un autre signe numérique qu'il multiplie par dix, signale un basculement qui contrarie voire inquiète. L'enfant de neuf ans peut estimer être devenu un « grand » en atteignant un âge transcrit par deux chiffres. Vingt ans, pour un jeune homme, représentera une sortie de l'adolescence ou une entrée dans l'âge adulte, moment prometteur perçu par beaucoup – non par tous – comme « le plus bel âge de la vie », celui de tous les espoirs, de toutes les audaces. Trente ans correspond à un temps de maturité et quarante à celui du milieu de la vie. Les décennies suivantes, dès qu'elles sont comptées en dizaines, seront jugées douloureuses car associées à l'image du déclin et de l'approche d'un terme.

Marius Michel dit Michel Pacha venait d'avoir soixante ans et, même s'il tirait un bilan flatteur de son passé, même s'il conservait intact son appétit de vie, il sentait que le temps lui était compté pour aller au bout de ses ambitions et laisser un nom à la postérité. À l'entrée dans la vieillesse, les épreuves accablantes qu'il avait eu à supporter auraient eu tendance à éclipser ses réalisations heureuses, pourtant nombreuses et brillantes ; il lui fallait corriger ce sentiment et continuer à avancer, à prévoir, à lancer des projets. Le siècle finissant était porteur de mutations prodigieuses : il devait savoir les accompagner et les exploiter, dans sa vie privée comme publique.

Les choses, pourtant, n'allaient pas très bien du côté de la Sublime Porte. Baudouy, le fidèle adjoint, associé à la florissante entreprise des phares, venait de mourir et, faute d'un remplaçant fiable, il laissait la Société dans l'embarras. Édouard Rouden, qui aurait pu jouer les intérimaires, n'avait pas la même connaissance du milieu humain ou des rouages administratifs et, de toute façon, il avait été rappelé en France pour commander l'*Élodie*. Il fut difficile de trouver un homme de confiance et cette recherche échut à Michel, car Collas, absorbé par la construction de son chemin de fer, avait pris ses distances. Marius demanda à son frère aîné, Fortuné-Amant, qui avait cessé ses fonctions à la banque et était revenu habiter le Var après un exil du côté de Lançon, de le représenter, en lui attribuant le titre de Directeur exécutif des Phares et Balises, tâche dont il s'acquitta sans relief.

La construction des quais, par ailleurs, ne se passait pas aussi bien que prévu. Réalisés par des équipes insuffisamment aguerries ou sérieuses, les travaux de maçonnerie traînaient en longueur suite à des effondrements successifs ; diverses malfaçons obligeaient à des remises en chantier répétées. Les études préliminaires n'avaient pas permis de mesurer les difficultés techniques liées à la profondeur du Bosphore ou de la Corne d'Or et à la rapidité des courants. Les propriétaires de chalands de port, nommés *mahonadjis,* qui assuraient artisanalement le déchargement des navires, s'élevèrent contre un projet qui risquait de les priver de leur activité. Les autorités ottomanes, tout en reconnaissant les mérites de celui qui avait été fait récemment Pacha, ne montraient aucun zèle pour soutenir une opération dont ils n'avaient ni l'initiative ni la maîtrise. L'affaire traînait en longueur. Les termes de la convention signée par les deux parties manquaient de précision et contraignaient le concessionnaire à prendre à sa charge des réalisations annexes comme la création d'une ligne de tramway, l'entretien de zones d'habitation vétustes, la consolidation des terrains conquis sur la mer. Le gouvernement anglais, contrarié de se voir écarté d'un aussi important projet que celui de la création du port de Constantinople, s'appliquait à élever des objections dans le but de ralentir le déroulement des travaux. Dans des délais raisonnables, il faudrait négocier un nouveau contrat qui laisserait plus de liberté au concessionnaire. La transformation des fameuses « échelles », sortes de jetées en saillie qui servaient à débarquer les marchandises et dont le nom était calqué sur un mot turc, *iskele*, était loin d'être achevée.

Marius Michel, aux prises avec ces divers problèmes, eu toutefois la satisfaction de se voir reconnu par la République qui l'éleva au rang d'officier de la Légion d'honneur, les insignes lui étant remis dans les salons du ministère des Affaires Étrangères par le Vice-Amiral Chopart. Peu avant, le sultanat lui avait décerné le grade turc de *rouméli-beyler-beyligui* qui s'ajoutait à celui de Pacha. Ces distinctions ne parvinrent pas à rendre la joie à l'homme des phares, toujours marqué dans sa chair par la disparition de sa fille. Élodie, son épouse, qui au début de leur union avait apporté dans le ménage légèreté et insouciance, s'était définitivement murée dans son chagrin, se laissant gagner par une rêverie sans objet, s'enfermant dans une chambre tapissée de noir en souvenir de la défunte. Elle s'imposait également de très fréquentes visites au cimetière de Saint-Nazaire où avait été érigé, dans l'allée du fond, un monumental caveau de famille. Son actuelle tendance à la tristesse avait été accrue par le décès de sa mère, Joséphine, née Napollon, qui avait toujours été pour sa fille une présence protectrice. Élodie perdait, avec le décès de Mme Séris, une confidente et un réconfort.

La présence à ses côtés de Catherine, devenue une jeune fille pleine de caractère, aussi joyeuse qu'elle-même avait pu l'être autrefois, lui apportait, mais de façon sporadique et superficielle, quelques éléments de consolation. La fille de

Fatmé occupait dans la famille une position mal définie, se situant à mi-chemin entre la domestique et l'enfant adopté. Sa beauté, légèrement teintée d'exotisme, lui attirait de nombreux hommages masculins, aussi bien à Marseille qu'à Saint-Nazaire, ce qui incita les parents Michel à envisager au plus tôt de lui donner un mari conforme à leurs intérêts.

Après avoir écarté bien des prétendants, le choix se porta sur Antoine Péronet. L'homme, qui venait de dépasser les trente ans, vouait une fidélité sans partage au capitaine Michel qu'il considérait comme son sauveur et son bienfaiteur. Péronet était né dans un village du Bourbonnais, près du cours de l'Allier, et se disposait à devenir paysan, comme l'étaient ses parents, quand avait éclaté la guerre contre la Prusse. Mobilisé et envoyé au front, il avait été blessé et eut les pieds gelés au cours du redoutable hiver 1870. Il fut transféré, ainsi qu'une vingtaine de soldats, en Provence pour y recevoir des soins. Le hasard l'avait fait rejoindre un petit village au bord de la Méditerranée dont il ignorait jusqu'au nom et conduit dans une chapelle du XVIe siècle transformée en ambulance où officiaient des religieuses. Antoine venait de découvrir Saint-Nazaire et la chapelle Notre-Dame de Pitié, bâtie sur un promontoire, au-dessus du quartier des Baux et faisant face à la mer. L'édifice avait été affecté à cette fonction par le maire, Marius Michel, riche propriétaire, très attaché à ce lieu qui avait été habité par son bisaïeul, Joseph Michel et où, enfant, il avait eu la révélation de son destin.

Guéri de ses blessures et rendu à la vie civile, le jeune Péronet, sans compétence particulière ni attache familiale, ébloui par ce pays qui représentait le bien-vivre, ne se sentit pas le droit de refuser l'offre du premier magistrat d'être employé à la ville en tant qu'agent d'entretien. Le poste, un peu jardinier, un peu cantonnier, n'avait rien de prestigieux, n'était guère rémunérateur et n'offrait aucune garantie dans la durée. Mais l'ancien soldat trouva là une façon d'échapper à sa condition et de tenter sa chance dans un nouvel environnement. Son emploi prit fin en même temps que Michel rendit son écharpe de maire et, après divers petits métiers, l'homme entra au service de son protecteur en tant qu'intendant sur le domaine de Pierredon. Intelligent et curieux, Antoine sut se faire apprécier et se vit attribuer diverses responsabilités. Il arrivait même à Marius de l'emmener avec lui à Paris quand ses affaires l'y appelaient.

Pour des raisons obscures, c'est dans cette ville, que Catherine ne connaissait pas et qu'elle rêvait de découvrir, qu'eut lieu le mariage qui lia l'ancienne Nilda à Antoine Péronet. L'acte fut signé à la mairie du 8e arrondissement, et la cérémonie religieuse se déroula dans l'église Saint-Augustin, bâtie depuis peu dans un style partiellement byzantin qui ne pouvait que plaire à Michel. Dans l'appartement du boulevard Malesherbes, une des résidences du Pacha, furent reçus, pour une sommaire collation, quelques rares invités, dont Camille Collas et son épouse. Les jeunes mariés, après un court séjour dans le village d'Antoine, revinrent s'installer à Pierredon, domaine qu'il fallait, en l'absence fréquente des propriétaires, entretenir et surveiller.

Ce mariage arrangé aurait pu être une fête. Ce ne fut qu'une formalité qui raviva, chez les Michel, le souvenir de l'absente. En robe de mariée, à la place de Catherine, l'étrangère, objet pourtant d'une sincère affection, c'est Amélie qu'ils auraient aimé voir, une Amélie rayonnante, guérie de ses langueurs et de ses souffrances, prête à entamer une vie conjugale dont la réussite aurait été confirmée par l'arrivée de beaux enfants turbulents à qui la jeune mère, née sous les murs de la Nouvelle Rome, raconterait l'épopée des phares du côté des Échelles du Levant. Un tel récit aurait fait naître chez les enfants des vocations destinées à prolonger l'œuvre initiée par l'audacieux grand-père.

Mais Amélie n'était plus là. Et ni la gloire de l'ancien capitaine, ni l'ascendance noble de son épouse ne pouvaient combler le vide laissé par le départ de l'adolescente, victime de l'incompréhension des adultes. Tous les espoirs des Michel se concentraient désormais sur la personne de leur fils, Alfred, qui venait, à l'occasion du mariage de Catherine, de leur présenter celle qu'il avait choisie pour devenir son épouse. Le frère cadet d'Amélie avait, depuis de nombreuses années, quitté le domicile familial pour aller suivre sa scolarité secondaire à Paris, au Collège Sainte-Barbe, sur la Montagne Sainte-Geneviève. Au prix de bien des difficultés, il était devenu bachelier et avait entamé des études de droit qu'il avait poursuivi sans conviction. Pour la plus grande désolation de ses parents, il avait totalement refusé de s'intéresser aux métiers de la mer et écarté la perspective de faire sa vie en Provence, que ce soit dans le petit port tranquille de Saint-Nazaire ou dans la métropole active et cosmopolite qu'était Marseille. Son père, pour l'associer à ses affaires, lui avait alors attribué le titre de Co-directeur de l'Administration des phares.

Grâce aux confortables revenus que lui rapportait cette fonction, Alfred menait dans la capitale joyeuse vie et aimait à fréquenter les milieux de l'aristocratie et de la haute bourgeoisie. Il se lia d'amitié avec l'un des administrateurs de la Société de son père, Jean-Alban de Montebello, le fils du général Olivier de Lannes comte de Montebello qui avait, en son temps, soutenu le projet des phares imaginé par le capitaine Michel. Le descendant de l'aide de camp de Napoléon III était marié à Albertine de Briey, de bonne noblesse poitevine. Par l'intermédiaire du couple, Alfred fut invité à La Roche-Gençay, le château que la famille Briey de Landres possédait à Magné, une petite commune de la Vienne, sur les rives de la Belle. À cette occasion, il fit la connaissance de la jeune sœur d'Albertine, Marie Jeanne Radegonde, âgée d'à peine dix-neuf ans, pour laquelle il se prit d'une subite amitié. Quelques semaines plus tard, le jeune Michel, qui s'était ouvert à ses parents de ses intentions, faisait sa demande auprès du comte et de la comtesse de Briey qui la recevaient. Le mariage fut fixé aux deniers jours de décembre 1882.

Mais l'heure n'était pas encore venue pour Marius Michel de penser à assurer une descendance. La postérité, c'est à lui seul qu'il appartenait à la conquérir. Bâtisseur infatigable, visionnaire entreprenant, pour se distraire de ses chagrins et de ses déconvenues ottomanes, il décida de s'investir dans un projet grandiose, à la mesure de son immense fortune et de son dynamisme resté intact.

L'éloignement volontaire de Saint-Nazaire, ville qui l'avait rejeté, et toujours hantée par le souvenir de la défunte, encouragea l'ancien maire à se tourner vers d'autres lieux susceptibles de satisfaire ses rêves de grandeur. Il n'eut pas à chercher bien loin, puisqu'à deux pas de chez lui une côte sauvage surmontée d'une colline vierge d'habitations et agréablement boisée s'offrait à celui qui saurait en faire un lieu de résidence et de villégiature. Cet endroit préservé que Marius avait découvert à quinze ans, depuis la *Torche*, le « stationnaire » de son père, c'était la baie du Lazaret, face à la rade de Toulon et à la Grosse Tour qui la ferme, délimitée par les forts de l'Éguillette et de Balaguier, et en particulier le lieu-dit Tamaris, dont les charmes avaient été célébrés par un écrivain de renom qui venait de disparaître, George Sand, qui avait séjourné sur cette côte quelques mois pour raison de santé.

Michel était repassé plusieurs fois, à bord de l'un de ses bateaux, devant Tamaris qu'il avait également redécouvert par la terre, en empruntant, parmi les pins parasols et la bruyère, un sentier qui, au détour d'un éperon rocheux, s'ouvrait brutalement sur l'anse calme et bleutée. La tranquillité des lieux s'était encore améliorée grâce à la construction d'une grande jetée qui était destinée à protéger la Grande Rade de

Toulon. À la suite de ses nombreux séjours à Constantinople, le Pacha avait été frappé par la ressemblance de ce bras de mer délimité par le Lazaret à l'est et la presqu'île de Saint-Mandrier au sud, avec les rivages du Bosphore où fut construite l'ancienne Byzance. Avec un peu d'imagination, les deux sites pouvaient être superposés, les hauteurs de Tamaris figurant Péra et la plage des Sablettes rappelant la pointe de Sérail. Réconcilier en cet endroit protégé un peu de la douceur varoise et du lustre oriental, voilà qui satisfaisait l'imagination de l'homme des phares. Pierredon n'était qu'un brouillon d'architecte. Là s'élèverait une ville, se réaliseraient une utopie de pierre, un territoire d'harmonie.

La première démarche fut de se rendre acquéreur des terrains convoités, ce qui se fit de manière plus ou moins aisée et toujours progressive. Le premier achat, antérieur aux projets de construction, fut celui d'une parcelle d'à peine plus de deux hectares, partant du rivage et débordant largement sur la colline, située dans l'axe central de l'anse. Mais le terrain était jugé encore trop étroit par son propriétaire qui espérait pouvoir l'agrandir par d'autres acquisitions. Pour 4 000 Francs, Michel Pacha achète alors une parcelle de bois détenue par Aristide Théodore Vicard ; puis plusieurs lots appartenant à Paulin Mille, le grand quincailler de Toulon, dont un comprenant une jolie bastide, au lieu-dit Le Manteau, puis, pour réunir deux parcelles déjà acquises, une propriété rurale inculte à Marie Isidore. Les autres vendeurs, souvent heureux de se dessaisir d'un bien sans valeur au profit d'un acheteur qui ne lésine pas sur les prix, se nomment le docteur Chargé, Adolphe Caire, le baron Godinot, messieurs Delaneau, Jourdan, Debien et quelques autres. D'avisés notables parvinrent à faire monter le prix des transactions au-delà du raisonnable. Peu importait à l'acquéreur qu'il en coutât plusieurs millions de franc-or : quand l'ensemble serait réuni, il constituerait un vaste domaine de plus de quatre cents hectares.

Avant même d'entrer en possession de la totalité de l'espace convoité (Le Crouton, Le Rouve, les Mouissèques, l'Évescat lui résistent encore), Blaise Marius Michel a lancé le premier chantier : une demeure de maître à l'endroit le plus abrité (et nommé pour cette raison Le Manteau), sur l'emplacement même où M. Mille, l'ancien propriétaire, avait planté sa maison, en position dominante. Ce sera là qu'il résidera et, sans chercher à donner un nom original à la bâtisse, celle-ci sera baptisée « le Château ».

L'appellation, un peu ronflante, trouva une justification à sa couleur aristocratique dans le mois qui suivit le lancement du chantier, quelques jours avant le mariage d'Alfred. La future épouse, Marie Jeanne Radegonde, que l'on appelait Jeanne, prenant pour mari, en la personne du fils Michel, un roturier, certes immensément riche, mais sans lignage, crut devoir intervenir auprès de ses parents pour corriger cette anomalie. Un nouveau risque de mésalliance se profilait, dans le sens opposé de celui qui avait plongé Amélie dans le désespoir. Il était préférable de l'éviter. Deux des oncles de la jeune femme occupaient des fonctions d'évêques et avaient l'oreille du pape Léon XIII. Mgr Emmanuel de Briey, évêque de Meaux et son frère, Mgr Albert de Briey, évêque de Saint-Dié, parlèrent conjointement au souverain pontife de ce grand bienfaiteur originaire du Var qui s'était illustré par de spectaculaires réalisations en Orient et qui avait à son crédit plusieurs actes de piété dans sa ville d'origine et dans les environs. C'était à l'ancien officier de marine Michel, devenu Directeur des phares et balises de l'Empire ottoman et élevé au rang de Pacha, que la commune de Saint-Nazaire devait la rénovation de l'église qui menaçait de tomber en ruines. Dans le même village, cet homme remarquable avait entrepris de redonner vie à la chapelle Notre-Dame de Pitié, refuge où des blessés de la dernière guerre avaient pu être soignés. D'autres lieux de culte avaient bénéficié de ses largesses : l'église de La Seyne et la chapelle, en construction, de Tamaris, dans le parc du Château. Le même généreux donateur avait soutenu financièrement les œuvres de Don Bosco à Marseille, celle des Sœurs de la Charité dans le petit port varois, lieu où il avait créé une crèche pour les enfants, un hospice pour les vieillards, sans compter divers actes de mécénat dans les communes voisines. Les bienfaits de ce bon chrétien, prodigue et désintéressé, méritaient d'être reconnus et récompensés.

Le pape Léon XIII, par un bref daté du 12 décembre 1882, conféra au nommé Blaise Jean Marius Michel le titre de comte héréditaire par ordre de primogéniture. L'intéressé était autorisé à porter le nom, transmissible à ses enfants, de Michel de Pierredon, d'après le toponyme de l'un de ses domaines.

Moins d'une semaine plus tard, était célébré à Paris le mariage d'Alfred et de Jeanne. Dans la mairie du 8e arrondissement, là même où Catherine avait épousé Péronet, était signé, devant Jérémie Kaisler, officier d'état-civil, l'acte de mariage. Un contrat devant Me Cocteau, notaire à Paris, avait été dressé. Les témoins étaient Henri Fournier, sénateur, ambassadeur de France, grand-croix de la Légion d'honneur, Théodore Gasquy, sous-commissaire de la Marine en retraite, chevalier de la Légion d'honneur, le lieutenant Théodore, comte de Briey, oncle de l'épouse, chevalier de la Légion d'honneur et Jean-Alban Lannes comte de Montebello, décoré de la Médaille militaire, beau-frère de l'épouse.

Avait également signé le registre Augustine Séris, la mère du marié. Quant à son père, devenu comte par décision papale, il assista à la cérémonie en costume d'apparat, arborant ses décorations, ottomanes et françaises, et laissant deviner, sous la jaquette noire, une écharpe verte et rouge attestant ses hautes fonctions. C'est dans cette tenue qu'il comptait faire réaliser un portrait qui serait accroché en bonne place en haut du grand escalier du futur Château. Une médaille de bronze avait été frappée en l'honneur du nouveau comte, représentant, sur l'avers, le profil du grand homme et, sur l'autre face, un phare de briques, une mer où voguaient des navires, le croissant et l'étoile de l'Empire ottoman, le tout couronné, sur le pourtour, par une inscription latine qui pouvait être traduite ainsi : « *Ouvrit par la lumière le littoral des Infidèles aux flottes de la Chrétienté.* »

TROISÈME PARTIE

LE BÂTISSEUR

17

La connaissance de la Provence qui revenait à Bernard-Camille Collas se limitait à Marseille, une ville où il s'était rendu à plusieurs reprises pour rencontrer des confrères armateurs et élargir le champ d'action de sa compagnie. Jamais il ne s'était aventuré dans les alentours, surtout pas dans le département limitrophe du Var, encore moins à Saint-Nazaire dont pourtant son ami Marius Michel lui avait beaucoup parlé. Il ignorait à quoi ressemblait ce petit port, il ignorait tout, également, de ce lieu-dit, dépendant de la commune de La Seyne, où se construisait à partir de rien une station climatique, Tamaris.

Autant dire que se rendre à l'invitation de son associé qui avait souhaité le recevoir, avec son épouse Thérèse, dans son château récemment achevé, représentait pour lui une découverte, presque une aventure. Le voyage s'était effectué en train jusqu'à Toulon où Marius était venu chercher ses hôtes avec un landau qui allait les conduire jusqu'au Manteau pour quelques jours de détente sur les bords de la Méditerranée.

Les deux hommes, depuis la création de la Société qu'ils co-dirigeaient, n'avaient connu aucun différend et aimaient à se retrouver. Le Varois avait souvent fait le trajet de Paris jusqu'à Morsang-sur-Orge où le Bordelais avait acquis un joli manoir du XVIIIe siècle à l'architecture classique, posé sur un parc de plus de vingt hectares qui touchait aux rives de l'Orge. La bâtisse, imposante, comptait trois niveaux ouverts de hautes fenêtres, et le toit mansardé était percé d'une série de chiens-assis. Un élégant escalier à double révolution avec rampe en fer forgé permettait l'accès à une porte-fenêtre en plein cintre qui donnait sur une vaste pièce de réception. L'ancien député était désormais bien implanté dans la commune où il avait fait l'acquisition de différents terrains et habitations et dont il était devenu, à l'image de son homologue, l'élu et le bienfaiteur.

L'entente entre les deux directeurs de la Société des Phares et Balises de l'Empire ottoman était aussi totale que leur apparence était dissemblable. Collas était d'une bonne taille et d'une assez forte corpulence. Ses cheveux étaient rares et son visage orné d'une simple barbiche taillée en pointe. Les yeux, plutôt enfoncés, étaient de couleur sombre. Michel, sensiblement plus petit, était mince, svelte comme un jeune homme malgré l'avancement de l'âge ; sa barbe, d'un blanc de neige, était soigneusement taillée et de la même couleur étaient les cheveux, drus et bien coupés. Le regard, d'un gris indéfini, dégageait une extrême douceur. Le premier était volubile et extraverti ; le second plus discret, aimant davantage écouter.

Après moins d'une heure d'un trajet qui avait permis de traverser La Seyne, puis de gravir une colline, la voiture, menée par Félix Cadière, le cocher attitré de Michel Pacha, ayant fini sa descente, s'engagea sur une route de terre fraîchement ouverte à la circulation, le long de la mer.

– Vous êtes parmi les premiers à emprunter cette corniche qui sera l'axe central de la station que je souhaite développer ici, expliqua le Pacha. Elle sera bientôt élargie et prolongée jusqu'au bout de l'anse, vers Les Sablettes où je prévois d'installer un grand hôtel et un casino. Devant vous est en train de naître une ville nouvelle, faite pour le repos et la villégiature au soleil et au bon air. Le Dr Chargé, qui vient de me vendre ses terrains, un excellent homéopathe, assure que le climat de Tamaris est « le plus salubre de toutes les parties de la Provence ».

Collas convint que, pour un mois d'octobre, la température était très douce en cette fin de journée, et son épouse, Thérèse, se montra sensible à la beauté de la lumière, à la légèreté de

l'air et à l'harmonie du paysage, thèmes qui inspirèrent encore Michel, d'habitude plus économe de mots.
— Regardez ce décor. Tu ne crois pas reconnaître là, Camille, un peu des rives du Bosphore, le panorama des Dardanelles, les bords de la Corne d'Or ? Manquent encore les palais de Constantinople, les jardins sémiramiques de Séraskies et de Büyükdere. Mais nous y viendrons...
— Je reconnais que la ressemblance est assez saisissante, répondit l'ancien député ; cet endroit est magnifique avec le port de Toulon en fond, cette mer d'huile, cette tranquillité, ce silence, cette verdure sur les hauteurs. Tu as fait là un excellent choix. Mais il semblerait que la côte soit marécageuse, qu'il n'y ait pas de plage de sable...
— Cher ami, je crée une station hivernale et climatique, pas un lieu de bains de mer. Les voyageurs, surtout les étrangers, viendront bientôt ici pour profiter de la douceur du climat. Comme l'a fait notre grand écrivain George Sand qui a résidé à la bastide Trucy, tout près d'ici. Quant aux marécages, nous mettrons les moyens, et il n'y en aura plus trace d'ici quelques mois... Nous voici arrivés à ce que nous appelons « l'oasis du Manteau » qui prend son nom de son abri de tous les vents. C'est là que se trouve notre résidence où votre chambre vous attend. Nous disons notre « château », mais il n'est pas aussi somptueux que le vôtre, à Morsang, d'un très beau style. Vous avez en face de vous le portail d'entrée.
Cette entrée avait quelque chose de majestueux, d'un peu démesuré même. Deux forts piliers à base carrés constitués à partir de blocs empilés horizontalement étaient surmontés de statues de lions en bronze regardant en direction de la mer. Un symbole de puissance, pensa Collas qui, sans être lui-même modeste, s'amusait souvent des rêves de grandeur de son ami. Une fois franchi le gigantesque portail de fer ajouré et ouvragé en subtiles arabesques, on empruntait une allée centrale, large et rectiligne qui menait à un faux moulin d'où partaient deux

voies opposées, celle qui rejoignait le château et celle qui se perdait dans le parc. De ce côté, divers chemins et sentiers, dissimulés dans la végétation, conduisaient à des bosquets où étaient disposés des bancs de fausse pierre, lieux de lecture ou de méditation, des édicules à la destination mal définie, des rocailles de ciment représentant des nymphes ou des satyres. L'une d'elle, signée V. Picasse, figurait une barque échouée et était plantée au milieu d'une allée plus importante. Le tout dans un désordre étudié digne du jardin anglais que Julie, l'héroïne de Rousseau, avait fait aménager à Clarens, sur les bords du lac Léman. En divers endroits étaient disposées des serres destinées à abriter l'une les agrumes, l'autre les fleurs, et se découvraient des puits qui alimentaient en eau les maisons d'habitation et le parc. Sept citernes recueillaient l'eau de pluie et complétaient le système d'irrigation et d'arrosage actionné par une noria. La nature animale était également présente grâce à une immense volière surmontée d'un bulbe métallique, à un pigeonnier, un poulailler et même un lapinier à ciel ouvert. Des cygnes paradaient dans des bassins arrosés de jets d'eau. Partout de grands arbres, palmiers, cèdres du Liban, acacias, eucalyptus, ainsi qu'une belle collection de plantes grasses et des arbustes plus ou moins exotiques tels les pittosporums, les lauriers, les camphriers du Japon ou les pistachiers. L'impression était celle d'un paysage recomposé théâtralement, d'une nature réinventée et mise en scène de façon spectaculaire.

Parallèlement à la mer et en bordure de la route, dans la partie sud du parc, avait été érigée une petite chapelle en service depuis déjà deux ans et ouverte à tous, Tamaris ne possédant pas d'église paroissiale. L'édifice était de facture classique avec des pilastres d'angle, un portail cintré néo-roman surmonté de deux *oculi* qui lui donnaient une forme de visage humain. Elle faisait partie des nombreuses contributions religieuses de Michel Pacha, celles qui lui avaient valu la reconnaissance du pape.

En poursuivant la montée, après une courbe qui contournait le château proprement dit, on arrivait à l'endroit que Pacha souhaitait faire visiter en priorité : le kiosque à musique qui faisait également office de belvédère. Cette sorte de *tempietto* était construit d'après un plan octogonal, prolongé, en façade, de colonnes qui soutenaient le balcon et décoré, au-dessus des ouvertures, de guirlandes de fleurs et de fruits. La coupole pouvait suggérer un palais oriental ou une église russe, notamment par le bulbe nervuré qui la terminait. En bas se situait le salon de musique, alors qu'un escalier en spirale, au dos de l'édifice, permettait de monter au premier niveau où, d'un petit balcon courant sur les six côtés, on pouvait profiter de l'exceptionnel panorama. C'est là que Michel, rejoint par son épouse Élodie, continua à exposer aux invités les raisons de son choix et la suite de ses projets.

– Nous sommes ici au centre de la baie du Lazaret. Juste en face, vous avez la presqu'île de Saint-Mandrier qui ferme l'anse et la protège des vents, avec la petite crique de Saint-Elme dans le creux. Sur votre gauche, au nord, on distingue à peine le port de Toulon qui se situe à une quinzaine de minutes de navigation. À l'extrême sud, la bande de sable de l'isthme des Sablettes que j'envisage de faire percer, comme l'a fait Lesseps au niveau de Port-Saïd, mais le creusement ici sera plus facile. J'ai programmé pour très bientôt une ligne régulière de transport maritime à vapeur pour rejoindre d'ici Saint-Mandrier et Toulon. Plus besoin d'emprunter les routes fatigantes et boueuses avec l'omnibus de M. Pélegrin. J'ai commencé à faire draguer un chenal à partir de Balaguier, j'ai déjà commandé les embarcations, prévu le petit port, mon « musoir », qui sera exactement devant nous, et calculé le tarif du passage. Comme cela se fait pour passer de Eminönü à Karaköy, sur le Bosphore. Le long de la corniche, nous allons construire une cinquantaine de villas, créer un lieu de vie, avec des commerces, des écoles, des églises, un bureau de poste, des hôtels, des espaces de jeu et de divertissement, comme des casinos...

Blaise Marius Michel, à mesure qu'il décrit ses réalisations futures, s'anime, ses yeux brillent, sa parole devient plus vive, plus abondante, ses gestes plus éloquents. Une sorte d'ivresse l'envahit, celle du bâtisseur, du promoteur, du concepteur. Après le prodigieux succès des phares qui lui a valu l'admiration des marins et des peuples du Levant, il a besoin de s'affirmer chez lui, d'afficher les preuves de sa colossale fortune, de prouver à ses compatriotes sa capacité à modeler l'espace selon ses désirs et ses rêves, à une échelle plus grande que les pâles embellissements apportés à sa ville natale. Il sent aussi la nécessité de prendre une revanche sur les cruautés de l'existence, sur ces deuils douloureux qui ont assombri sa réussite. Longtemps une bonne étoile a veillé sur lui et l'a aidé à surmonter les épreuves. Désormais, son destin lui appartient. Il n'a plus à attendre les coups de pouce d'une providence aux bienfaits aléatoires. À soixante-cinq ans, le comte Michel de Pierredon maîtrise sa vie, domine ses actions.

Collas considère son associé avec perplexité. Lui aussi est immensément riche. Lui aussi s'est voulu châtelain. Lui aussi continue à investir dans des projets grandioses. Mais il ne partage pas cet appétit de puissance, cette volonté démiurgique de transformer le monde, ce désir orgueilleux de laisser sa trace, de marquer son passage. Il hésite : Michel est-il un mégalomane délirant ou un philanthrope visionnaire ? Élodie, davantage attachée aux valeurs familiales, ramène la conversation à un sujet plus personnel :

– Savez-vous, chers amis, que nous sommes devenus grands-parents ? L'épouse d'Alfred, Jeanne, a donné naissance à un beau garçon qu'ils ont prénommé Thierry. Ils sont venus passer quelques jours à Pierredon et nous avons pu partager leur joie. Ils n'entendent pas en rester là. Grâce au ciel, la famille s'agrandit et la descendance est assurée.

En revenant légèrement sur leurs pas, dans la partie sud du parc, les quatre amis arrivèrent au château, grand motif de fierté du propriétaire des lieux qui, avant d'entrer, tint à apporter quelques précisions :

– Vous voyez en contrebas les deux maisons des concierges ; sur la gauche, un hangar pour les voitures, charrettes, coupés et landaus. Plus loin, une maison pour le cocher, une autre pour le jardinier. Quant au bâtiment que vous avez devant vous et que nous avons baptisé « château », il est l'aboutissement de la transformation d'une ancienne bastide que nous avons agrandie et adaptée à nos goûts.

Le résultat était celui d'un total éclectisme obtenu par la juxtaposition, pas toujours cohérente, de divers éléments architecturaux. Comme la tourelle à pans, les vérandas, accolées à la façade, une en rez-de-chaussée, l'autre, au premier niveau, terminée par une rotonde, les verrières, les toits terrasses bordés de balustres, le belvédère, coiffé d'un dôme orientalisant, le fronton semi-circulaire, les médaillons, les colonnes. Le désordre du jardin se prolongeait dans la demeure qui, refusant l'ordonnancement classique, avait choisi la voie de la fantaisie, du baroquisme, du caprice et de l'extravagance.

À l'intérieur de la pièce centrale, une immense salle à manger, chauffée, comme l'ensemble du château, à l'air chaud en tirage naturel, au-dessus de la cheminée revêtue d'un manteau de marbre, était accroché un grand portrait de Michel Pacha en grand uniforme de vice-amiral de la Flotte ottomane, peint aux environs de l'année 1870. L'uniforme était de couleur bleu outremer, garni, au col, de chamarrures dorées dont les motifs se retrouvaient à l'extrémité des manches, des feuilles d'acanthe entourant une ancre de marine insérée à l'intérieur d'un croissant : la réunion de l'Occident des marins et du sultanat. La même broderie était reprise sur la ceinture, également de couleur or, et sur les épaulettes, dont la partie extrême était décorée d'une étoile. Une écharpe d'un bleu plus clair, bordée de rouge, partait de l'épaule droite de l'officier pour se perdre au niveau de la ceinture, du côté opposé. Quatre décorations ornaient sa poitrine : la Légion d'honneur, l'Ordre national du Mérite et deux insignes d'origine ottomane. Le portrait s'arrêtait un peu au-dessous de la taille. La main droite de l'homme était posée sur le pommeau de l'épée, rattachée elle-même à la ceinture par une sangle qui la maintenait en biais, dans un axe parallèle à l'écharpe. Il ne souriait pas ; son regard était droit, fixe, déterminé, lumineux. Ses traits étaient fins, réguliers, encadrés dans l'ensemble blanc constitué par la barbe et les cheveux. Il respirait l'autorité et la bienveillance à la fois.

Le portrait en imposa à Collas qui reconnut que son ami était, dans cette pose, représenté à son avantage. Il faudrait qu'il songe lui-même à faire réaliser l'équivalent, pour Morsang. Ce n'était pas dans cette pièce, mais dans le grand salon, que les deux associés devaient se retrouver pour travailler aux nouvelles difficultés survenues dans leur Société. Le dernier contrat signé par les concessionnaires avec le ministre de la Marine ottomane, Hassan Husni Pacha, qui remontait déjà à trois ans, prévoyait la construction de trente phares et feux en quatre tranches. Une grande partie avait été réalisée et mise en service au tarif obtenu après d'âpres discussions. Mais la situation avait changé avec l'ouverture récente du Canal de Suez et la nécessité d'équiper la mer Rouge, devenue soudain très fréquentée. Collas et Michel avaient espéré qu'un simple avenant au contrat leur permettrait d'obtenir le marché. Sauf que l'Angleterre n'entendait pas être évincée d'une région où elle avait des intérêts historiques, et qu'elle aurait bien aimé priver les deux Français de cette nouvelle rente.

Collas, habitué à négocier avec le gouvernement britannique, avait eu à accomplir de nouveaux voyages à Londres, pendant que Michel continuait à parlementer avec les autorités ottomanes qui n'avaient qu'à se féliciter des services rendus par les responsables de l'Administration des Phares. Aujourd'hui, dans ce beau cadre de Tamaris, face à une mer miroitante sous le tiède soleil d'automne, il fallait mettre au point une contre-proposition qui ménagerait l'avenir et préserverait le monopole de la Société sans avoir l'air d'exclure les Anglais. Ces derniers avaient refusé le projet de la construction de vingt-trois phares et estimaient que quatre devaient suffire pour assurer la sécurité du passage : Abou-Aïl, Djebel-Their, Zebayer et Moka. Collas et Michel s'arrêtèrent à cette suggestion et, avec l'aide du secrétaire, le précieux Gasquy, rédigèrent un contrat dans ce sens où ils s'engageaient à une construction des quatre phares à leurs frais – ce qui ne pouvait que satisfaire le Padischah. Ils proposaient en même temps une concession pour quarante ans et laissaient entendre que d'autres éclairages pourraient suivre. Le texte était prêt ; les deux hommes avaient bien travaillé. Ils allaient pouvoir, comme prévu, bénéficier de deux jours de repos (la durée du séjour des Collas au Manteau) qui seraient consacrés à la découverte de la région.

Pour leur première promenade, le cocher Cadière les conduisit vers le domaine de Pierredon, sur la commune de Saint-Nazaire, où ils furent accueillis par Antoine et Catherine Péronet. La jeune femme, que Marius voyait toujours avec un mélange de joie et de tristesse, était en train de faire manger la petite Séverine, née l'année précédente. Pacha s'efforça de retrouver, dans les traits de l'enfant, des souvenirs de la belle orientale qui l'avait aidé à supporter sa solitude de Péra. L'imagination, cette maîtresse d'erreur, lui permettait de déceler des ressemblances qui contribuaient à apaiser ses remords. De son côté, Élodie, en découvrant le bonheur du couple et la gaieté de la jeune maman, ne pouvait s'empêcher de penser à Amélie qui aurait pu habiter cette grande maison et être, elle aussi, une mère comblée. Elle avait raison de ne pas souhaiter revenir à Pierredon, ni de vouloir revoir trop souvent l'ancienne amie de sa fille disparue.

Un autre portrait de Michel en tenue de ville se trouvait placé en haut de l'escalier qui menait aux chambres. Camille Collas le trouva moins martial, plus humain que l'autre. C'est plutôt ainsi qu'il aimerait être peint. Il se montra aussi très intéressé par les vignes et posa des questions de connaisseur au maître de chais qui se lança dans des explications interminables. Sans prétendre rivaliser avec les crus réputés du Bordelais, le vin local méritait d'être reconnu. L'ancien député acquiesçait et en venait à marquer une préférence pour ce domaine et pour cette belle demeure qui lui paraissait plus habitable que la folie de Tamaris.

– Il n'y a rien d'oriental ici, répliqua Marius peu sensible à l'argument de l'harmonie classique. Et surtout il n'y a pas la mer ! Comment peux-tu penser que des gens comme nous puissent vivre sans avoir sous les yeux le spectacle de cette mer qui nous a tant donné ? J'aime beaucoup Morsang, tu le sais, mais avoue que l'Orge ne peut espérer remplacer *mare nostrum* ou même l'océan!

Le groupe se transporta ensuite, en quelques minutes de voiture, sur le port de Saint-Nazaire que Michel souhaitait faire découvrir à ses amis. Il expliqua les modifications et améliorations apportées durant son mandat de maire, l'aménagement des quais du côté de la Consigne, le feu au bout de la jetée (dont le salaire du gardien était toujours payé par lui), la création des deux fontaines, de l'Agriculture et de la Marine, sculptées par Adalbert, la consolidation de l'ancienne église qui, d'après lui, devrait être reconstruite un jour, et surtout le bel immeuble de la montée Notre-Dame, artère qui venait de changer de dénomination pour s'appeler « Courbet », en souvenir de l'amiral commandant en Extrême-Orient mort sur le *Bayard*. Élodie refusa de marcher jusqu'à son ancienne demeure où elle n'avait jamais habité, redoutant de remuer de douloureux souvenirs et se contenta d'expliquer, depuis la place de l'Hôtel de Ville, que cette maison était peu fonctionnelle et qu'elle avait été offerte aux sœurs de la Charité qui y accueillaient les enfants pauvres et abandonnés de la commune. Une chapelle adjacente était même en construction. Elle omit le mentionner le nom de l'institution que les visiteurs purent lire au-dessus de la grande porte d'entrée : « FONDATION AMÉLIE ».

Pour faire diversion, Bernard-Camille Collas revint à l'activité portuaire et au devenir de la petite ville :

– Pourquoi, cher Marius, n'as-tu pas essayé de transformer Saint-Nazaire plutôt que d'aller t'exiler à Tamaris ? Pour des marins comme nous, ce petit port jouit d'une situation privilégiée. Au prix de quelques travaux, il serait facile d'accroître sa capacité d'accueil et en même temps de faire de la ville une station balnéaire moderne. Car tout près vous possédez de belles plages, vous avez le train qui arrive ici, une vie économique, tous les commerces… Et enfin, c'est là que tu es né.

Michel Pacha négligea de répondre à la question, préférant montrer les pêcheries, la prud'homie installée depuis peu sous l'autorité de son ami Nazaire Rouden, la chapelle Notre-Dame de Pitié, au-dessus des Baux et de La Cride. Bien sûr l'endroit était remarquable et lui était cher pour des raisons affectives. Mais la vie avait décidé pour lui et d'autres causes l'avaient éloigné de la terre de ses parents : la mort de la petite Amélie, ses déceptions d'élu, ses rapports tendus avec ses concitoyens, timides et frileux, l'échec avec Louise. Et, surtout, Tamaris était une opportunité unique pour réaliser une œuvre grandiose. La baie du Lazaret s'offrait à lui comme une terre vierge, un espace à occuper selon sa libre inspiration, un prolongement de son rêve d'Orient, un chantier à la mesure de ses ambitions, un petit royaume dont il était en train de devenir le souverain incontesté. Tout cela n'avait pas besoin d'être expliqué. On n'explique pas un appel du désir, une revanche sur le malheur, l'accomplissement d'un destin. L'homme des phares se voulait aussi l'homme des défis.

18

Le défaut des constructions utopiques est qu'elles sont le plus souvent urbaines, répétitives et collectives. La « cité idéale » est volontiers fermée, enserrée de murs ou de barrières naturelles, inscrite dans un espace clos qui la préserve du monde où des citoyens soumis et conformistes seraient tenus de connaître, grâce au groupe et à l'organisation, une vie sans nuage forcément heureuse. Le Phalanstère, la *New Harmony*, la « cité radieuse », les « palais sociaux de l'avenir » réinventent une vie sociale minutieusement réglée dans une structure planifiée, standardisée, redondante, concentrée. L'utopie rêvée par Michel Pacha à Tamaris s'inscrivait dans une direction opposée. Elle serait libérée des contraintes, ouverte, déployée en désordre, hostile à tout plan concerté. Elle serait aussi farouchement individuelle, refusant de reconstituer l'étouffement de la ville au profit d'une communion avec la nature, d'un épanouissement environnemental, d'une immersion dans le végétal. Le bâti serait conjugué au jardin. La cinquantaine de villas prévues auraient pu être construites régulièrement le long de la côte, ou alignées dans un hémicycle à flanc de colline. Elles seraient disséminées en fouillis, au gré de l'imagination du grand ordonnateur des lieux adepte de l'improvisation et de la spontanéité. Chacune d'elle serait originale, privative, innovante.

Une manifestation de cette libre et fantaisiste intégration à la nature se percevait aux noms donnés aux villas en cours de construction. Sur un cartel de bois découpé en forme de palette se lisaient des appellations de nature florale : *Les Lilas, Les Roses, La Pâquerette, Le Genêt, La Pervenche...* D'autres choisissaient de faire référence aux arbres : *Les Marronniers,*

Les Platanes, Les Peupliers, les Amandiers... Parfois, la dénomination renvoyait au paysage : *Bellevue, Beau Site, Bel air, La Vague*. La toponymie avait déjà valeur de programme.

Ainsi nommées, toujours entourées de jardins, les villas pouvaient, pour certaines, s'inspirer de modèles italiens, comme celle qui fut baptisée *Villa Médicis* ; d'autres regardaient plutôt du côté de l'Europe du nord, par leur aspect chalet ou cottage. Enfin une troisième catégorie, pas forcément la plus nombreuse, affichait une influence orientale, intégrant des pseudo-minarets, des terrasses avec merlons, des frises de céramique, des dômes... L'une d'elle, *L'Orientale*, devait vaguement rappeler la forme d'un phare. Leur taille et leur étendue étaient variables, liées à leur future destination. Partout des échafaudages, des tombereaux de matériaux, des ouvriers à la tâche et, pour superviser l'ensemble, le comte Michel de Pierredon, grand ordonnateur, qui mettait à transformer cette bande de côte, la même ardeur qu'il avait mise à éclairer les mers du Levant.

Ces villas seraient, une fois achevées, proposées à la location saisonnière ou à l'année pour ceux qui souhaiteraient en disposer librement. Certaines seraient réservées aux amis ou au personnel de Pacha, comme celle qui reviendrait à Édouard Rouden, le commandant de l'*Élodie*, qui mouillait au milieu de la baie et qui pouvait, en cas de besoin, prendre la mer pour rejoindre Constantinople ou Port-Saïd. Ce qu'il eut l'occasion de faire plusieurs fois. L'autre chantier, encore plus titanesque, était celui de l'assainissement des parties marécageuses de la côte, condition essentielle à des déplacements faciles et à l'agrément du séjour. Là encore, Michel ne lésina pas sur les moyens. Près de cinq cents hommes furent employés, certains recrutés sur place, d'autres venus d'Italie. Une colline du voisinage fut éventrée et des mètres cubes de terre furent transportés au moyen de wagonnets circulant sur des rails.

Chaque matin, Marius quittait son château pour aller surveiller l'avancement des travaux. Un jeune architecte toulonnais, natif de Suisse, Paul Page, fasciné, lui aussi par l'Orient, avait gagné sa confiance et mettait ses compétences au service du grand projet, de cette élaboration utopique de longue haleine. Il faudrait dix ans, peut-être plus, pour achever la « ville nouvelle » qui n'avait pas encore – mais le projet était lancé – son casino ou son grand hôtel. Il faudrait beaucoup d'argent, beaucoup d'énergie, beaucoup d'imagination. Michel Pacha possédait tout cela et se montrait indifférent aux récriminations des jaloux ou aux sarcasmes des sceptiques. Ainsi de certains rédacteurs des feuilles locales, *Le Seynois* ou *Les Échos de Tamaris*, jamais en retard d'une critique, d'une raillerie, d'une indignation, incapables de mesurer l'intérêt, pour cette anse déshéritée, cet obscur territoire rural, d'être transformé en station riante que l'on viendrait voir du monde entier. L'homme des phares avait toujours un temps d'avance sur ses contemporains. Il avait compris en quoi le tourisme pouvait constituer un formidable levier économique pour les villes du littoral. Deauville ou Biarritz donnaient l'exemple de ce dynamisme balnéaire ; sur la Méditerranée, Hyères, Cannes, Nice ou Menton étaient en train de devenir des lieux de villégiature recherchés. D'ici quelques temps, Tamaris-Les Sablettes atteindrait une renommée au moins égale.

La surveillance quotidienne des travaux d'aménagement de sa station, n'empêchait pas Michel de suivre avec attention ses affaires à Constantinople ou à Paris. C'est ainsi, qu'accompagné d'Élodie, il accomplit en chemin de fer un voyage à Paris dans les derniers jours du mois de mai afin d'assister aux obsèques de Victor Hugo. La mort du grand poète avait été perçue par la population française comme un deuil national et par lui comme la perte d'un être estimé et admiré. Il considérait Hugo comme un des plus grands génies littéraires que notre pays avait pu produire, en même temps qu'une conscience élevée dont les engagements, parfois discutables, procédaient toujours d'une extrême générosité et d'un amour de la justice et de la vérité.

Sans posséder de vraie culture littéraire, le Varois avait beaucoup lu et avait su se montrer sensible aux œuvres puissantes du chef de file romantique. Aussi, quand, sollicité par son homme de loi habituel, il avait été question de lui proposer de gérer les intérêts de l'écrivain au moment de son exil, à partir de 1851, il avait immédiatement accepté ; et, passant au-delà de certaines divergences idéologiques, il s'était montré un défenseur zélé de sa cause. Depuis, il avait eu la révélation du recueil *Les Contemplations*, et les vers rédigés par un père éprouvé par la disparition de sa fille lui avaient rendu plus supportable sa propre douleur. Hugo était devenu un frère en souffrance. Par l'intermédiaire de Collas, ancien député très introduit dans les milieux parisiens, il avait pu rencontrer le grand homme et établir un parallèle entre leurs missions respectives : l'un éclairer le peuple par le pouvoir des mots ; l'autre dissiper les ténèbres qui causent la perte les navigateurs.

L'inhumation du poète au Panthéon, devenu pour la circonstance temple républicain dédié aux grands hommes, fut aussi solennelle qu'émouvante. Une foule immense emplissait les rues sur le passage du cortège, des millions de personnes entre le boulevard Victor-Hugo, l'Arc de Triomphe et le Quartier Latin, chacun se signant en silence, certains récitant des poèmes, d'autres laissant échapper quelques larmes ; ou encore chantant, dansant, mimant, pour prouver que la littérature ne serait jamais morte. L'auteur des *Misérables* et de *Notre-Dame de Paris* était devenu pour les Parisiens le héraut de leur ville, celui qui en avait célébré les faiblesses et les mérites. On se souvenait aussi de ses positions courageuses sur des questions qui divisaient la société, telles la peine de mort, l'esclavage, la liberté de la presse, la construction de l'Europe, l'émancipation des femmes. Un guide s'éteignait. Un siècle s'achevait, quinze ans avant l'échéance officielle. Un monde nouveau allait naître.

Marius et Élodie purent effacer la tristesse occasionnée par cette disparition en assistant au baptême de leur deuxième petit-fils, Hubert, né peu avant dans le foyer de Jeanne et d'Alfred. Le jeune couple avait élu domicile dans le VIIe arrondissement au numéro 33 de la rue Barbet de Jouy où ils occupaient un confortable hôtel particulier, pas très loin des Invalides. Alfred, directeur pour Paris de l'Administration des phares, devait, pour se rendre à ses bureaux du boulevard Malesherbes, parcourir un assez long trajet, mais son épouse avait préféré ce quartier proche du domicile parisien de ses parents. Et il arrivait souvent au fils Michel, Vicomte de Pierredon, de délaisser ses charges professionnelles pour des activités plus ludiques. La cérémonie du baptême eut lieu en l'église Saint-François-Xavier, récemment ouverte au culte, et les eaux furent versées par le père Roquette, curé de la paroisse, en présence de l'ensemble de la famille de Briey et de Jean-Alban de Montebello, beau-frère d'Alfred avec qui le Pacha eut plaisir à bavarder.

Quelques jours plus tard, les Michel étaient de retour à Tamaris, heureux de retrouver le calme ensoleillé de leur thébaïde méridionale. Décidément, ils n'étaient pas faits pour vivre à Paris, et s'ils étaient toujours impatients de voir leur fils et leurs petits-enfants, ils préféraient les accueillir chez eux, à Pierredon, où une grande demeure les attendait, ou au château du Manteau où un étage avait été aménagé à leur intention. Mais les jeunes Parisiens, appelés à accomplir de fréquents séjours à Magné dans le château de l'autre famille, ne faisaient que de rares apparitions dans le Var, ce qui attristait Élodie. Elle ne laissait toutefois rien paraître de sa contrariété, préférant apprécier le répit que la providence accordait à la famille en lui épargnant de nouveaux malheurs. Le temps des apaisements était sans doute arrivé.

Mais non le temps du repos, pour Marius du moins, absorbé dans la construction de sa ville nouvelle. L'âge était là, mais l'homme des phares ne semblait pas en être affecté, toujours droit, toujours matinal, toujours soigné de sa personne, toujours animé d'un dynamisme de trentenaire, toujours soucieux de tout contrôler, tout diriger, tout régenter. L'habitude du commandement lui avait conféré cette aptitude à mener les hommes, cette autorité naturelle qui en imposait mais que certains lui reprochaient, de même qu'une certaine tendance à la mégalomanie, à la condescendance paternaliste et à l'étalage de richesses, défauts qui avait conduit un journal local à le surnommer, avec une ironie non dissimulée, « le Nabab ».

Le Nabab, tout tyrannique et excessif qu'il fût, était en train de métamorphoser les lieux. Les critiques se taisaient devant le bénéfice apporté par les travaux en cours, et l'homme qui les impulsait forçait l'admiration, comme l'illustrait la parole du poète toulonnais Charles Poncy confiant son jugement au *Petit Var* : « *Michel Pacha est une de ces natures entreprenantes et militantes qui ne peuvent se reposer sans cesser d'être elles-mêmes. Il faut, à ces natures d'exception, une expansion sans trêve, un travail sans fin, une mission d'assouvissement des exubérances débordantes qui les pressent.* » Le protégé de George Sand, et il n'était pas le seul, se montrait sensible au désir de désenclaver l'oasis de Tamaris, par voie de terre et de mer.

Les Tamarisiens avaient toujours eu à souffrir de l'incommodité des chemins qui desservaient le littoral. George Sand s'en était plainte et, après elle, Charles Poncy l'avait clairement écrit : « *Monter à Tamaris, c'était toujours une fatigante corvée, soit qu'on y vint de La Seyne par l'abominable chemin de l'abattoir où l'on pataugeait jusqu'aux chevilles, soit qu'on y vint des Sablettes en longeant les sentiers marécageux du rivage.* » Il était temps de faire évoluer les choses ce qui fut le cas, pour le grand bonheur du chroniqueur : « *Comme tout a changé, bon Dieu, depuis lors ; un beau chemin carrossable qui domine le flot relie maintenant Les Sablettes à Tamaris.* » Sur cette route solide pouvaient désormais circuler en toute sécurité les omnibus de la compagnie Lange Pélegrin chargés d'assurer le transport vers la presqu'île. L'avisé entrepreneur partageait les vues du Pacha et avait bien compris la nécessité de favoriser les déplacements des nombreux visiteurs et curieux pressés de découvrir cette perle méconnue de la côte.

L'autre manière de favoriser l'expansion de la baie était d'utiliser les ressources du transport maritime. Et là, l'ancien capitaine était à son affaire. Il commença par faire creuser un long chenal entre Balaguier et Les Sablettes afin de permettre la circulation de bateaux à vapeur. Puis, au niveau du Manteau, il fit construire, sur des terrains gagnés sur la mer, un port avec un embarcadère pourvu de plusieurs appontements et de services d'entretien et d'approvisionnement. Si bien que trois ans après son installation au château, Michel Pacha eut la satisfaction d'inaugurer, à l'image de ce qui existait pour La Seyne, une ligne régulière vers Toulon, avec deux destinations, Saint-Mandrier et Les Sablettes et des arrêts prévus au Manteau. Six embarcations de bois, commandées en Angleterre, commencèrent leur rotation ; deux d'entre elles portaient des noms qui devaient rappeler les *vapur* de Constantinople que leur concepteur avait pris comme modèle : le *Bosphore* et le *Stamboul.*

Une fois les touristes amenés sur place, il fallait les retenir en leur proposant des activités balnéaires (elles étaient prévues aux Sablettes, station bien équipée en plages), des distractions (que le Casino pourrait proposer bientôt) et des hébergements, rôle dévolu au Grand Hôtel dont l'entrée en fonction fut contemporaine de celle du service de bateaux. Le point de départ fut la demeure du docteur Chargé située à l'est, face à la mer, qui fit l'objet d'un réaménagement total. Située légèrement en hauteur, précédée d'une végétation abondante et essentiellement exotique à base de palmiers phénix, la bâtisse de deux étages était flanquée de tours octogonales symétriques et surmontée, dans son ensemble, de terrasses à balustres de style italien. Un monumental escalier en fer à cheval permettait l'accès au hall d'accueil. Au pied de l'escalier un nymphée était aménagé, comprenant une fontaine à quatre chevaux de Camargue, et, au-dessus, une allégorie aquatique sous la forme d'une femme versant l'eau d'une jarre. L'hôtel, qui disposait de cent chambres, serait ouvert toute l'année et bénéficiait de toutes les avancées du confort moderne. Le mercredi soir y seraient organisées des soirées dansantes.

Laissant provisoirement la surveillance des travaux à l'architecte Page et surtout au maître maçon Renato Monti (homme estimable et compétent, celui-ci avait été conservé par Michel et c'est lui qui avait favorisé l'arrivée de colonie d'ouvriers piémontais employés à l'aménagement du site ; Angelo son fils, en revanche, s'était installé à Nice où il avait trouvé femme), le comte de Pierredon, satisfait de l'évolution du chantier et désirant prendre un peu de distance, accomplit un nouveau voyage à Paris pour un séjour qui devait durer plusieurs semaines. Outre la nécessité de rencontrer, comme il était souhaitable de le faire régulièrement, ses partenaires et les administrateurs de sa Société, de faire le point avec son associé et ami Collas sur l'évolution de leurs intérêts au Moyen-Orient, deux motifs supplémentaires justifiaient ce déplacement : revoir ses deux petits-enfants, Thierry et Hubert avec lesquels les contacts étaient rares, et participer à l'événement qui faisait de Paris le centre du monde : l'Exposition Universelle qui devait marquer le centenaire de la Révolution française.

Très vite, chacun put se rendre compte que le mot important dans le thème choisi était bien celui de « révolution », mais moins entendu au sens politique que technique. Et c'est dans cet esprit que Marius n'aurait manqué pour rien au monde cette magnifique vitrine du progrès. Lui-même se définissait comme un homme de la modernité, ayant montré, au cours de sa déjà longue carrière, son ouverture à toutes les innovations et son souci de s'inscrire dans une perspective d'avancée technologique autant que de mutation humaine. L'homme des phares était tendu vers l'avenir, en avance sur les populations qu'il contribuait à accompagner dans leur évolution grâce à la lumière qu'il faisait briller dans les flambeaux de la mer qui en était le symbole. L'électricité, qui remplacerait bientôt le gaz pour équiper les édifices bordant les côtes ottomanes, était la vedette de cette fête de la créativité humaine.

Le grand dôme du Palais des Industries, cathédrale du progrès réalisée par Jacques Bouvard, était éclairé par ces moyens, et la Galerie des Machines faisait une belle place à la nouvelle énergie. D'autres attractions annonçaient le bouleversement qu'elle allait provoquer dans la vie des hommes, alors que nous basculerions bientôt dans un nouveau siècle. Ainsi la fontaine lumineuse de Coutan, les machines à vapeur qui étaient prêtes à envahir l'industrie, comme elles avaient transformé la navigation, alors que le Varois n'était qu'un simple matelot ; ou les chemins de fer Decauville dont le grand ordonnateur de Tamaris avait commencé à utiliser les services pour le transport des matériaux sur son chantier ; ou l'utilisation du verre, dans les monumentales serres appelées à bouleverser le monde agricole. La modernité se révélait aussi dans les ballons captifs à l'hydrogène qui survolaient la Seine et par cette prouesse architecturale que représentait l'immense tour de l'ingénieur Eiffel. L'édifice n'avait rien de très beau et défigurait un peu l'harmonieuse perspective du Champ-de-Mars, mais elle était révélatrice des possibilités du génie humain qui repoussait régulièrement ses limites.

Bizarrement, les pavillons consacrés à la conquête coloniale intéressaient moins le Pacha qui entretenait avec les pays méditerranéens une relation plus fraternelle et plus respectueuse de leur authenticité que celle qui étaient là mise en avant. Mais cette réserve était mineure et ne retirait rien à l'enthousiasme que lui avaient procuré ces longues journées passées sur le territoire de près de cent hectares que représentait l'Exposition, guidé, souvent, par des spécialistes de la technique qui le considéraient comme un acteur respectable de cette marche au progrès. Les journées passées avec Alfred, Jeanne et les deux garçons, bien qu'appréciées, surtout par Élodie, apparaissaient, rétrospectivement comme secondaires, en tout cas moins riches que cette immersion dans le laboratoire de la modernité.

Les Michel étaient revenus de la « ville lumière » depuis une quinzaine de jours et la vie reprenait son cours au Lazaret dans la douceur des journées raccourcies d'un automne bienveillant. Élodie trouvait un vrai plaisir à habiter cette bastide (qu'elle refusait d'appeler « château ») certes trop grande et trop décorée, mais qui avait l'avantage d'offrir un vaste espace grâce aux belles pièces qui la composaient et de fournir un environnement végétal reposant. Il lui arrivait souvent, vers la fin de la matinée, d'entamer une longue promenade dans le parc qui s'achevait quasi toujours par une halte au *tempietto*, ce kiosque-belvédère d'où, à partir du balcon de l'étage, elle pouvait profiter d'un décor de conte de fée. Elle n'était pas native du pays, elle avait repoussé Saint-Nazaire et sa charge de malheur, elle avait été insensible à la rude gentilhommière de Pierredon, elle avait rejeté les prétendus charmes du Bosphore, mais ici, dans ce site protégé du monde et épargné des vents, elle ne pouvait rester indifférente au message transmis par l'harmonie de la nature et par sa transformation heureuse opérée par la main des hommes.

Depuis son observatoire, elle pouvait distinguer le lent va-et-vient des bateaux dans la baie, certains faisant halte au Manteau ; elle pouvait apercevoir, dans un périmètre peu éloigné, les maçons en activité ou les équipes de couvreurs en train d'achever une nouvelle villa, ou d'autres ouvriers s'affairer à redessiner la côte afin de la rendre plus hospitalière. Parfois, elle arrivait à distinguer une frêle silhouette, bien plantée sur ses jambes, les mains croisées derrière le dos, sanglée dans une redingote impeccable, couverte d'une casquette de marin, toujours active, en mouvement, donnant de la voix, prodiguant des conseils : Blaise Marius le bâtisseur en train d'accomplir son œuvre.

Un matin de novembre, alors qu'il surveillait les chantiers, le Pacha vit venir à lui, sur son cheval, un homme en uniforme. Il venait de Toulon et était porteur d'un message du sous-préfet ainsi que d'une lettre privée à l'intention du comte Michel de Pierredon. Le pli du sous-préfet, un familier venu souvent à Tamaris, était laconique et administratif. Mais porteur de désastre.

« *Monsieur le Comte,*
Je suis informé par notre Ministre d'une terrible nouvelle qui vous touche ainsi que votre famille : le décès accidentel de votre fils, le vicomte Alfred Michel de Pierredon, demeurant à Paris, rue Barbet de Jouy, n°33. Dans ces pénibles circonstances je vous prie d'accepter mes sincères condoléances ainsi que celle de tous les représentants de notre République. »

La lettre privée qui lui avait été remise était rédigée par sa bru, Jeanne, et allait lui apporter plus d'informations :
« *Mes bien chers Parents,*
Notre cher Alfred nous a quittés et les efforts des médecins pour le ramener à la vie ont été vains. Dieu l'a rappelé à lui et nous devons nous incliner, malgré l'immense chagrin qui est le

nôtre. Je ne suis pas en mesure à l'heure actuelle de vous donner le détail de cet épouvantable accident, sauf pour vous dire que votre fils n'a pas souffert et a connu une fin digne de son rang. Alfred, bon père et bon époux, entretenait toutefois depuis plusieurs mois des relations troubles avec des individus peu recommandables. A-t-il commis quelque imprudence ? A-t-il été entraîné dans des affaires douteuses ? Rien n'est établi pour l'instant. Le commissaire de police m'a seulement fait savoir qu'il a été retrouvé sans vie dans un appartement au 18 de la rue Clément-Marot, à proximité des bureaux de la Société qu'il dirigeait. La mort serait survenue le 10 novembre à une heure et demie du soir. Les causes du décès sont ignorées pour l'instant et devraient être connues bientôt.

Vous devinez, mes chers parents l'état d'effondrement dans lequel nous plonge ce drame, mes enfants et moi. Mes parents sont auprès de moi pour nous soutenir, comme vous le serez sans doute au plus tôt. Alfred n'avait pas encore atteint ses trente ans, ce qui n'est pas un âge pour mourir, et il avait un grand appétit de la vie. Tout cela s'achève aujourd'hui pour notre grand malheur. Je sais la douleur que vous apportera cette nouvelle épreuve qui fait suite à celle que la providence vous a déjà imposée. Il nous faut être courageux et accepter notre sort sans nous plaindre car il ne nous appartient pas de juger la volonté de Dieu. J'ai commencé à prier pour l'âme d'Alfred. Croyez, chers parents... »

Marius n'eut pas la force de finir la lecture. Ainsi les choses recommençaient. Némésis, dans son acharnement aveugle, n'avait pas fini de les accabler de sa foudre. Le fragile édifice de bonheur que, patiemment, lui, le patriarche, était en train de bâtir, s'effondrait brutalement. Le bonheur durable n'avait rien à faire des réalisations architecturales. L'accalmie aurait à peine duré un peu plus de trois lustres et Alfred, après Amélie n'aurait pas résisté aux forces néfastes qui s'opposaient à son bonheur. De quoi Marius Michel, comte de Pierredon, dit Michel Pacha était-il coupable pour mériter un tel châtiment ?

En pliant la lettre, le père prit péniblement le chemin du château pour aller apporter le malheur à celle qui commençait à peine à trouver l'apaisement. En franchissant le monumental portail aux lions, il sentit que ses jambes avaient du mal à le porter. Comme s'il venait, d'un seul coup, de devenir vieux.

19

Les circonstances du décès d'Alfred ne furent jamais totalement élucidées. Les versions les plus contradictoires circulèrent, alimentées par la police, par de prétendus témoins, par des connaissances ou des amis. On évoqua une mauvaise rencontre, de nuit, dans un quartier à risques, et une balle tirée par un voyou dont on ne retrouva jamais la trace. Il fut aussi question d'un accident de la circulation provoqué par une voiture hippomobile ou un fiacre dans une rue mal éclairée. Certains proches parlèrent d'une soirée dans une fumerie d'opium qui aurait mal tourné : le jeune vicomte, élevée dans le culte de l'Orient et de ses chimères, ayant pris l'habitude de fréquenter de tels lieux. Le soupçon de suicide ne fut pas écarté non plus. La famille préféra accréditer la thèse d'une question d'honneur – insulte, dette de jeu, affaire de femme – qui se serait réglée sur le pré. Le père, en sa jeunesse, avait connu ce genre d'aventure. L'incertitude ayant l'air d'arranger le plus grand nombre, ni les autorités ni les gazettes ne jugèrent utile de pousser plus avant les investigations. On en resta au triste constat d'une mort violente et prématurée et on exprima de la compassion pour la veuve et les deux orphelins ainsi que pour les vieux parents auxquels un premier enfant avait déjà été arraché brutalement.

Le corps fut ramené à Saint-Nazaire où des funérailles discrètes eurent lieu par un de ces jours ventés de novembre. Immédiatement après la cérémonie dans le petit cimetière de la ville, le Pacha déposa à la mairie une demande d'autorisation pour construire un caveau de famille conforme au nouveau statut des Michel. Le conseil municipal décida d'offrir gratuitement à l'ancien maire, en remerciement de ses multiples bienfaits, un espace disponible vers le fond du champ mortuaire. L'architecte Paul Page fut chargé d'édifier la sépulture qui fut achevée en quelques mois. Le mausolée, assez grandiose, vaguement inspiré des *türbe* ottomans, était de forme carré, construit plutôt dans le style italien, surmonté d'une coupole nervurée en ardoises, couronnée par une statue d'ange, les bras écartés en signe d'accueil. La porte à plein cintre était fermée par un portail en fer et surmontée, dans le tympan, d'une sculpture religieuse. Une inscription en arc de cercle complétait l'ensemble : « *Tombeau de la famille Marius Michel* ». De part et d'autre de l'entrée s'élevaient deux statues féminines, de sens allégorique, dues à Possi, un artiste marseillais, et l'enceinte générale était protégée d'une grille qui en limitait l'accès. L'intérieur était éclairé de vitraux représentant des vies de saints. À côté de la chapelle, sur la gauche, un fût de colonne brisée pouvait faire songer aux stèles ottomanes disséminées sur la colline d'Eyüp, au-dessus de la Corne d'Or. Les restes d'Amélie furent transférés en ce lieu de silence où la dépouille de son frère venait d'être déposée. L'aïeul des Michel, Jean-Antoine, et son épouse Joséphine avaient également trouvé place dans le mausolée où Marius les rejoindrait bientôt, ainsi que sa compagne, Marie Louise Augustine, dite Élodie. Ceux qui souhaiteraient rendre hommage à l'action des Michel pourraient venir se recueillir devant l'édifice que les Nazairiens apprirent vite à reconnaître car, donnant sur une rue passante, son toit dépassait largement en hauteur le mur du cimetière, ainsi que les deux cyprès qui encadraient le monument.

Si les causes du décès d'Alfred restèrent floues, les conséquences furent nettes, et multiples. La première était professionnelle et administrative. Marius perdait son délégué permanent à Paris et celui qui devait être appelé à lui succéder à la tête des diverses sociétés qu'il dirigeait, et dont il pensait, dans un futur proche, se désengager. Le moment de la retraite était repoussé, ce qui d'ailleurs convenait à son appétit jamais entamé pour l'action et son goût de l'initiative. Il faudrait toutefois trouver un homme de confiance pour gérer les bureaux de la capitale. Plus grave serait la succession du Pacha, qui allait devenir difficile, puisqu'il faudrait sauter une génération et la faire se reporter sur les deux garçons qui portaient le nom de Michel de Pierredon, Thierry et Hubert. Or le plus âgé n'avait pas encore sept ans, ce qui faisait planer sur l'avenir d'inquiétants nuages.

Au niveau affectif, ce nouveau deuil fut vécu douloureusement mais moins que l'avait été la disparition d'Amélie presque vingt ans plus tôt. Alfred avait quitté la maison familiale depuis longtemps et menait sa vie d'adulte, d'époux et de père loin des rives de la Méditerranée qu'il ne semblait guère impatient de retrouver, à en croire le peu d'empressement qu'il mettait à séjourner à Pierredon ou à Tamaris. La mère du garçon avait reçu la nouvelle de sa mort avec accablement, mais semblait s'être résignée à ce nouveau coup du destin. Un autre élément rendait sa douleur moins brûlante que celle occasionnée par la mort de sa fille, c'est que sa responsabilité n'était pas engagée dans l'accident qui avait emporté Alfred. Alors qu'Amélie restait, dans son esprit, une victime de son autorité abusive, de ses préjugés, de son incompréhension. Jamais cette blessure ne pourrait se refermer ni sa faute être pardonnée. Elle traînerait sa culpabilité jusqu'à la fin de ses jours. Le décès de son unique fils devenait, par comparaison, presque supportable.

Marius, de son côté, stoïque dans la tempête, comme il l'avait été les jours de gros temps, quand des vagues menaçantes venaient se fracasser sur la dunette, lui arrachant des craquements sinistres, Marius le marin, l'homme des phares, le bâtisseur faisait front. Il aurait aspiré au repos, à la juste jouissance des fruits de son travail. Mais cette grâce lui était refusée. Il devait continuer la lutte, monter, encore et toujours, à l'assaut, affronter l'adversité. Toujours à terre, toujours redressé, jamais abattu. Lui, l'homme d'action, il s'était plongé dans la lecture d'un livre de sagesse que lui avaient recommandé à l'époque les Bons Pères et qui désormais ne le quittait plus, les *Essais* de Montaigne. Le retour à Montaigne s'était fait à travers les phares, puisque le Gascon, devenu maire, avait décidé, vers 1582, de lancer des travaux de réfection du phare de Cordouan, situé à l'entrée de l'estuaire de la Gironde, le plus grand phare d'Europe alors, largement dépassé depuis. Une phrase, appliquée à Henri de Navarre, futur Henri IV, avait retenu le Pacha, comme si l'ancien maire de Bordeaux l'avait écrite pour lui : « *Je le trouve plus grand et plus capable en une mauvaise qu'en une bonne fortune : ses pertes lui sont plus glorieuses que ses victoires, et son deuil que son triomphe.* » Eyquem, un presque homonyme, puisqu'il se prénommait Michel, lui indiquait le chemin à suivre, celui de la résistance face à une providence capricieuse ou cruelle.

Le Pacha avait connu de remarquables succès. Il avait gagné des dizaines de millions, une immense fortune qui aujourd'hui lui brûlait les doigts et qu'il s'appliquait à dépenser comme s'il devait en conjurer les maléfiques effets. Sa prodigalité, que beaucoup jugeaient ostentatoire, n'était qu'une façon de se dépouiller de cette encombrante richesse qui semblait appeler le malheur. Lassé d'être Crésus, il enviait le sort de Job.

Pour échapper à ses sombres interrogations, il décida de multiplier les voyages vers le Levant où, d'ailleurs, on le réclamait pour d'importantes transactions. Le yacht à vapeur *Élodie* prit la mer exactement trois mois après le décès d'Alfred, commandé par le fidèle Édouard Rouden qui avait embarqué avec lui, pour le seconder, son fils aîné, Jules, un solide gaillard âgé d'un peu plus de vingt ans qui rêvait de devenir capitaine. Pacha connaissait bien le garçon dont il avait accepté d'être le parrain et qui, avec ses parents, habitait une villa de Tamaris proche du Manteau. En le regardant s'affairer sur le pont, surveiller la manœuvre, accomplir des gestes sûrs avec l'insouciance de celui qui se sent dans son élément, Marius imaginait que le jeune matelot maniant les écoutes aurait pu être son fils. Pourquoi n'avait-il pas réussi à convertir Alfred à la mer ? Pourquoi avoir tout fait pour transformer son héritier mâle en monsieur, en Parisien, incapable de tenir une rame et d'apprécier les vents ? Là encore, il devait reconnaître son erreur. Le jeune vicomte n'avait pas eu à souffrir du froid ou de la faim ; il n'avait pas eu à montrer son courage face à l'ennemi ; pas eu à maîtriser les flots déchaînés ou les chaleurs torrides. Le fils de riche n'avait pas eu à se forger les armes qui permettent de grandir. Il n'avait pas su grandir. Jules Rouden, avec une insolence de prolétaire, fier de sa jeunesse et de son ambition, se préparait une vie de labeur donc de joie. Son père ne possédait, comme fortune, que ses bras et sa droiture : mais il savait élever ses enfants. Michel en arrivait à jalouser son capitaine, protégé et ami Édouard qui, serviteur zélé, eût été bien surpris de connaître les sentiments de son patron.

À Constantinople, le Pacha regagna son logement de Galatasaray et, très vite, retrouva ses habitudes de travail et son sens de la négociation : une partie du chantier des quais arrivait à son terme et une nouvelle convention devait être signée avec les autorités ottomanes. Ce texte reprenait certaines clauses du précédent tout en prolongeant la durée de la concession qui était portée à quatre-vingt-cinq ans. Une nouvelle société allait être créée qui prendrait pour nom « Société de Quais, Docks et Entrepôts de Constantinople » dont le président et principal actionnaire serait Michel Pacha. Le capital était fixé à vingt-trois millions de francs, six millions apportés par le président, le reste, à concurrence de 80 %, par le gouvernement français. L'Angleterre et l'Allemagne, qui convoitaient le marché, étaient tenues à l'écart.

Les premiers quais, entre Galata et Tophane, étaient déjà en mesure d'accueillir d'importants navires alors que les travaux, plus lents que prévus, se poursuivaient sur la Corne d'Or, en direction de l'arsenal, et à Stamboul, sur la rive opposée. Les bacs à vapeur étaient déjà en service et le chemin de fer-tramway serait opérationnel sous peu. Ces réalisations et ces projets se heurtaient systématiquement à d'énormes difficultés qui réclamaient patience, diplomatie et détermination. Sans jamais se départir de son calme, le Varois – régulièrement reçu par le sultan Abdül Hamid II – parvenait toujours à conclure les affaires à son avantage. Impuissant face aux coups du destin, il restait maître du jeu pour la conduite de ses affaires.

Du côté de Tamaris aussi les travaux avançaient et pouvaient lui procurer des motifs de satisfaction. Le casino était programmé, ainsi qu'une urbanisation élargie du côté du Rouve et des Mouissèques. Vers les Sablettes, tout restait à faire. Le service de *steamboat*, confié à l'entreprise Cabissol et Caffarena, mise en concurrence avec l'entreprise Lambert, donnait entière satisfaction et avait transformé la vie des riverains. Avec un départ toutes les demi-heures et une traversée de quinze minutes (alors que l'omnibus mettait une heure) Toulon, ses commerces, ses spectacles, ses activités économiques, s'était rapproché d'eux. Il n'était pas rare, non plus, de voir, dans l'anse du Lazaret, un paquebot de l'*Orient-Line* faire une escale de quelques heures, permettant à de distingués voyageurs de découvrir, grâce aux canots qui les attendaient à la coupée, les charmes de la station en train de naître, les beautés de la rade et la majesté des navires composant la flotte.

Le hasard, un jour, vint infléchir le plan d'aménagement du littoral dans une direction plus étroitement philanthropique – ce qui ne pouvait que convenir à la volonté de Michel d'œuvrer pour le bienfait de l'humanité. Dans le bureau du maire de La Seyne, lui fut présenté un petit homme à barbiche répondant au nom de Raphaël Dubois. Le personnage était un scientifique de renom, titulaire d'une chaire à l'université de Lyon, dont le thème portait sur la « bioluminescence », c'est-à-dire la production de lumière froide par certains animaux marins. L'éminent professeur souhaitait créer en Méditerranée un établissement d'observation et de recherche qui emploierait, sur place, une équipe dirigée par ses soins. L'homme exposa son projet avec une passion communicative qui séduisit aussitôt le Pacha. Celui-ci voyait une lointaine parenté entre le travail du scientifique et le sien, tous deux s'attachant à explorer les ressources de la lumière. Œuvre civilisatrice pour Michel, comme le disait sa devise « *Ouvrir par la lumière le littoral des infidèles aux flottes de la Chrétienté* » ; œuvre scientifique pour Dubois, soucieux de faire avancer la recherche. Tamaris était, pour le savant, le site idéal, mais restait à trouver le financement qu'il n'avait pu obtenir de son ministère. Seul un mécène pourrait le sauver. Michel serait ce mécène.

Au cours d'un dîner pris au château en compagnie d'Élodie, intéressée par le sujet, les principales dispositions furent arrêtées. Le propriétaire des lieux proposait de céder à titre gracieux, un terrain de près de 3 000 m^2 en bordure de corniche, au lieu-dit « Le Crouton », en direction des Sablettes, ainsi que les pierres servant à la construction. Sous la direction de Marius Michel, comte de Pierredon, serait édifié en ce lieu un bâtiment pouvant recevoir plusieurs laboratoires ainsi que des unités d'habitation ; la municipalité de La Seyne ainsi que le Conseil général du Var apporteraient une contribution financière, mais l'essentiel resterait à la charge du donateur. Celui-ci, soucieux de passer à la postérité, ne formulait qu'une exigence : que ce temple de la science reçoive le nom d'« *Institut Michel Pacha* ». La première pierre fut posée au printemps 1891, l'ouverture était prévue, au mieux, pour dans deux ans.

À moins de dix kilomètres de Tamaris, Saint-Nazaire Beau-Port, lieu des racines, restait un autre centre d'intérêt pour l'homme des phares. La première manifestation de cet attachement apparut au moment où la ville fut amenée à changer de nom. Le toponyme désignant la commune avait le défaut d'être le même que celui de plusieurs localités (une douzaine au moins), ce qui créait des erreurs et des confusions, notamment au niveau du courrier. Le receveur des Postes proposa que soit adjointe la mention « du Var », à Saint-Nazaire, modification qui ne parut pas suffisante au maire, Joseph Soleillet et à ses adjoints. L'accord se fit, après discussion, autour du nom de « Sanary », ce même nom que le petit port avait porté de 1792 à 1809, pendant la Révolution, la République et les débuts de l'Empire. La proposition, soumise au Préfet du département fut acceptée, et après quatre-vingts ans, Saint-Nazaire reprit son ancienne dénomination qui rappelait la forme provençale « San Nari », sauf que la suggestion des puristes de conserver le « i » final ne fut pas retenue. Le décret, signé du président Carnot, fut publié le 17 novembre 1890, alors que depuis un an l'appellation « Sanary » était officielle, les habitants devenant des « Sanaryens ».

L'ancien maire approuvait cette décision qui allait dans le bon sens, celui d'une meilleure identification de sa ville. En revanche il refusa formellement une autre délibération du Conseil Municipal qui proposait de débaptiser la place Victor-Hugo, autrefois place de l'Église, qui avait pris ce nom à la mort du poète, pour lui donner le nom de « Place Michel-Pacha ». Même s'il se montrait sensible aux marques de reconnaissance de sa ville, sa vanité n'allait pas jusqu'à vouloir se substituer à l'auteur des *Misérables*. Il serait toujours possible d'honorer sa mémoire après sa disparition. Il accepta toutefois que le nom de sa fille Amélie figure sur une plaque de marbre apposée à l'intérieur de la mairie et consacrée aux bienfaiteurs.

L'autre actualité de la ville natale de Marius fut la réalisation d'un projet dont il était à l'origine, la destruction de l'ancienne église et son remplacement par un édifice moderne plus vaste et plus sûr. Le vieux bâtiment du XVIe siècle, extérieurement de belle allure, consolidé en divers endroits, menaçait de s'écrouler sur les fidèles et toute restauration s'avérait à la fois onéreuse et difficile. Contre l'opinion de certains de ses concitoyens, défenseurs d'un patrimoine qui remontait à l'année 1567, l'ancien élu avait emporté la décision, ce qui avait constitué, dans la cité, une petite révolution. Les travaux, financés par le Pacha, furent dirigés par son architecte Paul Page. Les déblais de l'ancienne bâtisse furent jetés à la mer, à l'est du petit môle, où un enrochement destiné à les maintenir en place était prévu. La première pierre fut posée le 27 avril 1891 et la nouvelle église fut consacrée le 31 juillet 1892 en présence de la plupart des autorités ecclésiastiques – les chanoines Jauffret, Bouisson, Guiol, Fabre, l'abbé Brémond, curé de la paroisse – et de diverses personnalités civiles. Les deux cloches de l'ancienne église datant de 1734 et 1829, furent conservées et deux nouvelles furent acquises, l'une offerte par le couple Michel en souvenir de leurs enfants décédés, l'autre par le général Rose, comte palatin, propriétaire du domaine de *La Millière*. Un orgue Abbey à deux claviers et dix jeux avait été offert par le grand musicien Camille Saint-Saëns et entrerait en service plus tard.

Contiguë à l'église s'élevait une maison que Michel racheta et fit transformer pour en faire une demeure privée à son usage personnel et à celui de son frère, Fortuné-Amant. Décorée, au niveau de la toiture, de parements de mosaïque bleus, elle serait, en attendant d'autres constructions, sa résidence principale dans sa ville, puisque l'immeuble de la montée Notre-Dame (rebaptisée Courbet) était devenu la « Fondation

Amélie » et recevait les vieillards, les malades et les infirmes pauvres. Avec ses deniers personnels et sur un terrain qui lui appartenait au quartier Bon repos, il fit également terminer et agrandir le Grand Hôtel des Bains qui, comme pour Tamaris, contribuerait à transformer Sanary en station touristique et balnéaire. La direction de cet établissement de prestige fut confiée à un commerçant avisé du Muy, Paulin Allemand. L'ouverture se fit en présence des félibres et des tambourinaires et donna prétexte à une fête populaire.

Cette implication nouvelle dans les lieux de son enfance eut pour effet imprévu de reconduire Michel à l'hôtel de ville. En mai 1892, le mandat du maire Joseph Soleillet arrivait à expiration et, faute d'un remplaçant compétent, beaucoup pensèrent se tourner vers celui qui avait, à la satisfaction de tous (ou au moins du plus grand nombre), occupé ce poste vingt-cinq ans plus tôt et dont la réputation n'avait fait que grandir depuis. Le Pacha déclina la proposition, acceptant toutefois de figurer sur la liste des conseillers. Au retour d'un voyage de trois semaines à Constantinople, il eut la surprise d'apprendre que, à l'unanimité, les dix-neuf votants l'avaient désigné comme maire. Il protesta, allégua son âge, ses nombreuses absences, ses multiples affaires : rien n'y fit. La charge lui revint, même s'il fut acquis que Soleillet, l'ancien édile, assurerait l'intérim chaque fois que nécessaire. Michel de Pierredon se souvint avec amusement que Michel de Montaigne, dont il était devenu le fervent lecteur, avait également été porté en son absence à la mairie de Bordeaux. Il y vit un signe et accepta cette nouvelle charge qui, en définitive, le flattait. Elle lui permettait aussi de rester actif, meilleure façon d'échapper aux effets de l'âge, de trouver un dérivatif à ses malheurs personnels et de donner à sa ville natale, qui le méritait autant que la commune voisine et rivale de Tamaris, un peu de son temps et de sa fortune. Une nouvelle aventure commençait.

– Vous voilà à nouveau devenu un homme important, déclara, avec un soupçon d'ironie, Élodie à son mari. Croyez-vous que ce soit bien raisonnable de vous créer, à votre âge, tous ces tracas pour une ville qui vous a déjà montré son ingratitude ? Vous devriez avoir la sagesse de rester à votre place, de laisser la jeunesse travailler pour le bien commun et de vous consacrer à vos tâches privées. Ne pensez-vous pas que cette recherche des honneurs est encore une façon d'attirer le malheur ?

Michel Pacha refusa d'entrer dans le débat. Il convenait que chaque ascension avait été interrompue par une chute brutale. Fallait-il pour autant arrêter d'entreprendre ? Là n'était pas sa nature. Ce mandat serait le dernier ; il ne l'éblouirait pas, ne le tromperait pas. Il saurait rester lui-même, comme l'auteur des *Essais* qui invitait à ne pas confondre l'homme et la fonction : « *Le Maire et Montaigne ont toujours été deux, d'une séparation bien claire.* » La sagesse lui était venue ; face à elle, les forces du mal ne feraient pas le poids.

20

Élodie Michel, mourut assassinée à Sanary le vendredi 25 août 1893, atteinte par deux balles de revolver. Elle était âgée de soixante-huit ans. Le rêve de bonheur s'achevait de manière sanglante et absurde. Le destin avait choisi son camp et corrigeait l'arrogance de ceux qui prétendaient le défier. Une mort chassait l'autre. Les Parques filandières avaient accompli leur impitoyable fonction pour rappeler aux présomptueux mortels que nulle agitation n'était capable de les priver de leur pouvoir. La nuit du sommeil aurait raison des tentations de la lumière. L'épilogue tragique était inévitable. Élodie aujourd'hui, Marius demain. La ténèbre au bout du chemin.

Le drame s'était joué au cours d'une belle et calme journée d'été. Mme Michel, comme tous les vendredis, se fit, depuis le château du Manteau, conduire par le cocher Cadière à Sanary, pour sa visite hebdomadaire au cimetière. De cette ville qui avait vu naître son mari, elle n'aimait plus que ce lieu déserté des vivants. Elle refusait de se rendre du côté du port, à l'extrémité duquel s'élevait la sinistre maison devenue le tombeau d'Amélie. L'hôtel particulier venait d'être pourvu, en son sommet, d'un somptueux fronton dédié à Saint-Vincent de Paul, ce qui en effaçait un peu la vocation laïque. Elle évitait la place de l'Église, devenue Victor-Hugo, où s'étaient tenues des cérémonies funèbres et qui était voisine de l'hôtel de ville où le père de ses enfants cherchait à s'étourdir dans la course au pouvoir. Elle ignorait le bord de mer, la promenade de la Cride ou les sentiers vers Portissol, échappées maritimes qui lui rappelaient une jeunesse perdue et lui offraient le spectacle d'une mer indifférente dévoreuse hommes.

Un seul lieu de la cité trouvait grâce à ses yeux : celui où dormaient les défunts. Le cimetière, où elle se sentait chez elle. Où elle retrouvait la présence de ceux qu'elle avait aimés et portés dans ses bras.

Elle avait acheté quelques fleurs, peut-être « *un bouquet de houx vert et de bruyère en fleurs* » comme écrivait le poète quand il partait, dès l'aube, visiter le tombeau de Léopoldine. Plus vraisemblablement des myosotis ou des pensées, fleurs du souvenir et du deuil que Cadière était chargé de porter. Elle n'était pas venue seule pour accomplir ce rite. L'accompagnait Marguerite Bonnaud, une voisine de Tamaris, fidèle amie très pieuse qui occupait la maisonnette jouxtant la chapelle du Manteau dont elle était en quelque sorte la gardienne. Son mari, François, un fidèle du Pacha, faisait office d'intendant et de chef des travaux. Un voisin médecin, le docteur Loro, dont les parents étaient également enterrés à Sanary, s'était joint aux deux femmes. Le groupe était attendu, au niveau de la petite porte dérobée au dos du cimetière, par sœur Marie-Odile, la mère supérieure de la Fondation Amélie et de l'école Saint-Vincent où les enfants dans le besoin étaient accueillis et pris en charge. La religieuse était toujours heureuse de manifester ses sentiments de reconnaissance envers sa bienfaitrice et de l'assister dans ces moments de recueillement. La prière est un acte de partage. Dieu reçoit plus favorablement les hommages des fidèles quand ils sont fraternels. Une fillette de douze ans environ avait été amenée avec elle par la mère supérieure, Suzanne, qui était la petite-nièce des Michel. L'enfant n'appréciait guère ces visites macabres, mais elle n'avait pas eu le choix. Et sa tante était tellement généreuse avec elle, lui offrant, pour jouer, des poupées et des dînettes, pour étudier, des cahiers et des livres.

Quelques pas séparent le portillon du caveau de famille construit par Paul Page, dont la décoration voyante jure avec la modestie des sépultures du peuple. La grille de fer a été ouverte par le gardien attentif à bien recevoir ces habitués du vendredi. Pas un souffle d'air. L'ombre des cyprès et celle d'un grand cèdre voisin sont impuissantes à protéger des rayons d'un soleil agressif. Les dames portent, heureusement, des ombrelles. Les cigales déchaînées rompent le silence et donneraient presque à cet espace de tristesse un vague air de gaieté.

 L'homme est sorti de derrière une stèle. Il a l'air hagard, perdu, hésitant. Le soleil, peut-être. La crudité de la lumière. Il est petit, trapu, plus très jeune, habillé sans recherche, couvert par une casquette qui dissimule légèrement son visage mais laisse apercevoir une épaisse moustache et une barbe grise coupée ras. Une de ses mains est enfoncée dans sa poche droite. Dans l'autre, il tient un papier, une lettre, un plan, un morceau de journal... nul ne sait. Éclairé par un halo brûlant de soleil, comme entrant dans une arène, il se dirige résolument vers la vieille dame qui, malgré un léger éblouissement, l'a reconnu et se dispose à lui offrir une accolade accompagnée d'un sourire. Antoine, le neveu de son mari est un homme pour qui elle éprouve plus de compassion que de sympathie. Il est le fils aîné de Fortuné-Amant, son beau-frère et compte aujourd'hui près de cinquante ans. Il n'a pas fait grand-chose de sa vie, et tente de s'occuper d'un négoce de graines et de fourrage dans le quartier des Picotières. Il est marié à Fernande, une brave femme qui trime dur pour élever les deux filles du couple, dont Suzanne, la plus jeune, pensionnaire grâce au financement assuré par Mme Michel, chez les sœurs de Saint-Vincent. L'épouse du Pacha connaît les difficultés du ménage qu'elle soutient financièrement, en évitant de remettre de l'argent à Antoine par crainte qu'il aille, selon une détestable habitude prise dans sa jeunesse de soldat, le boire dans les tavernes.

 L'homme à casquette est maintenant tout proche de sa parente qui s'attend à une sollicitation. Le reste du groupe se tient un peu en arrière. Antoine est à moins de deux mètres de sa tante quand il retire de sa poche droite un revolver qu'il brandit vers elle et lâche deux coups de feu. Une première balle traverse le bras gauche, une autre va se ficher sur le flanc, du même côté. Élodie chancèle avant de s'effondrer sur la marche qui permet l'accès au mausolée familial. Suzanne, épouvantée par le geste de folie de son père qu'elle ne s'attendait pas à voir en ces lieux, a été tirée à l'écart par sœur Marie-Odile. Les cigales n'ont pas interrompu leur chant entêtant.

Le meurtrier est immédiatement maîtrisé par les hommes, le bon Cadière, le docteur Loro et le gardien venu à la rescousse. Il se laisse désarmer sans résistance, le regard fixé vers le corps étendu sur le sol d'où s'échappent quelques filets de sang. Élodie Michel n'a pas perdu connaissance, même si la blessure semble sérieuse et la douleur intense. Elle esquisse un sourire, s'efforce de parler : « Je veux qu'on me ramène chez moi, au château ; je veux revoir Blaise, lui parler. Demandez au docteur Fontan de Toulon de venir. Pressez-vous, je sens les forces qui m'abandonnent. »

Il fallut près d'une heure pour que la voiture arrive à Tamaris, puis encore une heure pour que le médecin de famille, le docteur Fontan, prévenu télégraphiquement, soit au chevet de la mourante. Celle-ci paraissait apaisée. Tenant la main de son mari, livide, silencieux, lui adressant, avec difficulté, des paroles de réconciliation : « Mon ami, je vous quitte. C'est mieux ainsi. Après tous nos malheurs je n'avais plus goût à la vie. Je vais rejoindre nos chers enfants. Dieu me protège et vous assiste pour la suite de vos actions. Je meurs en paix et en bonne chrétienne. Je pardonne à ceux qui m'ont fait du mal et même à ce fou d'Antoine que nous aurions dû aider davantage. Faites dire des messes en ma mémoire. »

Élodie expira en fin de journée, dans la vaste chambre qui dominait le Manteau. Alors qu'on lui fermait les yeux, le dernier petit vapeur, venu de Saint-Mandrier, s'apprêtait à quitter l'embarcadère pour rejoindre Toulon. Il laissa échapper un timide bruit de sirène alors qu'une fumée épaisse, sortie de la cheminée, accompagnait son départ.

Antoine Michel fut incapable d'expliquer clairement les raisons de son geste. Il souhaitait demander à sa tante une aide pour honorer une quittance de loyer qu'il avait apportée avec lui. Il n'était animé d'aucune intention meurtrière. Le revolver qu'il portait sur lui ne signalait pas la préméditation, mais correspondait à un goût pour les armes qu'il avait contracté pendant la guerre. Le coup était parti tout seul. Il faisait tellement chaud… Et tous ces morts autour de lui. Non, il n'avait pas bu, ce jour-là. Non, il n'avait pas aperçu la présence sur les lieux de Suzanne, sa fille, qu'il aurait aimé voir plus souvent à la maison. Oui, il regrettait, même s'il estimait profondément injuste que ces Michel fussent immensément riches quand il était, lui, leur parent, dans la plus sombre misère.

Le personnage, après quelques mois de prison, fut convaincu de démence et interné dans une maison spécialisée de Pierrefeu, à l'est de Toulon. Il n'en ressortit jamais.

L'homme des phares, cette fois, se trouvait irrémédiablement seul. Seul face à son chagrin. Élodie, si elle n'avait pas été pour lui ce que certains nomment un « grand amour », s'était révélée une bonne épouse, une parfaite maîtresse de maison, une mère aimante. Elle n'était plus là. Il allait désormais vivre seul dans ce vaste château aux allures baroques et aux pièces trop grandes. Seul sur cette corniche transformée au gré de son caprice, passée de l'état de friche fangeuse à celui d'élégante promenade. Seul face aux chantiers en cours, celui de l'Institut Michel Pacha qui tardait à voir le jour, celui du Casino dont les plans étaient prêts, celui de la « Grande Maison », cette bâtisse de proportions palatiales dédiée à Élodie et soudain devenue sans objet car sans destinataire. Seul dans son bureau de maire au-dessus du petit port de Sanary qui l'avait vu naître. Seul face à sa propre mort, inscrite dans le filigrane de celle de sa bien-aimée épouse.

À quoi bon vivre si tout doit s'arrêter un jour ? Si l'œuvre patiemment construite doit s'effondrer sous les coups de boutoir du temps ? Si tout doit s'effacer, redevenir poussière, sombrer dans l'oubli ? Si les vigies lumineuses disposées sur les côtes, telles des marques d'espoir et de pérennité, sont vouées à s'éteindre, plongeant les consciences dans une obscurité sournoise ? L'ami Montaigne était, sur ce chapitre, bien résigné et d'un piètre secours : « *Le but de notre carrière c'est la mort, c'est l'objet nécessaire de notre visée : si elle nous effraie, comme est-il possible d'aller un pas avant, sans fièvre ? Le remède du vulgaire, c'est de n'y penser pas. Mais de quelle brutale stupidité lui peut venir un si grossier aveuglement ?* »

Michel Pacha n'était pas aveugle, trop de disparitions cruelles avaient marqué son parcours. Il n'était pas non plus un de ces « vulgaires » qui refusait de penser à l'échéance. Mais son remède à lui était l'action, non la contemplation et l'attente. Le maire de Bordeaux avait passé plus de temps à fréquenter les philosophes dans la solitude de sa « librairie » qu'à tenter de peser sur le monde. Lui, Blaise Marius Michel ne pouvait accepter cette passivité. Il était né pour agir, pour bâtir, pour avancer, pour secouer les immobilismes et faire bouger les lignes. Il était programmé pour le progrès. Tendu vers l'avenir. « *Je veux [...] que la mort*, écrivait encore Montaigne, *me trouve plantant mes choux.* » Le comte de Pierredon refuserait toujours de se cantonner à l'art de planter ses choux. La camarde le trouverait debout. À la barre. À la pointe du combat.

Les défis ne manquaient pas, ne serait-ce qu'à la mairie de l'ancienne Saint-Nazaire. Il fallait, de manière urgente, établir un bureau d'octroi sur la route des Sablettes, contre l'avis de la municipalité de La Seyne ; il fallait régler la question du feu du grand môle dont le gardien demandait normalement à être rémunéré, ce dont se chargea, sur ses deniers personnels, le maire. Il fallait tenter de remettre en service l'usine de traitement de tourteaux d'olives qui, concurrencée par les exportations d'Afrique, avait cessé d'être compétitive et ne fonctionnait plus. Il fallait, suite à une pétition des habitants, envisager d'importants travaux sur le pont de la Reppe afin d'éliminer le dos-d'âne pour le rendre plus carrossable ; il fallait examiner la demande d'Auguste Gilardo qui souhaitait aménager, au lieu-dit « Les Baux », une entreprise de construction de bateaux. À titre personnel, il fallait surveiller la construction, sur des terres gagnées sur la mer, de la villa *Micheline* dans laquelle il aurait pu convaincre son épouse d'habiter si elle ne l'avait quitté prématurément.

L'affaire la plus délicate, qui nécessita de la part de Michel, plusieurs déplacements à Paris et une correspondance fournie avec les ministères, fut celle du conflit des pêcheurs. Une vieille convention de vingt ans établissait que les eaux de pêche du golfe et autour des îlots des Embiez et du Rouveau, seraient exploitées de façon commune et à tour de rôle par les prud'homies de Sanary et de Six-Fours-Le Brusc. Or un décret préfectoral venait de se prononcer en faveur d'une répartition plus favorable à la cité voisine, lésant fortement les pêcheurs de Sanary décidés à contester cette décision. Les quarante-cinq pêcheurs du Brusc se voyaient octroyer un territoire de huit milles et demi et ceux de Sanary, au nombre de soixante-huit, recevaient trois milles et demi de côtes. L'injustice était criante. Marius s'engagea avec énergie à défendre les intérêts de ses concitoyens mais ne put obtenir gain de cause, ce qui, à un homme peu habitué aux échecs, procura un réel sentiment de dépit.

Dans sa fonction de premier magistrat, il eut aussi à accueillir solennellement, au mois d'octobre, les officiers de l'escadre russe reçue à Toulon dans le cadre du réchauffement des relations entre les deux pays. L'ancien capitaine, qui avait su amener des navires jusqu'aux rives de la Crimée, retrouvait, avec le très francophile contre-amiral Avelan, un interlocuteur prestigieux qui lui rappelait ses années glorieuses au service de la Royale. Les 13 et 14 du mois avaient même été déclarés jours de congé par le préfet du Var pour honorer les hôtes. Des contingents de plusieurs centaines de matelots et cadres russes firent la traversée jusqu'à Tamaris, d'autres accomplirent la promenade, dans des landaus enguirlandés, jusqu'à Sanary. Un feu d'artifice fut tiré sur le port, des ballons aux couleurs russes furent lâchés du côté des Sablettes et un bal fut organisé sur la place de l'Hôtel de Ville. À La Seyne, les ateliers des Chantiers de la Méditerranée mirent tout leur zèle à réparer, pour une somme modique, l'avarie du navire *Amiral Nekhimof* qui fut bientôt prêt à reprendre la mer. « *Que Dieu garde le tsar qu'ils ont nommé leur père* » déclarait lyriquement le poète toulonnais Jean Aicard. L'Orient revenait en force dans la diplomatie et la politique françaises. Là aussi, Michel Pacha pouvait s'estimer avoir été un précurseur.

Mais les paillettes de la mondanité ne parvenaient pas à guérir le vieux lutteur de sa solitude et de son chagrin, pas plus que la griserie des honneurs à la tête de la ville. L'affaire des pêcheries fut un prétexte à sa prise de recul. Malgré l'avis favorable du Conseil général, malgré l'intervention auprès du Préfet maritime, malgré l'entretien encourageant qu'il put avoir avec Félix Faure, le nouveau ministre de la Marine, Michel ne parvint pas à obtenir du gouvernement qu'il donne satisfaction aux Sanaryens dans l'attribution des zones de pêche. Immédiatement, le nouveau maire, en date du 20 juillet 1894, moins d'un an après le décès de son épouse, adressa au Préfet sa lettre de démission dans laquelle il expliquait : « *... dans ces conditions et pour la raison que je n'ai pu faire prévaloir auprès de l'autorité supérieure une cause éminemment juste, je ne pourrai plus exercer mes fonctions de Maire avec tout* *l'ascendant que le premier magistrat d'une cité doit légitimement posséder sur ses administrés. Je viens donc, Monsieur le Préfet, vous prier d'accepter ma démission de Maire et de Conseiller municipal de Sanary. Je vous prie d'agréer... ».*

Le Conseil municipal au complet ainsi que les membres de la Prud'homie des pêcheurs emboîtèrent le pas et donnèrent leur démission. Après plusieurs mois de vacance à l'hôtel de ville, marqués par de nouvelles infructueuses démarches auprès du Ministère de la Marine, Joseph Soleillet, qui avait plusieurs fois demandé, en vain, à Marius de revenir sur sa décision, accepta de reprendre l'écharpe de maire. Quelques temps après, le Pacha, qui avait consenti à siéger parmi le nouveau Conseil, reprit sa pleine liberté en invoquant dans sa lettre de démission « *l'état de ma santé, les fréquentes absences occasionnées par des affaires personnelles de la haute importance...* ». À l'unanimité, le Conseil municipal le nomma Maire honoraire. Les fonctions d'élu de Blaise Marius Michel comte de Pierredon prenaient définitivement fin. Une page se tournait.

Ce n'était pas la dernière. L'homme des phares, bientôt octogénaire, se retirait de la vie publique mais n'avait pas l'intention de prendre congé du monde. Le plus âgé de ses petits-fils, Thierry, aurait bientôt douze ans, un âge insuffisant pour être placé à la tête des prospères sociétés de son aïeul. De même, le grand projet de la Ville Nouvelle à Tamaris, cet Éden méridional, n'était pas achevé, restait en particulier à réaliser l'Institut de biologie marine promis au professeur Dubois, retardé par diverses complications, techniques et administratives. Le bureau de poste n'était pas encore créé. Le futur Casino, qui aiderait au rayonnement du littoral, restait à sortir de terre et l'extension vers les Sablettes n'était encore qu'à l'état de projet. Du côté de Constantinople, l'inauguration officielle des nouvelles « Échelles du Levant » était imminente et la mise en service méritait un accompagnement vigilant.

Mais comment affronter seul ces ultimes chantiers ? Le vide s'était fait autour du vieux Pacha. Collas lui-même, usé, fatigué, avait cessé de se déplacer et semblait, retiré dans sa propriété de Morsang, attendre la fin du voyage. Ses amis d'enfance avaient pour la plupart cessé de vivre. Il avait eu la tristesse, pendant son mandat de maire, d'apprendre la mort de Louise, la confidente de sa jeunesse, sa promise, disparue la même année que celle qui l'avait remplacée pour devenir sa femme légitime. Il était, discrètement, allé assister aux obsèques de la timide jeune fille qui, lors de son premier embarquement, lui avait offert un exemplaire de l'*Odyssée*. Le vide était total.

Montaigne fut, une fois de plus son salut. Il relut quelques lignes du chapitre 17 du livre II des *Essais*, ceux qui s'attardent sur Marie de Gournay de Jars, la « fille d'alliance » comme la nomme l'auteur, qui explique : « *... et certes aimée de moi beaucoup plus que paternellement, et enveloppée en ma retraite et solitude, comme l'une des meilleures parties de mon propre être. Je ne regarde plus qu'elle au monde.* » Qui serait sa Marie ? Qui donnerait corps à ses derniers rêves ? Qui l'aiderait non à finir son livre – là n'était pas son domaine – mais à terminer sa tâche ? Mlle de Gournay comptait près de trente ans de moins que Montaigne ; elle avait commencé de lire son œuvre au sortir de l'adolescence et lui vouait une affection « *plus que surabondante* ». Elle allait éclairer, par une amitié exceptionnelle, la fin de la vie du maire de Bordeaux.

Marie-Rose Jeanne Deprat fut choisie par Michel Pacha pour partager le temps de son grand âge. Elle était connue de lui de longue date puisqu'elle avait vu le jour la même année que sa fille défunte, la regrettée Amélie. Les deux fillettes avaient été un peu camarades, fréquentant la même école, se retrouvant à la paroisse et au catéchisme. Les Deprat étaient une vieille famille nazairienne qui avait produit des marins dont un Léon qu'avait connu Blaise dans sa jeunesse et qui continuait à naviguer. Un autre membre de la famille, Adolphe, avait été le conseiller municipal de Michel lors de son premier mandat. En remontant plus loin, c'est encore un Deprat, le prénommé Antoine, qui fut le parrain du père de Marius, son épouse, Madgeleine Deprat, étant la marraine. La petite Marie-Rose, d'une beauté éblouissante, encore célibataire à trente-huit ans suite à des fiançailles rompues, avait grandi dans l'admiration du bienfaiteur de la cité, de l'illustre conquérant des mers d'Orient, du bâtisseur du bord de mer. Il serait excessif de prétendre qu'elle l'attendait, lui qui avait le double de son âge, mais, comme Marie pour Montaigne, elle avait vu en Blaise un homme d'exception qui lui inspirait une fascination teintée de respect. Ces beaux sentiments pouvaient tenir lieu d'amour.

Le 22 mai 1895, dans la bonne la ville de Sanary, fut célébrée par Joseph Soleillet, premier magistrat, l'union de l'ancien maire avec Mlle Deprat. Un contrat fut signé en l'étude de Me Roch Granet, notaire à Sanary. Les esprits chagrins trouvèrent à redire à ce mariage : le « Nabab » achetait la jeunesse ; les Deprat n'avaient pas été insensibles à la fortune du mari ; épouser la jumelle de sa fille confinait à l'inceste... On regretta aussi que le temps de viduité ait été réduit à moins de deux ans... Il était toujours difficile d'empêcher les jaloux de jaser. Blaise Marius, au-dessus des préjugés et des ragots, organisa, dans les locaux de la mairie, une fête ni trop modeste ni excessive à laquelle furent associés les habitants de sa ville, fête réussie qui suscita de sa part une lettre de remerciements adressée à son successeur : « *Ma femme et moi avons été très touchés, plus que nous ne saurions le dire, des témoignages de sympathie que la municipalité et la population ont bien voulu nous donner à l'occasion de notre mariage. Nous conserverons certainement le meilleur souvenir de cette soirée du 22...* ». Les nouveaux mariés se partageraient entre deux habitations, la toute récente villa *Micheline* et le château du Manteau qui avait fait l'objet de divers aménagements.

L'heure des deuils semblait s'achever avec cette promesse de renouveau. Sans vivre ce tournant comme une revanche, l'homme des phares, toujours debout, n'était pas mécontent d'avoir déjoué les plans funestes du destin.

21

Michel Pacha ne jugea pas décent d'organiser pour sa nouvelle épouse ce qu'il est convenu d'appeler un « voyage de noces ». Toutefois, afin de renforcer l'union et d'offrir à Marie-Rose un dépaysement inédit ainsi qu'une meilleure connaissance de son passé, il remplaça le rite par un séjour à Constantinople où il était attendu par le sultan Abdül Hamid et les autorités ottomanes en vue de l'inauguration des quais.

L'*Élodie* prit la mer dès les premiers jours de juin, sous le commandement d'Édouard Rouden, ou plutôt de son fils Jules qui était en train d'acquérir ses galons de capitaine et dirigeait la manœuvre. Comme pour les Michel, une troisième génération de marins était à l'action chez les Rouden, et le dernier représentant de la famille, Jules, le filleul de Marius, ce gaillard de près de deux mètres, n'était pas le moins habile. Son parrain lui prédisait une brillante carrière et ne désespérait pas de le voir dès bientôt être le premier à bord. Avait également embarqué sur le yacht à vapeur, en tant que timonier, Jean Granet un frêle jeune homme de Sanary qui était venu, avec gêne, se proposer à l'ancien maire pour servir sur ses bateaux. Michel n'avait pas eu le cœur de refuser de recruter le fils de Louise. Le garçon aux traits fins et aux yeux clairs lui rappelait sa camarade de jeu qui semblait alors indifférente sinon hostile aux métiers de la mer. Peut-être les préférences de son ami d'enfance, le petit Blaise, promis à la marine, avaient-elles joué un rôle dans cette vocation que l'homme des phares découvrait avec amusement chez ce discret jeune homme qui portait un de ses prénoms. Enfin, était également du voyage, Fernand Deprat, le frère aîné de Marie-Rose à qui le Pacha comptait confier des responsabilités dans l'une ou l'autre de ses sociétés. Ce marin expérimenté qui atteignait la quarantaine, devenu son beau-frère, ferait par exemple un bon directeur exécutif de la Société des Phares et Balises de l'Empire ottoman. Il fallait lui faire découvrir les lieux.

La traversée se déroula sans surprise ni désagrément majeur jusqu'au détroit de Messine et aux premières côtes de Grèce. Pour son premier grand voyage en bateau, Marie-Rose découvrait le plaisir d'une navigation sereine dans des conditions de mer idéales. Le cadeau que lui faisait son mari, très attentionné à son égard, était sans égal. Un moment délicat, y compris pour le Pacha qui empruntait pour la première fois cette route, fut le passage du canal de Corinthe qui venait d'être ouvert récemment. Le défilé était impressionnant, mais, comme l'expliquait le capitaine, les risques étaient nuls et, surtout, le voyage s'en trouvait raccourci de plus d'une journée. Une fois dépassées les Cyclades l'*Élodie* longea le Dodécanèse et entra dans la zone que la Société Collas et Michel avait équipé en phares. Ce furent d'abord ceux de Samos et de Cos, aperçus de loin, puis, en remontant la côte égéenne, ceux de Chio et de Mytilène, vus de plus près grâce à une manœuvre du yacht, puis les quatre feux de Smyrne, le grand port laissé au fond de sa baie, les six du canal de Metelin, puis le phare de Bozcaada, autrefois nommé Tenedos, lieu stratégique sur la rive asiatique au niveau de la ville de Çanakkale, à environ trente kilomètres de la légendaire Troie. En ce lieu, Agamemnon aurait dissimulé sa flotte, laissant au rusé Ulysse le temps de construire son fameux cheval. Ulysse, toujours ! Enfin ce fut l'arrivée dans les Dardanelles et la traversée de la mer de Marmara, l'ancienne Propontide, gardée par le phare de Gallipoli juché sur une falaise et battu par les vents, dont les deux éclairs blancs guidaient les navires sur ces côtes dangereuses.

Marius expliquait à sa jeune épouse le choix des emplacements, les difficultés de la construction, la nature des matériaux (pierre ou métal) le mode de fonctionnement, le nombre d'éclats, leur rythme, leur portée, le personnel nécessaire. Il était chez lui ; ce monde était le sien ; ces vigies représentaient une partie de sa vie et, désormais, une importante source de revenus. En vue de Constantinople, le navire ralentit l'allure et Michel, à la demande de son épouse et sans se faire prier, se lança dans des explications précises :

– Trente-sept aides à la navigation facilitent l'approche de la Porte, la bien nommée, dont dix-neuf sur le Bosphore. Le premier phare que vous apercevez est celui de San Stefano dont la tour cylindrique est intégrée à l'intérieur de la maison du gardien. Elle ressemble à un donjon, avec ses créneaux et ses mâchicoulis. Il est équipé de lentilles de bonne qualité, celles qui furent inventées par Augustin Fresnel, en particulier la lentille à échelon qui permet d'augmenter la portée des lanternes. Nous allons rencontrer ensuite Fanaraki qui fut facile à construire car le terrain est peu accidenté, puis un de mes préférés, d'une grande élégance, mais qui nécessita de gros travaux, celui de Koum Kapou que vous arrivez à distinguer, très haut et très efficace. La tour que l'on distingue à l'est est la deuxième plus haute de l'Empire après Sile Burbnu, sur la Mer Noire, c'est Ahyrkhapi, un phare toujours habité qui est allumé à 17 h 30 et éteint à 6 h 30. Ce fut notre première réalisation. Je ne vous les mentionne pas tous, mais j'attire votre attention sur ce magnifique bâtiment monté sur un récif qui protège l'entrée de la ville, du côté d'Üsküdar et qui est nommé « La Tour de Léandre ». Je n'en suis pas le constructeur, évidemment, car il date probablement du XIIe siècle et fut reconstruit en 1719 après avoir été détruit par des tremblements de terre. Il a aussi servi de prison, de lazaret, d'octroi. Les Turcs l'appellent *Kiz Kulesi*, « la tour de la jeune fille », d'après un conte qui prétend qu'une jeune fille y était enfermée et mourut de la piqûre d'un serpent. C'est une variante de l'histoire de Léandre, ce personnage mythologique qui nageait chaque nuit pour aller trouver Héro, cloîtrée dans la tour. Nous irons le visiter ; on monte jusqu'à la lanterne et, de là, la vue sur la ville est magnifique.

Quelques minutes plus tard, l'*Élodie* se dirigea vers l'embouchure de la Corne d'Or pour venir accoster à Galata, au pied de la colline de Péra, contre l'un de ces quais construit par le Pacha qui retrouvait avec un bonheur visible ces lieux qui l'avaient marqué.

Les changements étaient notables. De lourds navires étaient amarrés de part et d'autre du grand pont de bois, dégageant le détroit qui, habituellement, était encombré d'embarcations à l'ancre. Les traditionnels caïques étaient devenus plus rares, remplacés par de simples barques à rames circulant dans tous les sens. Sur les quais, la foule était nombreuse et active. Des élégantes protégées par des ombrelles passaient d'un pas rapide ; des messieurs à chapeau haut de forme, fumant le cigare, contemplaient les opérations de déchargement. Des portefaix en costume local, chargés d'imposants ballots ou tirant péniblement des charrettes, se dirigeaient vers la ville en évitant les fiacres à l'arrêt ou les marchandises en transit. De petites échoppes proposaient des fruits de saison, des beignets ou des *lebleli*, pois chiches grillés très prisés des locaux. Vers le débarcadère de Sirkedji, les *vapur* assurant la traversée laissaient échapper des panaches de fumée blanchâtre et, à espace régulier, d'assourdissants bruits de sirène.

Un emplacement était réservé pour le yacht du Directeur de la Société des Quais, Docks et Entrepôts, non loin d'un grand paquebot à coque blanche et cheminée bicolore qui arborait un pavillon britannique. Depuis le balcon de l'embarcation française, la vue sur Stamboul était saisissante, permettant de distinguer, pour un œil averti comme celui de Michel qui jouait les guides, les mosquées Bleue et de Süleymaniye, Sainte-Sophie, Saint-Sauveur-in-Chora, la tour de Beyazit et, dissimulé dans l'écrin de verdure du sérail, les remparts de

Topkapi Sarayi. À tribord, se découvrait la ville moderne qui offrait une image bien différente, avec l'immeuble cossu de la Banque ottomane au premier plan ou, se détachant derrière la tour de Galata, les terrasses du tout nouveau *Péra Palace*, premier hôtel du pays à être équipé d'électricité et pourvu d'un ascenseur.

– Si l'on marche quelques dizaines de mètres le long de ce quai, expliqua Marius, on arrive au palais de Tophane, un ancien fort réservé autrefois aux canons où j'ai eu longtemps des bureaux et même un logement privé. Le palais se trouve derrière la mosquée de Nüsrekiye dont vous apercevez les minarets. De là, par une petite rue qui monte raide, nous accédons à notre demeure, juste derrière le lycée de Galatasaray et tout près du Palais de France. Nous devons y être attendus. Je n'y suis plus retourné depuis longtemps. Élodie n'aimait pas cet endroit, ni rien de ce qui touche à cette ville. J'espère que vous serez plus réceptive aux beautés de l'ancienne Byzance.

Marie-Rose semblait transportée à l'idée de se trouver dans une ville qui, à chaque minute, lui réservait des surprises. Elle se montrait toutefois mesurée dans ses manifestations d'enthousiasme par égard pour celle qui l'avait précédée en ces lieux. La jeune femme avait naturellement connu la première Mme Michel, ne serait-ce que comme maman de sa camarade de jeu. Elle avait gardé d'elle le souvenir d'une femme autoritaire, peu conciliante, mais qui savait mener son ménage et méritait un peu des éloges que l'on attribuait à son mari dont le parcours suscitait généralement l'admiration et, parfois, quelques remarques acerbes. Aujourd'hui, c'était elle l'épouse légitime, mais si c'était bien à elle que revenaient les honneurs, elle n'entendait pas se faire remarquer par des excès de vanité ou des excentricités. Elle souhaitait rester à sa place.

Comme elle sut le faire au moment de l'inauguration officielle des quais de la ville à Galata, en présence des plus hautes personnalités de l'Empire. Le sultan Abdül Hamid II présidait les festivités, mais il revint à son Grand Vizir, Midhat Pacha, de prononcer le discours de circonstance. Le ministre tint à se féliciter de la fructueuse collaboration entre les deux nations amies ; il voyait, dans cette réalisation, une marque du souhaitable rapprochement entre l'Orient et l'Occident, mais aussi une volonté de la capitale ottomane d'entrer dans la modernité à la veille du changement de siècle ; il célébra enfin la force de caractère, l'acharnement au travail et la détermination du commandant Michel qui avait réussi, dans des conditions difficiles, à améliorer la navigation dans les mers du Levant et à transformer en vrai port la vieille cité de Constantinople. Le Français n'eut pas à donner de réponse car une réception en son honneur était prévue peu après au palais de Dolmabahçe.

Une dizaine de canots à vapeur embarquèrent les invités pour les déposer, peu après, en ce lieu aménagé par Abdül Medjid quelques années plus tôt et dont le nom signifiait « le jardin rempli ». Les architectes, pour certains italiens et français, avaient vu grand pour satisfaire le délire impérial du Padischah, soucieux de rivaliser avec les cours d'Europe. Cette réplique rococo du palais de Versailles en bordure du Bosphore avait de quoi rendre perplexe. Tout était fait pour en imposer et signifier l'opulence. Les deux cent cinquante mètres de la façade de marbre blanc précédée d'un magnifique jardin fermé d'une grille monumentale donnaient le ton de la surenchère superfétatoire de cet emblème du pouvoir. Par le majestueux portail blanc, on accédait à un somptueux escalier surmonté d'une verrière aérienne reposant sur des pilastres de marbre rose. La salle de gala, aussi grande qu'une mosquée, était éclairée par un immense lustre à pendentifs offert par la reine Victoria à l'occasion d'un séjour dans la Nouvelle Rome. De gigantesques poêles de faïence venus d'Europe du nord étaient censés chauffer la pièce à la mauvaise saison. C'est dans cette salle de prestige qu'allait se tenir la fête en l'honneur du directeur de la Société des Quais, Docks et Entrepôts de Constantinople.

Le sultan réclama le silence et prit la parole en français :

– Mes chers amis, nous sommes réunis ici pour récompenser le très honorable commandant Michel comte de Pierredon du zèle et du dévouement dont il a fait preuve tout le temps de son service. La réalisation des quais que nous venons d'inaugurer n'est qu'une partie de ce qu'il a donné à notre Empire. Nous avons déjà pu marquer notre reconnaissance à son égard par l'attribution de la quatrième classe de l'Ordre impérial du Medjibié, reconnu par le brevet impérial daté de la première décade de la lune de *rebul-ewel* de l'année de l'Hégire 1276. Il s'est vu attribuer par nos prédécesseurs les distinctions de commandeur, de *miralaï*, de grand officier de Mirliva avec le titre de Pacha. Nous lui conférons aujourd'hui la distinction de grand cordon de l'Osmanié et de grand-croix du Medjibié. Le commandant Michel sera, de ce jour, considéré comme membre de droit du Divan et recevra le titre de Beylerbey. À titre personnel, mon cher Blaise Marius, je vous félicite et vous remercie.

Michel Pacha répondit avec sobriété, insistant sur la fraternité entre les peuples et sur son attachement pour l'Empire ottoman où il avait trouvé des personnes qui lui avaient fait confiance. Sa parole s'était libérée avec le temps, mais il restait attaché aux vertus du silence. Le Varois ne courait pas non plus après les honneurs et n'appréciait guère les séances protocolaires. Il avait hâte de regagner son domicile ou de continuer à faire découvrir la ville et ses environs à sa jeune épouse qui, avec application, notait, sur un petit carnet, les sites remarquables, certains termes ou les rencontres étonnantes en vue de les retranscrire dans son journal.

La promenade à Eyüp, sur les contreforts de la Corne d'Or, fut pour elle un grand moment d'émotion, moins en raison de la mosquée construite par Mehmet le Conquérant ou pour les reliques du compagnon du Prophète ou pour le jardin-cimetière à flanc de colline, que pour l'arrêt, rempli de recueillement, devant la stèle consacrée à Fatmé. Marie-Rose, qui ne savait rien de cette aventure – elle ignorait encore beaucoup de choses de la riche vie de son mari – n'eut pas à poser de questions. Inspiré par le lieu, par cette belle fin de journée, le vieux lutteur, les yeux rivés sur la sépulture, se laissa aller à des confidences.

– La personne qui repose ici était, au moment de sa mort, plus jeune que vous. Elle a été emportée par la maladie, brutalement. Elle était belle, douce, discrète, prévenante. J'étais seul, harassé de travail, étranger à cet univers. Elle m'a aidé à survivre. Elle m'a converti à l'Orient. Elle m'a appris à aimer. Elle m'a fait oublier, je le reconnais avec honte, mes responsabilités d'officier et mes devoirs d'époux. Je n'ai pas su répondre à ses attentes. Je n'ai pas été capable de la préserver du mal qui la rongeait. Je n'ai pas su voir sa souffrance. Elle est partie sans se plaindre. Un jour que je n'étais pas auprès d'elle. Me laissant cette tombe où je suis venu la retrouver chaque fois que j'ai pu. Et me confiant son enfant, une adorable petite fille, Nilda, que j'ai ramenée en France et que nous avons élevée, Élodie et moi. Elle vit toujours chez nous, à Tamaris, elle est elle-même devenue mère. Elle s'appelle maintenant Catherine. Vous aurez à la rencontrer. Voilà, vous connaissez maintenant mon pauvre secret. Vous êtes la première et la seule à qui je raconte ce moment de ma vie. Vous en parler me libère.

Marie-Rose s'appliqua à dissimuler son étonnement face au récit qu'elle venait d'entendre. Le Pacha, à ses yeux, était un homme exemplaire, irréprochable, à l'abri des tentations et des erreurs. Cet être d'exception dont elle avait accepté de partager la vie, ne pouvait pas, pour elle, avoir pu trébucher, commettre une faute, vivre un adultère. Elle était stupéfaite de constater que ce modèle de vertu avait pu connaître des moments de faiblesse, qu'il était, aujourd'hui encore, en proie au remords. Cette défaillance, qui aurait pu la décevoir, avait le mérite de la rassurer. Son mari lui apparaissait soudain plus humain, plus proche, parce que plus fragile, plus vulnérable. La statue du héros descendait de son piédestal. Le respectable comte de Pierredon redevenait le jeune Blaise, coupable et repentant. Et ce faux pas était dû à une femme pour laquelle, loin d'éprouver une quelconque jalousie rétrospective, elle ressentait une forme d'amitié, de complicité, une connivence féminine par-delà les années. Fatmé devenait une sœur. Elle avait aimé l'homme qu'elle aimait à son tour. Elles avaient beaucoup à partager.

La jeune Mme Michel, après avoir reçu l'aveu de son mari, observa un long silence. Elle ne se sentait pas le droit d'apporter un commentaire, encore moins un jugement. Elle serra le bras de son guide et le suivit quand il l'invita à gravir quelques marches pour atteindre une petite maison de bois précédée d'une terrasse, dominant les eaux d'acier de la Corne d'Or. L'émotion n'était pas tout à fait retombée quand Marius reprit ses explications.

– Cet endroit aussi a une histoire, chère Marie-Rose, proche de celle que j'ai vécue vingt-cinq ans plus tôt. C'est ici, dans ce *yali*, qu'aimait à venir se reposer l'officier et écrivain français connu sous le nom de Pierre Loti qui vient d'être élu à l'Académie française. Il vivait à Eyüp et la jeune femme qu'il rencontra s'appelait Aziyadé, ou plutôt c'est le nom qu'il invente pour protéger sa vie privée dans un roman qu'il lui a consacré. Elle fut un moment sa compagne, puis il la quitta et elle mourut prématurément, de chagrin. La deuxième partie du livre se passe sur cette colline, à Eyüp, vous aurez plaisir à le lire. Je vous prêterai le livre : il explique des choses que je ne suis pas capable d'exprimer. Les écrivains ont cette capacité de rendre par des mots les secrets de la pensée de ceux qui les lisent. C'est le miracle de la littérature. Venez, le soleil commence à décliner, nous allons rentrer.

À bord de l'*Élodie* qui, sur le chemin du retour, approchait des côtes de Sicile, à peine visibles, au loin, dans un nimbe bleuté, Michel Pacha contemplait la mer et s'appliquait à recevoir les griffures du vent et les senteurs d'embruns. La route du bateau se dirigeant vers la Provence suivait celle de son double mythologique, le héros de la Guerre de Troie, le grand Ulysse dont l'histoire, racontée dans un livre fondateur, l'avait accompagné lors de son premier embarquement. Le nom du fils de Laërte convoquait immédiatement avec lui celui de certaines figures féminines liées à la vie de Marius, la timide Louise, qui était allée chercher dans la bibliothèque familiale l'exemplaire d'Homère à valeur de talisman. La triste Élodie qui, pour occuper son ennui et dépasser ses malheurs, avait choisi, avec ses tapisseries jamais achevées, de jouer les Pénélope. Quant à la tendre Fatmé, elle pouvait, en dépit de différences notables, être assimilée à la nymphe Calypso ou, mieux, à Nausicaa, la belle et jeune amoureuse, fille du roi des Phéaciens, qui avait tenté de séduire et de retenir dans son île le grand navigateur.

Restait à distribuer le rôle de Marie-Rose. Privée d'équivalent légendaire, la « fille d'alliance » s'inscrivait dans une autre aventure, celle du renouveau, du regain, du retour à la vie. À y regarder de près, pourtant, le visage de Circé, la magicienne, aurait pu convenir, non pour ses aspects maléfiques, mais pour son pouvoir d'enchantement, quand la fille du soleil prononçait ses oracles de sa charmeuse voix. Le royaume de Circé se situait sur les côtes de Campanie qui apparaîtraient bientôt, sur ce cap bien connu des marins appelé Monte Circeo. Ulysse vieillissant rentrant à Tamaris, un Ithaque continental et moderne où il avait construit son château et réuni ses amis, Pacha allait abandonner la mer pour « *vivre entre ses parents le reste de son âge* ». Son Télémaque à lui n'était plus de ce monde. Son prodigieux héritage attendrait de longs ans avant d'être recueilli. Marie-Rose aussi aurait un rôle à jouer pour le faire fructifier.

La jeune femme venait juste de rejoindre son mari sur le pont. Elle se rapprocha de lui, passa son bras sous le sien, pencha délicatement sa tête sur son épaule.

– Merci pour ce beau voyage, cher mari. Merci pour ce cadeau inestimable. Merci de m'avoir fait découvrir la plus belle ville du monde. Merci pour Péra, pour Galata, pour Stamboul, pour le Bosphore et pour Eyüp. Merci surtout pour Fatmé que j'ai l'impression de bien connaître, et que j'aime car elle fait partie de vous. Merci de me faire partager votre vie, votre histoire.

– C'est moi, mon enfant, qui dois vous remercier. Grâce à vous, je me suis réconcilié avec mon passé. L'aventure avec Fatmé était une brûlure. Vous la confier en a fait un beau souvenir. Je reviens apaisé de Constantinople où, je le crains, je ne retournerai jamais. Votre frère Fernand prendra le relais pour gérer nos affaires. Je ne me leurre pas, Marie-Rose, je suis un vieil homme, je touche au crépuscule de ma vie. Je me sens encore animé de suffisamment de vigueur pour lancer des projets, mais je sais que les années me sont comptées. La vie passe et s'en va, comme ces vagues qui s'évanouissent aussitôt qu'elles sont nées. Merci, chère enfant, de ces moments exceptionnels où j'ai retrouvé un peu de ma jeunesse. Nul ne sait le temps que nous avons à vivre ensemble. Mais j'aborde l'avenir avec sérénité, grâce à vous. Votre sourire et votre présence m'aideront à franchir les derniers obstacles. Votre arrivée est un don du ciel, une récompense inespérée après une vie d'efforts et d'épreuves.

Le vent s'était levé. Jules Rouden, en accord avec son père, avait décidé de déployer la totalité des voiles pour retrouver de vraies sensations de marin. L'équipage manœuvrait les haubans et les drisses avec une tranquille assurance. L'*Élodie*, sur son erre, avançait à belle allure, dix nœuds peut-être, dessinant sous l'étrave des gerbes d'écume et produisant ce singulier bruit d'un froissement amical. Les écueils redoutables de Charybde et Sylla seraient bientôt franchis. Puis se dessineraient les côtes voisines de Naples et serait atteint le promontoire d'où la mystérieuse Circé surveillait les intrépides navigateurs. Marie-Rose se serra un peu plus contre Blaise. Ce voyage qui s'achevait, elle l'avait transformé en départ.

22

– Je vous ai fait venir, Catherine, pour vous demander si vous accepteriez, vous, votre mari et vos enfants, de quitter Pierredon pour vous rapprocher de nous et habiter le château du Manteau. Nous avons prévu de mettre à votre disposition la maisonnette à l'entrée du parc, mitoyenne de la chapelle, libéré par les Bonnaud qui ont décidé de nous quitter. Antoine ferait office d'intendant en charge de la surveillance du domaine et de la gestion du personnel d'entretien, et vous, vous auriez à diriger les domestiques assurant le service. Le capitaine Michel serait très heureux que vous acceptiez car il a pour vous plus que de l'estime, de l'affection. Et je partage ce sentiment.

Catherine Péronet, avec la quarantaine, avait un peu perdu de sa vivacité espiègle et de sa finesse de taille. Mais le regard restait acéré et la parole directe. La demande de la nouvelle Mme Michel semblait lui faire plaisir :

– La réponse est oui. Je n'ai pas besoin de consulter Antoine qui acceptera ma décision. Madame sait quel attachement le lie à Monsieur auquel il doit beaucoup. Moi aussi, je suis très reconnaissante à monsieur Michel de m'avoir recueillie et permis de trouver une vraie famille. En particulier avec Mademoiselle Amélie qui m'honora de son amitié. Madame a sans doute oublié que nous avons joué à la poupée ensemble ; j'étais la plus âgée et je faisais le papa…

Marie-Rose mit un moment à comprendre. Ainsi, la fille de Fatmé, qu'elle souhaitait mieux connaître et avoir auprès d'elle, était l'ancienne amie et protectrice d'Amélie, sa camarade à l'école Saint-Vincent qu'elle fréquentait elle aussi. Quand Blaise lui avait parlé de Catherine, autrefois appelée Nilda, elle n'avait pas fait le rapprochement avec cette jeune adolescente délurée et sûre d'elle qui dirigeait leurs jeux. Avec la même assurance, Catherine enchaîna :

– Puisque la question est réglée, puis-je demander à Madame ce qu'elle pense de Constantinople. C'est là-bas que je suis née. Mais je ne connais rien de cette ville. Et rien non plus de mes parents. Monsieur n'a pas su me donner d'explications sur ma naissance. Tout cela est du passé bien sûr, mais j'ai toujours de la curiosité pour mon ancien pays.

En parlant de sa terre natale, Catherine s'animait, ses yeux scintillaient, sa peau même avait l'air de devenir plus cuivrée, sa voix plus chaude, marquée d'inflexions chantantes. Marie-Rose eut l'impression d'avoir devant elle Fatmé en personne, celle qui avait aimé son mari, qui l'avait aidé à supporter la solitude, celle qui avait été emportée par la maladie sans se plaindre et reposait maintenant à Eyüp. Son devoir était de ne rien dire du secret de la naissance, de rester au niveau des généralités tout en marquant, mais de manière non trop visible, son amitié pour Nilda, une amitié moins ambiguë que celle qu'Élodie avait montrée pour la gamine turque qu'une femme de chambre avait déposée chez elle, dans sa maison de Marseille, un jour de 1861.

– Constantinople est une belle ville, mais je ne l'ai visitée que très rapidement. Je ne peux pas vraiment vous en parler. Vous devriez lire ce qui s'est écrit sur la Sublime Porte. Et même des romans, comme celui-ci, *Aziyadé*, dû à un écrivain français, Pierre Loti. Je vous offre ce début de chapitre : « *Qui me rendra ma vie d'Orient, ma vie libre et en plein air, mes longues promenades sans but et le tapage de Stamboul ?* » Il restitue bien le sentiment que l'on a sur place …

Ce livre, offert par Marius, ne la quittait plus. Il nourrissait son rêve d'Orient, rapporté de son voyage vers les rives du Bosphore. Il disait, élégamment, ce que son mari n'avait pas su ou voulu expliquer. Aujourd'hui, il la rapprochait de Catherine-Nilda, en qui elle cherchait à retrouver les traits et les charmes de Fatmé, sa rivale et amie, dont elle se réjouissait de voir la fille au quotidien. La jeune Mme Michel aurait aimé remplacer dans le souvenir de son mari la belle Ottomane aux yeux tristes. Elle s'imaginait devenue une *iqbal*, cette favorite du sérail qui avait le droit de partager la couche du maître. Elle avait tenu, chez les Frères Abdullah de Péra, à se faire prendre en photo pour un portrait suggestif, en costume ottoman, coiffée d'une toque d'où s'échappait un léger voile de mousseline – le *yasmak* – qui lui couvrait, sans le dissimuler, une partie du visage. Une autre photographie la montrait en tenue d'odalisque, assise nonchalamment sur un canapé brodé d'arabesques, une cigarette dans la main droite, le regard dirigé à l'opposé, vers un hypothétique admirateur ou vers le narghilé disposé au premier plan. Ces photographies étaient en bonne place dans le bureau du Pacha.

Par ces fantaisies, Marie-Rose participait à la reconstruction, sur ce littoral préservé de Provence, d'une fantasmagorie turque grâce à laquelle les misères du quotidien se réduisaient à l'état d'innocentes vétilles. Le château, par son baroquisme, entrait dans ce programme de dépaysement. Il avait fait l'objet de quelques modifications, notamment par la réfection de la « chambre noire », cette pièce de deuil, tendue d'étoffe sombre et pourvue d'un autel de prière, où Élodie venait faire ses dévotions et retrouver ses chers défunts. Le délire exotique de Marius trouvait un écho inattendu mais fervent dans les suggestions de sa jeune épouse. C'est ainsi que fut reconsidéré le plan de l'Institut de biologie marine qui était en cours d'achèvement.

Les travaux, après de multiples retards et interruptions, avaient pu reprendre sous la direction de l'architecte Paul Page qui se fit assister par un confrère lyonnais nommé Hirsh. Un fascicule, signé d'un scientifique du nom de Caullery, parlait, à propos du bâtiment, d'« *un bijou d'architecture orientale* ». Le même document apportait des précisions techniques :

« *Décoration en ciment mouluré, colonnes et balustrades en pierre demi-dures de l'Estaillade ; planchers en fer au rez-de-chaussée, en bois pour les étages. Toiture en tuiles plates à crochets.* » L'article négligeait de mentionner quelques particularités architectoniques tels les arcs outrepassés, les faïences polychromes, les merlons en dents de scie, mais il revenait sur l'image d'ensemble et la situation exceptionnelle : « *La façade blanche de style mauresque se détachera, éclatante sous la lumière de Provence, au fond de la rade du Lazaret.* » Pour les connaisseurs du Bosphore, ce bâtiment pouvait constituer, en réduit, une réplique du grand palais de Dolmabahçe où Marie-Rose se souvenait d'avoir été reçue de manière fastueuse. Elle avait elle-même fourni à Page des cartes postales permettant à l'architecte de puiser son inspiration dans des modèles ottomans.

Le coût de la construction était estimé à plus de 50 000 francs, financés en partie par l'université de Lyon, par l'Association française pour l'Avancement de la science, par les collectivités locales et par Michel Pacha lui-même. Un groupe de souscripteurs avait fait le déplacement pour se faire une idée du futur institut et avait, depuis Toulon, accosté au débarcadère, face à l'édifice, accueilli par la musique des Équipages de la Flotte. Les visiteurs avaient par la suite logé au Grand Hôtel de Tamaris où un repas de cent vingt couverts leur avait été servi. Ils avaient pu découvrir le site et les locaux sous la conduite de Raphaël Dubois (qui depuis deux ans déjà vivait à la villa *Val-Mer* voisine où était installé un laboratoire provisoire), de Marius Michel en personne et du maire de La Seyne, Saturnin Fabre, dont le discours, repris par la presse locale, vantait la transformation des lieux : « *Le terrain qui nous environne était entouré de marécages. Les émanations du sol en détruisaient tout le charme, toute la poésie de la mer, des fleurs, des pins pittoresques qui ornent délicieusement notre côte méditerranéenne. Michel Pacha a fait de Tamaris ce séjour merveilleux, centre de villégiature, de promenade, de fête qui devient aujourd'hui celui du travail intellectuel où se rencontreront les poètes, les artistes et les esprits scientifiques dont s'honore la France entière...* ».

L'homme des phares était un peu las de ces multiples inaugurations et de ces palabres grandiloquentes qui venaient célébrer des projets unanimement désavoués la veille. Toute sa vie, il s'était battu contre l'immobilisme, la frilosité, la peur d'entreprendre. Il avait eu à vaincre la méfiance des banquiers, les objections des administratifs, les palinodies des élus, les réticences des populations. L'ensemble s'accordant, une fois le projet réalisé, pour en souligner la nécessité et en applaudir la réussite. L'humanité était décevante et les éloges des adversaires d'hier le laissaient aussi indifférent que les critiques des jaloux de demain. En vieux sage revenu des honneurs et des illusions, il écoutait la harangue du maire d'une oreille distraite et souriait à la lecture des articles pleins de fiel ou de compliments qui lui étaient consacrés. La lecture de Montaigne lui avait appris à relativiser les jugements et à s'en tenir à une route personnelle bien tracée : « *Mon métier et mon art, c'est vivre* », se plaisait-il à répéter, citant l'auteur des *Essais* à ceux qui s'étonnaient de son énergie intacte et de son ardeur de visionnaire.

Il savait que tout cela aurait une fin proche, que ces vains amusements n'étaient qu'une manière de retarder le moment où il faudrait prendre congé. Cette dure réalité lui avait été rappelée par de nouveaux deuils, moins intimes que les précédents, mais assez proches pour l'affecter puisqu'ils touchaient une famille qu'il aimait, les Collas. Thérèse, qui avait tant apprécié les quelques jours passés à Tamaris, était partie la première, laissant Camille seul au château de Morsang où Marius, accompagné de Marie-Rose, était allé le réconforter et le soutenir. L'ancien député lui était apparu fatigué, détaché des plaisirs de la vie, sans réelle volonté de poursuivre le combat. Accablement accentué peu après par la mort de Louis Gabriel, son fils aîné, disparu brutalement à Nice, illustrant, par ce décès prématuré, la sombre malédiction qui pesait sur les héritiers des Directeurs de la Société des Phares et Balises. Camille lui-même avait choisi de s'éteindre, à la veille de ses quatre-vingts ans, à son domicile de la rue Blanche, et Marius, né la même année que son associé défunt, avait pu voir la mort en face. Sans pour autant abdiquer.

Marie-Rose, près de lui, agissait comme un bain de jouvence et lui rendait son dynamisme dans les moments où menaçait de venir la défaillance. Elle apporta sa contribution pour les constructions en cours et à venir. Comme la villa baptisée, assez banalement, *L'Orientale*, bien qu'elle méritât ce nom, même si la référence était plus tunisienne ou marocaine qu'ottomane. C'est cette maison que le Pacha proposa gratuitement aux frères Lumière venus séjourner dans la région pour tourner des films en vue de leur cinématographe, contribuant un peu plus au renom de Tamaris. Paul Page n'était pas intervenu pour cette construction d'apparence géométrique dont le belvédère rappelait l'architecture des phares du Bosphore construits par le Pacha. La marque de l'architecte suisse était plus visible dans la villa *Le Croissant*, avec sa tour-minaret, son toit-terrasse bordé de merlons et ses frises de faïence émaillée à dominante jaune.

Construire agissait sur Michel comme un stimulant. Rien ne devait arrêter sa conquête des lieux, du bord de mer et, à la suite, de la colline intérieure, même si la cohérence faisait défaut comme le constatait le poète-maçon Charles Poncy dans son article, au demeurant louangeur : « *Exiger un plan de M. Michel serait une énormité, car il est l'improvisation personnifiée, et ses déterminations éclatent comme des fusées.* » L'extension prévue visait, d'un côté, la baie des Sablettes, où les projets étaient pharaoniques et, à l'opposé, le coteau du Rouve, sur les bords de la Petite Rade jusqu'au fort de l'Éguillette. L'infatigable bâtisseur se méfiait des conseilleurs ou des collaborateurs, ne faisant confiance qu'à son inspiration, aux suggestions de sa jeune épouse et aux avis de son fidèle secrétaire, Théodore Gasquy, qui assurait le suivi administratif. C'est à lui qu'étaient revenues les difficiles démarches auprès de l'administration des Postes pour obtenir qu'un bureau soit ouvert au niveau du musoir du Manteau, avec une boîte à lettres. Une missive du Pacha témoignait de son implication : « *Je m'engage envers la commune à supporter les frais d'achat, de pose et d'entretien de cette boîte. Vous apercevrez sans peine tous les avantages qui résulteront de la prompte mise en pratique de ces vœux destinés à favoriser l'affluence des étrangers sur le territoire de la commune.* » Le bureau des Postes et Télégraphes, dont le bâti fut confié à Monti et à son équipe, se limita à de modestes proportions, respectant le style « chalet », comme le faisait la villa *Les Mimosas*, avec un balcon de bois ajouré de couleur vert jade ; à la boîte aux lettres avait été donnée la forme d'un monstre à gueule ouverte. Le fil télégraphique reliant Tamaris à La Seyne et à Toulon, obtenu de haute lutte, marqua, à la veille d'entrer dans le XXe siècle, cette foi au progrès qui ne cessait d'animer l'ancien marin.

Car jamais le bâtisseur visionnaire n'oublia son attachement à la mer, comme en témoigne le projet de creusement d'un chenal navigable entre Tamaris et les Sablettes, suffisamment profond pour permettre le passage de gros paquebots à vapeur, voire de navires de guerre. Le chenal était prévu d'une largeur de vingt mètres sur une longueur de mille mètres environ. Les déblais, estimés à cent mille mètres cubes, devaient servir au comblement des terrains marécageux entre les mêmes points. Le montant des travaux s'élèverait, selon le document établi par l'ingénieur en chef V. de Noircarme, à 110 000 francs. Dans un deuxième temps pourrait être projeté le percement de l'isthme des Sablettes pour un débouché vers le port de Saint-

Elme en direction de la Pointe Garde-Vieille, à l'extrémité du Cap Sicié. Il arrivait à l'homme des phares de vouloir rivaliser avec les plus grands ingénieurs, tel Ferdinand de Lesseps, qu'il avait bien connu.

La nouvelle Mme Michel adhérait avec enthousiasme aux projets de son mari qu'elle encourageait même dans la voie des initiatives et de l'audace. Rien de ce qui le touchait n'était médiocre ou mesquin. Marius possédait une hauteur de vue qui l'éloignait des calculs ou de la banalité. À ceux qu'il estimait, qui entraient dans ses ambitions généreuses, qui souscrivaient à ses rêves de développement et de grandeur, il offrait son aide, son soutien, sans contrepartie. Les autres méritaient d'être ignorés. Tamaris valait bien un tel déploiement d'énergie, de tels investissements financiers. La lumière de l'anse, la douceur de l'air, l'harmonie du décor étaient sa récompense, et celle de Marie-Rose qui n'en finissait pas de se féliciter de vivre en cet endroit béni des dieux. Elle aimait Sanary, l'ancienne Saint-Nazaire, où elle était née et qui ne manquait pas de charme. Mais elle était tombée amoureuse de ce littoral qui était offert à son regard, quotidiennement, de sa chambre ou depuis le kiosque-belvédère où elle aimait, un livre à la main, se retirer.

Elle était devenue très proche de Catherine qui assurait son service avec conscience mais qui était plutôt considérée, en raison du passé et de son ascendance, comme une amie ou une complice. La résidente du château s'intéressait de près aux deux enfants des Péronet qui habitaient la maison à l'entrée du parc, Séverine, une magnifique jeune fille de dix-huit ans, et Albert, un peu plus jeune, surtout occupé à jouer dans cet environnement privilégié. Marius marquait également une attentive bienveillance pour ces deux enfants dont il avait décidé de financer les études et d'aider à leur installation future, en particulier pour Séverine qu'il envisageait de doter quand viendrait le moment du mariage.

Un fol espoir le caressa un moment de voir la petite-fille de Fatmé être intégrée à la famille par l'intermédiaire de l'aîné de ses petits-enfants, Thierry. Le jeune garçon, avec sa mère et son jeune frère, étaient venus passer quelques jours dans le Var, comme ils le faisaient parfois, pour profiter de l'air marin et du climat vivifiant. Plutôt que Pierredon, ils avaient préféré séjourner au bord de la mer et le Pacha leur avait proposé de s'installer dans la Grande Maison qui était restée inachevée après le décès d'Élodie, bien qu'elle fût habitable. Cette grande bâtisse de facture classique, cachée entre les pins et la verdure grise des oliviers, se situait à deux pas du château et offrait, depuis l'immense terrasse, une vue panoramique sur l'anse, la presqu'île de Saint-Mandrier et, à l'est, les collines qui entouraient Toulon. Les résidents venaient prendre la plupart de leurs repas au château, même si la veuve d'Alfred ne semblait guère apprécier la présence d'une belle-mère de remplacement. Le jeune Thierry, en revanche, montrait une réelle attirance pour ces lieux, surtout depuis qu'il s'était lié avec Séverine Péronet, du même âge que lui.

Un jour qu'il revenait de sa promenade quotidienne sur le chantier des Sablettes, Marius eut son attention attirée par des bavardages et des rires provenant d'un coin du parc, près des bancs qui entouraient la volière à structure de fer. Le vieil homme n'eut aucun mal à reconnaître Séverine et encore moins l'homme qui la tenait enlacée, son petit-fils, Thierry Michel de Pierredon. Il fut profondément troublé par la scène qui, pour lui, ne se limitait pas à un simple badinage entre adolescents, mais paraissait être une reconstitution, à deux générations de distance, du couple qu'il avait formé avec Fatmé. Ainsi l'histoire se répétait. Les événements balbutiaient. Il avait toujours aimé Nilda, comme il l'aurait fait pour sa propre fille – ne l'était-elle pas un peu ? Ce sentiment, au fil du temps, s'était naturellement reporté sur Séverine, à peine plus jeune que ne l'était la jeune ottomane aux yeux tristes quand il l'avait rencontrée pour la première fois à l'Amirauté de Constantinople. Il lui arrivait même de percevoir, chez l'adolescente, pourtant rieuse et rayonnante, une ombre de mélancolie dans le regard qu'il analysait comme un héritage lointain de sa grand-mère.

Le soir, dans son bureau, Marius convoqua son petit-fils.

– J'ai pu constater, mon cher Thierry, que tu t'intéresses de près à la fille des Péronet, Séverine, qui vit avec ses parents près de la chapelle du château. Ne proteste pas, je vous ai surpris du côté de la volière, et j'ai bien compris que vous aviez atteint un certain degré d'intimité. Après tout, cela est bien de votre âge et je n'ai pas envie de t'adresser des reproches. Je veux simplement t'interroger sur tes intentions. Séverine est une jeune fille sérieuse, dont l'avenir me préoccupe, comme tout ce qui touche à sa famille. Je dois aussi veiller sur toi qui prendras bientôt ma succession à la tête de nos sociétés. Alors, j'aimerais savoir : s'agit-il d'une amourette passagère ou vous êtes-vous engagés par des promesses ? La différence de condition n'est plus un problème à notre époque et nous pouvons réfléchir aux solutions…

Le jeune homme, dont les joues avaient rougi sensiblement, surmonta son embarras pour donner, d'une voix mal assurée une réponse évasive :

– Je vous assure grand-père, qu'il n'y a qu'un début d'amitié entre cette jeune fille et moi. Elle est charmante et pleine d'esprit et j'aime à me retrouver avec elle pour parler. Elle me fait aussi découvrir la région … Mais les choses ne sont pas allées plus loin et rien ne dit que nous nous reverrons. Vous savez que nous repartons après-demain pour Paris. Elle-même a ses activités ici, ses amis …

Le Pacha, déçu, revenait sur terre. Il avait simplement été le témoin d'une de ces liaisons ancillaires dont étaient coutumiers les fils de famille. Plus libéral qu'Élodie, ou pour des raisons moins avouables, il n'avait pas écarté l'hypothèse d'une mésalliance. La malheureuse aventure d'Amélie aurait pu se reproduire, dans un sens opposé, et elle aurait bien fini, car lui n'aurait rien fait pour empêcher que le fils du vicomte épouse la fille de son intendant. Le sang varois aurait pu enfin se mêler à celui d'une Orientale. La baie du Lazaret ne se serait pas simplement limitée à fournir une reproduction affadie des rives du Bosphore, elle en aurait été le vrai prolongement. Et lui, Blaise Marius Michel aurait pu, enfin, par le biais d'un de ses descendants, épouser le pays qui lui avait permis de se réaliser et réparer, après un demi-siècle, ses inconséquences d'amoureux distrait. Ce n'était là que rêve. Il n'y fallait plus songer.

La conversation terminée, l'homme des phares remonta dans sa chambre où il retrouva Marie-Rose qui l'interrogea sur sa tristesse apparente. Une contrariété ? Des ouvriers incompétents ? Des soucis administratifs ? « *Mon mal vient de plus loin ...* » aurait pu répondre l'octogénaire si l'hémistiche de Racine lui avait été connu.

23

Michel Pacha avait pris l'habitude, de longue date, de recopier sur un papier très fin, quasi transparent, appelé « bible », les lettres, assez nombreuses, qu'il adressait, à titre privé, à divers correspondants. Ces doubles de lettres étaient reliés dans un livre in-quarto aux pages numérotées dont la couverture cartonnée noire s'ornait d'une étiquette qui comportait, de sa main, des références de date. Ainsi pour un registre correspondant aux années de vieillesse sur lequel on pouvait lire, d'une belle écriture cursive inclinée vers la droite : « *Correspondance privée. Commencé le 5 janvier 1902 fini le 28 avril 1905* ». Les préoccupations de l'ancien marin, en ce jeune siècle, étaient là consignées.

Et elles étaient nombreuses.

La première, la plus futile, au moins en apparence, concernait le rayonnement de la nouvelle station hivernale qu'était en train de devenir Tamaris. De nombreuses personnalités, invitées par le maître des lieux ou de leur propre initiative, souhaitaient découvrir ce coin du littoral moins fréquenté que les lieux de villégiature traditionnels qu'étaient Hyères, Cannes ou Nice. Ce fut le cas de l'amiral russe Grigorovitch, de son homologue français Laborde, et surtout du président Waldeck-Rousseau, ami personnel de Michel, qui vint chercher quelques jours de repos en Provence et, tenant « *à garder le plus strict incognito ne s'est laissé approcher par personne* », comme il était écrit dans une missive adressée à Mme Veuve Martinenq et une autre à M. Audibert qui sollicitaient chacun une audience. À peine si l'ancien président du Conseil avait-il accepté de recevoir le bureau du Conseil général et une délégation de la municipalité de La Seyne. Le président Émile Loubet en personne avait fait connaître lui aussi son intention de répondre à l'invitation du comte Michel de Pierredon.

Des célébrités du monde des arts et des lettres firent également le voyage de Tamaris et furent souvent reçues au château du Manteau où se déroulaient, en leur honneur, de brillants dîners ou de joyeuses fêtes. Ainsi du musicien Camille Saint-Saëns, du peintre Auguste Renoir, du peintre et décorateur Christian Bérard, des écrivains Pierre Louÿs ou Gabriele D'Annunzio. Quant aux Frères Lumière, ils avaient élu domicile à la villa *L'Orientale* où ils préparaient le montage de leurs premiers films. Le Pacha, qui venait attendre ses hôtes prestigieux à l'arrivée du bateau, aimait à leur faire admirer la beauté sauvage de l'anse du Lazaret ou à les étonner avec les curiosités architecturales de ses nombreuses villas. La réputation du mécène avait dépassé de loin les limites du département et même du pays, sans que l'intéressé en tirât une quelconque gloire. Au soir de sa vie, Marius savait résister aux mirages de la renommée.

Comme il savait ne jamais oublier sa mission de bienfaiteur, ainsi que l'illustraient ses interventions dans l'accident dont fut victime le matelot d'origine italienne Michele Gentile. Un soir de juin, au moment de quitter le vapeur *Les Sablettes*, propriété de Michel, un passager de treize ans, le jeune Édouard Pélegrin, glissa malencontreusement et tomba à l'eau alors que le bateau continuait à s'approcher de l'embarcadère. Pour sauver l'enfant, le matelot Gentile sauta à la mer, l'écarta du danger, mais, explique une lettre, « *n'eut pas le temps de retirer son bras droit qui fut littéralement écrasé entre le bord et le débarcadère, ainsi que deux doigts de la main gauche* ». Le jeune Pélegrin fut retiré de l'eau par un passager, mais Michele Gentile dut subir l'amputation de son bras droit. Le soutien de son employeur fut essentiel pour la reconnaissance, devant la cour d'Aix-en-Provence, de ses droits d'accident du travail.

D'autres lettres étaient adressées aux administrations locales pour négocier l'acquisition de nouveaux terrains, obtenir des autorisations de construction, solliciter des réductions d'impôts. Plusieurs courriers étaient destinés aux autorités religieuses, dont l'évêque de Fréjus, à propos de la nomination d'un prêtre à la chapelle de Tamaris : Michel souhaitait faire venir un officiant retraité des Basses-Alpes, choix que Monseigneur Arnaud écarta, préférant recruter dans le département. Quand les commerçants de Sanary organisèrent une fête, ils souhaitèrent que Marius Michel en assure la présidence. L'ancien maire déclina l'invitation « *en raison de mon grand âge et de ma santé* » écrivit-il, mais il envoya quarante francs. Ailleurs, il félicitait le député Thierry de son élection à l'Assemblée. Un échange suivi avec André Tresson du *Petit Journal de Paris* précisait les modalités et les tarifs d'une série d'excursions en mer dont s'occuperait M. Audiffren, gérant du service de vapeurs. De nombreuses missives contenaient des recommandations pour l'emploi d'un protégé, pour la promotion d'un militaire, pour la réalisation d'un mariage. D'autres étaient adressées aux banquiers, au Gouverneur du crédit foncier de France, au Préfet à Draguignan, aux maires des communes voisines, au Préfet maritime, aux Ponts et Chaussées, aux entrepreneurs qui manquaient d'empressement pour effectuer les travaux demandés, à M. Just, gérant du Grand Hôtel et à Lange Pélegrin, directeur du Casino des Sablettes, tous deux accusant des retards dans le paiement des loyers, à des avocats de Marseille pour un litige concernant la succession des Séris.

L'épistolier semblait infatigable, à l'image de son action, même si, parfois, des signes de faiblesse apparaissaient, le conduisant à confier au fidèle Gasquy le soin de rédiger à sa place. Notamment quand le capitaine Michel était atteint par la maladie, ainsi que le révélait une lettre adressée à son petit-fils Thierry par le secrétaire en date du 6 août : « *La santé de votre grand-père n'a pas été bien brillante ces jours derniers ; les chaleurs sénégaliennes que nous traversons l'avaient fortement affaibli en lui enlevant le sommeil et l'appétit et en lui causant un dérangement qui heureusement a cessé depuis hier. Le docteur Loro a constaté ce matin une amélioration sensible dans l'état général et espère que dans très peu de temps votre grand-père pourra quitter la chambre et reprendre ses occupations qu'il avait dû abandonner depuis une semaine. »*

Ainsi le vieux lutteur serait vulnérable ? Le solide homme des phares serait en train de décliner ? La vive étincelle qui avait permis l'éclairage d'une partie de la Méditerranée deviendrait vacillante ? L'écriture, qui semblait parfois plus tremblante, moins assurée, pouvait le laisser penser, effet de l'âge ou de la légère blessure à la main dont parlait Gasquy. Ce même Gasquy, également souffrant, dut d'ailleurs être remplacé dans ses fonctions par Casimir Verlaque, un cousin par alliance, administrateur des Quais de Constantinople et Contrôleur général de la Société des Phares, qui signait les courriers que le Pacha n'était pas en mesure d'écrire. Thierry Michel de Pierredon, le petit-fils parisien, qui faisait de courts séjours à Tamaris, était parfois chargé d'assurer à son tour la correspondance.

C'est sur lui que portaient un grand nombre de lettres du grand registre noir. Sujet plus sérieux et plus intime que les précédents, car il concernait le successeur potentiel du Pacha, le fils d'Alfred, qui s'était illustré piteusement par son inconséquent badinage avec Séverine. Mais cet écart était oublié. Le jeune homme, d'un bon naturel, s'était rapproché de son grand-père qui, naturellement lui versait une rente, et à qui il rendait visite de temps à autre dans le Var. Marius, plein d'une paternelle affection, s'était montré indulgent à l'égard de l'adolescent qui s'était rendu coupable de certaines sottises qu'on pouvait considérer comme des péchés de jeunesse. Les choses, désormais, allaient prendre un tour plus grave.

Une lettre de la fin de l'année 1904 fait état pour la première fois de certaines inquiétudes et expose le choix du grand-père. Elle est adressée à l'abbé Roubaud, aumônier de la marine qui avait été chargé par Marius Michel d'accompagner Thierry dans un long voyage destiné à éloigner le jeune homme de Paris et du Var où il se perdait dans des fréquentations douteuses. Les premières lignes de ce premier courrier nous renseignent sur la situation : « *Monsieur l'abbé, J'ai reçu votre lettre du 29 écoulé datée de San Remo. Celle de Thierry à cette même date m'est également parvenue. Nous espérons que grâce à vos efforts les bonnes dispositions que vous signalez chez mon petit-fils auront une suite sérieuse et ne se passeront pas, comme jusqu'à ce jour, en de simples paroles.* »

La période étant à l'échange des vœux, Michel proposait les siens et ceux de son épouse en ces termes : « *Nous vous adressons ceux que nous faisons pour votre santé et pour la réussite de la tâche lourde que vous avez entreprise. Espérons que le Ciel vous aidera.* »

Cette « tâche lourde » pour laquelle le résident de Tamaris invoque le ciel, est celle de la rédemption de Thierry. S'inspirant d'une tradition en usage dans les familles aristocratiques du siècle précédent, convaincu, pour l'avoir vécu à titre personnel, du rôle formateur des voyages, le grand-père avait programmé pour son descendant une sorte de « Grand Tour » à valeur expiatoire. Loin des tentations parisiennes ou toulonnaises, Thierry, garçon influençable, pourrait reconquérir un équilibre qui marquerait son entrée dans l'âge adulte. L'abbé Roubaud serait le nouveau Mentor de ce Télémaque moderne à la recherche, non du père, mais de la sagesse.

La suite de la première lettre précisait les attentes du grand-père : « *J'espère que vous pourrez prendre votre vol et partir définitivement pour le long voyage convenu. Vous voudrez bien me faire connaître, le plus tôt qu'il vous sera possible, l'itinéraire que vous vous proposez de suivre..., etc. »* Une somme de trente mille francs serait mise à la disposition du guide pour pourvoir aux frais du voyage dont la durée ne devrait pas excéder une année. Sur cette somme, quatre mille francs reviendraient à l'abbé « *pour [ses] peines et soins* ».

Quelques semaines plus tard, Marius accusait réception d'une lettre de l'abbé reçue de Rome qui provoqua sa « surprise » à propos de la délicate question de l'argent : « *Dans une de mes précédentes lettres, je vous ai dit que je ne voulais pas intervenir pour régler les dettes de Thierry faites depuis son retour de La Roche. J'ai pu prendre connaissance de la teneur des factures et je vous avoue que je suis tristement édifié sur la façon dont mon petit-fils fait cas de l'argent...* » De là l'obligation de lui couper les vivres : « *Lui ayant assuré une vie matérielle pendant tout le temps de son voyage, je ne vois pas la nécessité, quoique vous paraissiez croire le contraire, qu'il ait de l'argent de poche. Il en ferait le plus mauvais emploi et l'enverrait à Toulon au profit d'une créature qui le tourne en ridicule avec tous ses amis grâce à son argent.* »

Voilà que se trouvait clairement désignée l'une des causes des manquements de Thierry : une « créature ». Sans doute une de celles qu'on nommait déjà les « petites alliées », ces femmes légères qui sévissaient à Toulon et tentaient de séduire les brillants officiers. Le jeune héritier, sans porter l'uniforme, se serait laissé enjôler par une de ces courtisanes qui n'en veulent qu'à l'argent de leurs amants. Un argent qu'il possède en abondance mais n'a pas eu à gagner, à la différence de son grand-père qui, à son âge, courait les mers dans des conditions difficiles pour se faire une position. Le petit-fils, rentier à l'abri du besoin, préférait jouer les jolis cœurs dans les salons parisiens et fréquenter les voyous dans les bars louches de Toulon. La distance, l'éloignement, la mise en quarantaine seraient, d'après l'homme des phares, le meilleur des remèdes pour corriger la prodigalité, la paresse et la légèreté de mœurs du jeune Parisien. D'autres lettres étaient postées d'Algérie, sur cette côte où, plus d'un demi-siècle plus tôt, un jeune matelot nommé Michel, fourrier de première classe, s'était illustré de manière glorieuse. De là, les voyageurs pourraient embarquer pour les Canaries ou revenir vers l'Espagne et, de Cadix, prendre un paquebot à destination de l'Amérique, nouvel aboutissement de ce « Grand Tour » du XXe siècle. Une lettre de Marius à son petit-fils, datée du 16 février 1905, rappelait la finalité de cet exil : « *Je te fais voyager à grands frais et je pourvois à tous tes besoins pendant la durée de ton absence pour que tu apprennes ce qu'est la vie à l'étranger et que tu t'instruises. Mais pour cela il ne faut pas que tu passes ton temps à traîner dans ton lit, comme tu le faisais ici et que tu veilles très tard pour lire des livres peu faits pour ton esprit. Pour t'obliger à profiter de ce voyage d'instruction, j'ai décidé que tu tiendras un livre de route dans lequel tu enregistreras tout ce que tu auras fait ou vu dans la journée et surtout l'heure du lever et de ton coucher. Tous les jours, tu m'enverras le résumé…* ».

Inutile de dire que ce journal de bord n'exista jamais et que les lettres de compte rendu n'arrivèrent pas, à la grande désolation du Pacha qui s'en plaignit régulièrement. La même lettre revenait sur l'objectif : « *Je veux avant tout faire de toi quelqu'un en mesure de mener ses propres affaires et d'être utile pour les siens.* » Et, avant de conclure, ces derniers mots : « *Comme tu le vois par ma correspondance, je ne t'abandonne pas et ma sollicitude veille sur toi. Je veux que tu deviennes un homme sachant se guider et utile à son pays.* »

Lui, Michel Pacha, avait su répondre à ces deux exigences. Il avait su être un homme, se former tout seul ; il avait su être utile à son pays et assurer l'avenir des siens. Il ne pouvait admettre chez son descendant une telle désinvolture, un tel mépris pour les valeurs qui avaient guidé sa vie : « *Je ne sais sous quelle influence fâcheuse agit cet enfant dont la versatilité déconcerte* » écrit-il à l'abbé le 22 avril. L'héritage financier avait perverti l'héritage moral. L'argent avait tué la vertu.

L'aimable « sollicitude » que revendiquait le grand-père n'excluait pas l'intransigeance et le recours aux solutions brutales. Alors que Thierry, accompagné de son Mentor d'abbé, parcourait le monde pour apprendre la vie, Marius Michel décida résolument de placer son petit-fils sous tutelle judiciaire. De nombreuses lettres, certaines de la part du patriarche, d'autres signées de Verlaque, furent envoyées à l'avocat parisien, Me Caillet, à Jeanne, la veuve d'Alfred et mère du garnement, ou à diverses personnes, afin d'exposer les motifs et les conséquences de cette mesure.

Un long mémoire répertorié aux numéros 446 à 449 du registre propose un récapitulatif du contentieux. Il commence par l'identification du signataire : « *Je soussigné Marius Michel Pacha, Administrateur général des Phares de l'Empire ottoman, officier de la Légion d'honneur,* etc. » Suivent les attendus du dossier, et d'abord le rappel de la rente alloué au petit-fils, puis la mention des « *agissements de Thierry dans les cinq derniers mois (fin juillet à fin décembre 1904)* » qui ont justifié la demande « *pour sauvegarder la fortune importante qu'il est appelé à recueillir de ma succession conjointement avec son frère Hubert* ». Le détail de ces « agissements » constitue le paragraphe suivant qui revient sur les dépenses : « *De fin juillet 1904 au 11 septembre 1904 (date de sa majorité) soit en 45 jours environ, Thierry a gaspillé d'après ses propres déclarations une somme de 14 720 f sur laquelle mille francs seulement sont des espèces que lui a remis* (sic) *sa mère. Le reste constitue des dettes contractées par Thierry chez divers commerçants de Toulon et ce uniquement pour fournitures faites à une fille connue à Toulon sous le nom de "Pulvis"* ». Le salaire d'un ouvrier s'élevant à environ à 50 francs par mois, il aurait fallu à un homme sans qualification travailler près de vingt-cinq ans pour gagner une telle somme dépensée en un mois et demi.

Était donc dévoilé le nom de la « créature ». Ou plutôt son pseudonyme, son identité professionnelle, pour ainsi dire : Pulvis. Il était encore question de la nommée Pulvis dans la suite du texte : « *Ayant eu connaissance des relations de mon petit-fils avec cette fille, relations qui du reste sont de notoriété publique, et des dettes faites, et surtout ayant appris que Thierry fréquentait les fumeries d'Opium, je le mis en demeure de quitter immédiatement Tamaris où il demeurait chez moi depuis plusieurs semaines.* »

L'opium, de père en fils. La drogue qui avait, selon toute vraisemblance, causé la mort d'Alfred, était en train de perdre son fils aîné. Les plaisirs frelatés, fascinants pour des héritiers, pouvaient provoquer leur ruine. Le grand-père raconte ensuite dans son mémoire le départ de son petit-fils pour le Poitou, les lettres d'excuses que le fautif lui a adressées depuis La Roche, le château maternel, les promesses de bonne conduite et … les nouvelles dépenses inconsidérées évaluées, en quatre-vingt-cinq jours, à la somme de 7 740 f « *sur laquelle une somme de 2 000 f lui ont été remis* (sic) *par sa mère. Le reste constitue des dettes toujours contractées au profit de la fille Pulvis (voir les factures à l'appui).* » Parmi ces factures, celle d'un coiffeur-parfumeur s'élevant à 2007,10 f (plus de trois ans du salaire d'un journalier). À ces dettes doivent, suggère le document, s'en ajouter d'autres probables, notamment celle, pas encore chiffrée, d'un cadeau : « *C'est ainsi qu'au jour de l'an (c'est-à-dire après son départ de Toulon) Thierry avait fait parvenir à la fille en question une bague de valeur puisque cette bague serait ornée d'un rubis.* » Et la conclusion : « *Enfin, il aurait ouvert des crédits chez divers fournisseurs pour cette fille Pulvis.* »

Il devenait urgent d'éloigner Thierry qui s'appliquait, sous le coup d'une folle passion, à dilapider la fortune familiale.

« *Je voudrais pouvoir espérer*, écrira le grand-père à l'abbé Roubaud alors en Amérique, *que ce long et coûteux voyage n'aura pas été inutile et que mon petit-fils me reviendra complètement guéri.* » Dans l'immédiat, l'intervention de la justice s'imposait.

Un moment réticente, Jeanne, la bru, se rangea au sentiment de son beau-père et consentit à réclamer la dation d'un Conseil judiciaire dont la composition fut donnée à Me Caillet (6, rue Monsigny, Paris) dans deux lettres rédigées par Verlaque et datées des 14 et 26 janvier. Le conseil de famille, auquel participeront deux amis parisiens du Pacha, MM. Jagerschmidt et Laugier, devait être réuni à la mairie du septième arrondissement de Paris et le tribunal de la Seine demanderait au tribunal d'Alger (où devra se trouver le coupable) de faire comparaître Thierry pour procéder à l'interrogatoire. Marius Michel, qui ne prévoyait pas de se déplacer, adressa un pouvoir au Juge de Paix et fut représenté par Casimir Verlaque et par Mme Veuve Alfred Michel de Pierredon. Le Conseil envisageait de se tenir courant février, et Verlaque prévoyait de profiter de sa présence à Paris pour convoquer en réunion le Conseil d'administration de la Société des Quais vers les mêmes dates. L'interrogatoire n'eut lieu finalement que le 3 mars.

Michel Pacha se devait d'informer personnellement son petit-fils de cette grave décision et de la nécessité de se présenter à Alger à la date prévue. Ce qu'il fit dans une longue lettre, mêlant affection et ressentiment, comme le montrent certains passages : « *Pour te mettre à l'abri de tes faiblesses et de tes égarements j'ai décidé que tu seras pourvu d'un Conseil judiciaire et il faut te soumettre à ma volonté qui est inflexible sur ce point. [...] C'est encore un service très grand que je te rends et tu en reconnaîtras toute l'étendue un jour.* » Le grand-père, toujours soucieux de l'amendement du jeune homme, lui indiquait la voie à suivre dans les dernières lignes de son courrier : « *Il faut enlever de ta tête toutes les idées qui y dansent et te dire que pour être un homme un jour il faut travailler et t'instruire par tous les moyens que l'on met à ta disposition. Soigne ta santé et donne-moi de tes nouvelles plus souvent. Je t'embrasse,* etc. » Thierry, alors âgé d'à peine plus de vingt et un ans, accepta sans protester comme en témoigne une autre lettre : « *Tu as fini par comprendre que tu avais tout à gagner à accepter de bonne grâce le Conseil judiciaire. C'est pour te mettre à l'abri de tes faiblesses...* » Et, propos plus nouveau : « *Je suis tout disposé à faire faire des démarches pour l'enlever si tu te conduis bien et qu'il n'y ait rien à te reprocher pendant un temps suffisant.* »

Le grand-père n'eut pas à interrompre la procédure durant la période où Thierry erra entre New York, le Canada et le Mexique. Au crépuscule de sa vie, Blaise Marius Michel se serait bien dispensé de ces tracasseries familiales. Il aspirait à un juste repos, non tant physique, ayant conservé intact son appétit d'action, mais moral et psychologique. Il aurait aimé que soit assurée la continuité de son œuvre, que le legs de son labeur ne serve pas à satisfaire des caprices d'enfants gâtés ou à entretenir des femmes de mauvaise vie.

Il mesurait une fois de plus l'ironie de son destin qui avait favorisé une vertigineuse ascension avant de s'achever sur le vide effrayant d'une pitoyable succession. À quoi bon tous ces efforts ? Ces longues journées de mer vécues dans l'angoisse de l'avarie, de l'ennemi ou du naufrage ? Ces interminables nuits de travail passées à établir des cartes, à projeter des installations de feux, à planifier des quais ? Ces constructions compliquées sur les rives des mers du Levant ? Ces mois et ces années occupés à remodeler un paysage, à faire sortir de terre une cité radieuse, un lieu de vie et de plaisir ? À quoi bon tous ces honneurs, toute cette reconnaissance, cette considération ? À quoi bon cette immense richesse ? « *Sur le plus haut trône du monde on n'est jamais assis que sur son cul* » écrivait crûment le sage Montaigne. Sur son trône, Michel Pacha, roi de Tamaris, maire de Sanary, notable du Var, dignitaire de l'Empire ottoman, richissime administrateur, maître d'œuvre de Tamaris se voyait déchu de sa grandeur et rendu au fragile état de créature vulnérable arrivée aux portes de la mort. N'aurait-il pas été préférable de limiter ses ambitions, de s'en tenir à une vie de matelot, menant sa modeste tartane le long des côtes qui séparent Toulon de Marseille ?

Revenu de ses rêves de grandeur, Blaise tentait de se raccrocher à la vie en se tournant vers sa « fille d'alliance », la douce Marie-Rose qui, au quotidien, lui apportait une leçon d'optimisme.

24

Le 12 juillet 1906 était célébré à Torquay, coquette ville de la côte sud de l'Angleterre, dans cette partie du Sud Devonshire appelée « la Riviera anglaise », le mariage de Marie, Henri, Thierry Michel de Pierredon, né à Paris le 11 septembre 1883, avec Mabel, Constance de Polignac née à Londres le 29 janvier 1884. Le marié était le fils de feu Alfred Michel de Pierredon et de Jeanne Radegonde de Briey de Landres, le petit-fils de Marius Michel comte de Pierredon dit Michel Pacha, Administrateur général des Phares et Balises de l'Empire ottoman. La mariée était la fille du prince Camille Armand de Polignac, courageux militaire ayant participé à la Guerre de Sécession aux États-Unis d'Amérique, et la fille de Margaret Elisabeth Knight, dite Rita, la petite-fille du prince Jules de Polignac, ministre des affaires étrangères et Président du conseil des ministres du roi Charles X, dont l'action fut déterminante dans la conquête de l'Algérie. La cérémonie religieuse se déroula dans la chapelle de l'abbaye de Torre, propriété des Cary, et le repas de noces dans le luxueux hôtel nommé *Imperial Palace*. Michel Pacha qui, quatre jours plus tard devait fêter son quatre-vingt-sixième anniversaire, ne put, en raison de son âge et d'une santé chancelante, assister au mariage.

Ainsi, à peine plus d'un an après son retour d'un voyage que certains qualifièrent de formateur et d'autres d'expiatoire, car il devait faire oublier une inconduite qui avait valu au jeune homme d'être placé sous tutelle judiciaire, Thierry s'unissait à la descendante d'une des plus illustres familles de la noblesse française. La brebis égarée, ayant fait repentance, était de retour parmi les siens. L'enfant prodigue, après avoir dilapidé sa fortune, était à nouveau digne de rejoindre la maison familiale. Le désastreux épisode de l'adolescence turbulente était oublié. L'incident clos. La divine Constance remplaçait la vénale Pulvis. Le fils de famille, coupable de graves manquements aux devoirs de sa classe, gagnait son pardon à la vertu d'un beau mariage. La débauche des fumeries d'opium s'achevait sous les voûtes hiératiques d'une abbaye gothique. L'honneur des Michel était sauf, et le blason récent des Pierredon (d'azur à trois tours d'or et au lion surmonté de trois tourteaux rangés en chef) s'enrichissait de celui, marqué d'histoire, des Polignac.

Une issue aussi heureuse pour l'avenir de son petit-fils après ses regrettables incartades ne pouvait que satisfaire le vieil homme. Peu de temps auparavant, Séverine, la fille des Péronet, avait elle aussi, dans une plus grande simplicité, convolé avec un jeune officier. Soulagé, rasséréné rendu à ses préoccupations habituelles de concepteur et d'entrepreneur, Michel Pacha allait pouvoir à nouveau se consacrer aux aménagements de son empire varois en bordure de mer.

Avec, comme objectif prioritaire, l'achèvement et la mise en service du casino, structure indispensable au renom de ce lieu de villégiature appelé à concurrencer La Baule ou Biarritz. L'affaire avait traîné, alors qu'elle aurait dû être contemporaine de l'ouverture du Grand Hôtel. L'idée de la création avait été évoquée plus de dix ans en arrière par le petit journal local appelé *Tamaris-sur-Mer*, totalement acquis au projet : « *On parle de la création d'un casino à Tamaris pour procurer aux étrangers les distractions qui manquent à cette station hivernale et estivale et la font souvent délaisser au bout de quelques jours pour aller chercher ailleurs. Des démarches sont faites dans ce but auprès d'une grande société financière qui paraît on ne peut mieux disposée à y installer un établissement des plus confortable si on lui facilite l'exécution.* »

On ne la lui facilita pas. Il fallut de longues démarches administratives pour qu'enfin un « casino provisoire » sorte de terre, puis encore plus de deux années avant que l'établissement puisse prendre sa forme définitive. L'emplacement avait été choisi avec soin par Michel en un lieu stratégique : légèrement en contrebas du Grand Hôtel, dans l'alignement de sa tour d'angle afin de ne pas gêner la vue, en bord de mer pour profiter de l'ouverture sur la baie lumineuse, et au niveau précis du débarcadère d'où arriveraient les joueurs. La construction, dépouillée des artifices orientaux, agencée sur un rythme ternaire, se voulait sobre et harmonieuse, utilisant les matériaux nouveaux et les techniques modernes. Une grande arche centrale marquait l'entrée principale, encadrée par deux corps de bâtiments moins élevés couronnés de frontons triangulaires à l'antique ornés de corniches moulurées mais sans décorations intérieures. Au centre de chacun de ces trois éléments architecturaux se découpaient neuf ouvertures en plein cintre, la centrale plus importante que les latérales et surmontée d'un œil-de-bœuf de forme ovale au-dessus duquel se lisait, en arc de cercle, l'inscription *Casino de Tamaris*. Encadrant cette porte d'entrée, deux pilastres supportaient des statues allégoriques, dans le même axe que les flèches en forme de minarets délimitant l'arche centrale.

L'intérieur se déployait autour de l'immense salle voûtée en berceau, éclairée de verrières, où se pratiquaient les jeux (plusieurs tables de baccara, d'autres de « petits chevaux ») et où pouvaient se tenir des fêtes ou se dérouler des spectacles appelés à prendre place sur une scène permanente enfermée dans un encadrement ouvragé décoré de guirlandes.

Dans les pièces latérales se trouvaient le restaurant, le salon-fumoir, la salle de lecture. Entre l'édifice et la route, une large terrasse permettait de prendre une consommation ou un repas face à la mer, tout en observant l'arrivée des vapeurs ou l'arrêt des calèches.

Pour faire bonne mesure et favoriser le rayonnement du littoral, Marius souhaita la création de deux autres casinos. Le premier, dans la partie est du Manteau en direction du fort de Balaguier, se présentait comme une construction d'allure plus modeste mais, cette fois, de style résolument néo-mauresque avec, ornant la façade principale, des carreaux de faïence, des merlons, une baie géminée et le fameux arc outrepassé. L'autre casino, plus grandiose, allait constituer l'élément central, avec un autre Grand Hôtel, de la station naissante des Sablettes, rebaptisée Sablettes-les-Bains. Le premier numéro du journal portant ce même nom vantait avec lyrisme le choix d'un tel édifice et, oubliant de mentionner la part revenant au Pacha, célébrait les mérites de Lange Pélegrin, le directeur du Grand Hôtel de Tamaris, qui aurait été à l'origine du projet : « *C'est sur cette côte merveilleuse, exposée splendidement, au pied des coteaux et des monts, disposés presque avec art par la main du Créateur, que M. Pélegrin dont l'esprit inventif et travailleur sera toujours imité avec fruit, eut l'heureuse inspiration d'installer, il y a un an, son Casino-Hôtel des Sablettes-les-Bains.* »

Le comte de Pierredon ne s'indignait pas de l'oubli de son nom dans le récit de l'aventure des casinos, alors qu'il en avait été l'initiateur, comme de toutes ces spectaculaires transformations, et que les épithètes « inventif » et « travailleur » semblaient plutôt faites pour lui. À vrai dire il ne courait plus, depuis longtemps, après les éloges et il était un peu las de son rôle de bâtisseur. Le rêve utopique s'estompait progressivement, comme il en avait été du rêve oriental. L'infatigable combattant était près de rendre les armes. Le valeureux conducteur d'hommes se repliait sur lui-même. C'est même à ces signes qu'il mesurait le temps venu de la vieillesse. Le ressort du désir perdait de sa tension. Le goût du défi s'éloignait peu à peu. L'audace des entreprises risquées avait cessé de l'animer.

Cette usure morale s'accompagnait d'un irréversible déclin physique – à moins qu'elle en fût la cause principale. Blaise avait de plus en plus de mal à faire le chemin qui le conduisait du château à son musoir du Manteau, à la terrasse du Casino, au pimpant bureau de poste, ou chez le sympathique marchand de tabac installé à proximité. Des articulations douloureuses, et le réveil de son ancienne blessure à la jambe droite, lui interdisaient de gravir les marches, de plus en plus hautes, qui l'auraient conduit au sommet du kiosque-belvédère. Il préférait s'attarder, sur un fauteuil installé en bord de mer, à contempler silencieusement l'horizon, à scruter les collines voisines, à surveiller le lent passage des barques dans la baie, à écouter le bruit des vagues légères se brisant sur les enrochements récents, à étudier les gestes sûrs des pêcheurs du Lazaret relevant leurs filets et retirant des mailles des petits poissons de couleur argentée. L'homme d'action tendait à devenir contemplatif.

Il avait accepté, à la demande de Marie-Rose, de poser pour un portrait photographique qu'avaient pu réaliser les frères Fernbach, des professionnels venus de Toulon dont le nom rappelait celui de Fenerbahçe, cette banlieue asiatique de Constantinople qui tirait son nom du vieux phare (*fener* en langue turque). Tel un inquiétant miroir, la photo, sur son bureau, lui renvoyait l'image d'un vieillard qu'il ne reconnaissait pas. L'homme était en position assise, la jambe gauche repliée sur la droite, une main posée sur le genou. Il était vêtu d'un pantalon clair et d'un ample manteau, élimé et sombre, boutonné seulement au niveau du cou puis s'évasant vers le bas du corps pour se fondre dans les contours de la chaise. La main droite se dissimulait dans la poche du vêtement. La tête, bien droite, était coiffée d'un chapeau de ville en feutre mou, et le visage, régulier, entouré d'une barbe blanche, ne laissait paraître aucune émotion, presque aucun sentiment. Un voile de mélancolie, sorte de mal saturnien, enveloppait le regard absent. Le tout sans relief, gris, neutre, aplani. Une pose pour l'éternité. Une ébauche pour monument funéraire. Le modèle n'avait plus grand-chose de commun avec les portraits flatteurs qui montraient le Pacha revêtu de son bel uniforme, l'œil vif et la poitrine couverte de décorations dans des cadres finement dorés. L'homme des phares en majesté avait fait place à un bourgeois fatigué, revenu des agitations du monde.

Un ultime et insensé projet vint secouer l'enlisement dans lequel l'ancien capitaine se sentait glisser, une de ces visions sublimes qui régénère un homme, qui l'élève au-dessus du médiocre quotidien, qui est capable de ranimer une flamme vacillante. Il s'agissait de désenclaver le port de Toulon. Le percement de l'isthme des Sablettes, pour lequel il avait longtemps ferraillé avec les autorités maritimes, ayant été définitivement refusé, Michel se tourna vers un chantier encore plus ambitieux, le creusement d'un canal entre La Seyne et Sanary afin de permettre d'échapper au piège que constituait la rade fermée de Toulon. En effet la « Petite Rade », délimitée par la Grosse Tour et les forts de l'Éguillette et de Balaguier, pourvue, depuis 1880, côté pleine mer en direction du cap Cépet, d'une jetée artificielle, avait l'avantage de fournir un abri sûr, protégé du caprice des vents et des attaques ennemies. Mais cet avantage pouvait se retourner en faiblesse car il devenait facile, pour un adversaire bien informé, de bloquer le port, en coulant quelques navires au niveau de la passe, large d'à peine quatre cents mètres, ou en disposant en ce lieu des unités bien armées. Plus aucune sortie ne devenait possible, plus aucun mouvement de vaisseaux : une situation de siège. Le cas s'était présenté pour l'escadre russe, dans la rade de Port-Arthur, en Mandchourie, encerclée par la marine impériale japonaise en février 1904. Un grand port de guerre digne de ce nom se devait de posséder deux accès. Cette menace sur

Toulon avait été perçue très tôt par le marin avisé qu'était Marius ; il en avait souvent discuté avec son père quand le « stationnaire » que celui-ci commandait surveillait les abords du port, des Vignettes au Lazaret. Revenir aujourd'hui, dans son grand âge, sur ce projet était pour l'ancien matelot un bain de jouvence excitant, en même temps qu'un acte citoyen.

Le combatif capitaine Michel commença par s'adresser au Préfet maritime qui, dans une réponse polie, montra son intérêt pour le projet, tout en précisant qu'il n'en sentait pas l'urgente nécessité et que, en tout état de cause, la décision n'était pas de son ressort. Marius en référa alors à Gaston Thomson, ministre de la Marine, successeur de Camille Pelletan, à qui il envoya un mémoire détaillé dans lequel il exprimait sa crainte que « *la flotte de la Méditerranée prise au piège ne laisse le champ libre à l'ennemi* ». Le risque de paralysie du port mettait en péril la défense nationale : « *Un ennemi audacieux pourrait rendre impuissante la flotte de guerre et faciliter ainsi un débarquement de troupes sur les grèves environnantes.* »

Comme à son habitude, le seigneur de Tamaris appuyait sa proposition sur une solide étude technique et une évaluation financière. Le « Canal des Playes », ainsi qu'il serait baptisé, partirait du quartier de Brégaillon, dans la partie nord de La Seyne, et, empruntant une zone de plaine peu urbanisée, suivrait le tracé de la ligne de chemin de fer pour déboucher six kilomètres plus loin, à l'extrémité ouest de la baie de Sanary. Une digue de six cents mètres vers la pointe de Portissol protègerait la voie d'eau des vents dominants, et une contre-jetée de quatre cents mètres, à l'opposé, côté Six-Fours et plage de Bonnegrâce, éviterait les risques d'ensablement. Serait ainsi réalisé « *un port en eau profonde où une escadre nombreuse pourrait mouiller en toute sûreté.* » Par la même occasion, mais l'argument était passé sous silence, la ville de Sanary était appelée à gagner en importance. Le coût de l'opération était estimé à cinquante-cinq millions de francs, soit le prix d'un cuirassé – ce qui était dérisoire en comparaison des gains espérés.

Toulon n'était pas le seul objet des améliorations maritimes envisagées par le Pacha. Des aménagements importants étaient proposés pour le port de Marseille dont la passe par laquelle les embarcations entraient dans le bassin de la Joliette était jugée trop étroite par les navigateurs. L'expérience des phares était transposable comme l'expliquait une longue lettre bien documentée : « *La première de ces difficultés provient de ce que le musoir qui porte le feu de la Joliette, et qui est établi dans le prolongement de la jetée, ne permet pas aux navires, n'ayant plus de vitesse, de se redresser d'assez loin quand ils se présentent pour franchir la passe, malgré les secours des remorqueurs.* » La seconde difficulté était l'encombrement du bassin, peu adapté à la longueur croissante des navires (tel *La Moldavia*, long de 178 mètres). Le correspondant, revenant sur un projet déposé par lui en 1876, rappelait que, depuis, il avait « *fait ses preuves par la construction du port de Constantinople et des Phares ottomans, y compris ceux de la mer Rouge qui viennent d'être achevés.* » Suivait une série de modifications techniques, assorties des moyens de financement, pour faire aboutir un projet qui, concluait la lettre, « *donnera pleine et entière satisfaction à la navigation, au commerce et aux nombreux voyageurs qui fréquentent le port de Marseille, mais qui aura encore le très précieux avantage d'assainir une partie de la ville et d'embellir des quartiers malsains qui la déparent.* »

Le chant du cygne que représentaient de tels projets, plus ou moins réalistes, n'eut aucun écho. La parole du patriarche n'était plus entendue. Peut-être manquait-elle de force. La foi était toujours là, mais il aurait fallu au bâtisseur un surcroît d'énergie, de vigueur pour harceler les pouvoirs publics, mobiliser l'opinion, relancer les décideurs, balayer les objections et enfin emporter le morceau. Il lui aurait fallu l'enthousiasme de la jeunesse, la confiance en l'avenir, alors qu'il sentait que le temps se dérobait et qu'il ne pourrait plus, comme la vie lui avait permis de le faire, peser sur le monde pour tenter de le transformer, de l'améliorer. Ses aptitudes de visionnaire ne semblaient plus en mesure de faire bouger les lignes. Les prophéties d'un vieillard sont souvent écoutées avec distraction. Lui, si ouvert à l'avenir, si avide d'action, était en train de devenir un homme du passé. Il devait se résigner et faire sienne la sombre conclusion de Chateaubriand : « *Des orages nouveaux se formeront ; on croit pressentir des calamités qui l'emporteront sur les afflictions dont nous avons été accablés ; [...] Les scènes de demain ne me regardent plus ; elles appellent d'autres peintres : à vous messieurs.* »

Après un automne d'une extrême douceur, autorisant des promenades en chemise, des déjeuners sur les balcons, accrochant prématurément des confettis jaunes aux plants de mimosas et des papillons mauves aux branches de bougainvillées, le froid tomba sur la Provence au lendemain de Noël. Les pêcheurs avaient tiré leurs barques alors que les villégiateurs écourtaient leurs séjours. Le ciel était bas, gris. La mer terne, agitée. Les sols durs et blanchis par le givre. Même à Tamaris, l'hiver pouvait être triste.

Le comte Michel de Pierredon n'avait pas l'intention de changer ses habitudes en raison d'une baisse des températures. Il continua à quitter le château tous les matins, vêtu de son éternel manteau sombre et de son chapeau de feutre enfoncé jusqu'aux oreilles, pour prendre possession de son éden côtier. Il en avait vu d'autres et se souvenait, par exemple, de la neige à Constantinople qui transformait les coupoles en gigantesques igloos et le Bosphore en glacier alpin. Les morsures du froid ne pouvaient pas l'atteindre.

Le 27 décembre, pourtant, pris de frissons, en proie à une grande lassitude, il accepta de garder la chambre. Marie-Rose ne quittait pas son chevet, lui préparant des tisanes et l'obligeant à avaler les pilules recommandées par le docteur Loro dont les visites étaient biquotidiennes. Blaise protestait : il n'avait pas besoin de cette pharmacie et saurait se rétablir tout seul. Plus qu'une infirmière, c'est une lectrice qu'il réclamait pour lui relire les passages de Montaigne que ses yeux fatigués ne pouvaient plus déchiffrer. « *Il n'est désir plus naturel que la connaissance* » : cette phrase, parmi d'autres, était devenue son sésame. Une clé de sa vie. Éclairée par les suivantes : « *Nous essayons tous les moyens qui nous y peuvent mener. Quand la raison nous faut, nous y employons l'expérience.* »

Le Pacha, une fois de plus se retrouvait dans les sentences proposées par l'ancien maire de Bordeaux. La « connaissance » était cette vertu qui devait permettre d'y voir clair. De baliser une route. Ce qui avait, depuis son enfance de mousse, été la mission qu'il s'était fixée. Dissiper les ténèbres, celles des navigations nocturnes comme celles de l'aveuglement des sots. Et la connaissance, pour rayonner, devait s'appuyer sur l'expérience et la servait. Il n'était pas, il n'avait jamais voulu être un homme de cabinet, un vain spéculateur. Son domaine était le concret, la mer, ouverte aux aventures, les côtes, qu'elles soient hospitalières ou dangereuses, les ports *« séjours charmants pour une âme fatiguée »* comme l'avait écrit le poète. Sa vocation avait été d'agir, de servir, d'aider, non de répandre une vaine jactance ou de se perdre dans des conjectures philosophiques. Il avait eu à tracer une voie, incertaine peut-être, sinueuse parfois, mais tendue vers l'efficacité. Faire bien son métier d'homme, dans l'intérêt du plus grand nombre, comme le proposait encore Montaigne.

Et savoir se montrer reconnaissant envers la vie qui avait facilité ses entreprises : « *Je voudrais à ce métier un homme content de sa fortune* » écrivait l'autre Michel. Lui n'avait pas à se plaindre de la fortune, même si celle-ci s'était quelquefois montrée cruelle. Le *keyif* des Turcs, cette habitude de remercier la providence, lui convenait assez. Il avait connu des bonheurs délicats, tels ceux offerts par des compagnes attentionnées – Louise, Élodie, Fatmé, Marie-Rose, quelques autres. Il avait côtoyé des personnalités de grand relief dont il s'était inspiré pour grandir. Et à côté de ces grandes joies, il avait enduré de douloureuses épreuves, eu à supporter d'immenses chagrins. Le départ de ses enfants, de son épouse, d'amis chers. L'itinéraire d'une vie…

Les jours suivants, alors qu'un mistral glacial avait raison, sur ce littoral protégé, des arbres et des gens, le vieil homme montra d'inquiétants signes de faiblesse. Une nouvelle année venait de commencer dont chacun se doutait que Blaise ne verrait pas la fin. L'ancien capitaine avait presque cessé de parler et de s'alimenter. Seule la lecture de Montaigne avait le pouvoir de lui arracher un sourire. Seule la présence de Marie-Rose semblait lui apporter de l'apaisement. Elle lui prenait la main, qu'elle trouvait tremblante, brûlante ; elle déposait sur son front fiévreux des compresses d'eau fraîche ; elle lui parlait à voix basse. Les Péronet, remplis d'inquiétudes, restaient à la porte.

Dans la chambre du premier étage du château, toutes les fenêtres étaient tenues fermées pour éviter les assauts du vent. Face au lit, sur une commode, un grand bougeoir dispensait une lumière blafarde. Blaise, dans son demi-sommeil, aimait à fixer la danse irrégulière de la flamme au sommet du cierge. Les éclats lumineux se reflétaient faiblement dans ses yeux lavés de gris. Sur son socle d'argent, la grande bougie cylindrique, tirant sur le conique, colorait la pièce de lueurs jaunes. Plantée sur son socle, elle veillait sur l'ombre d'un foyer, comme, à plus grande échelle, des tours protectrices couronnées de lanternes lumineuses guidaient les marins égarés. « *C'est un feu allumé sur mille citadelles* » aurait dit le même poète en pensant au phare. Auquel un autre poète, amateur d'énigmes, aurait répondu : « *Un phare est un chiffre.* »

Au soir du 6 janvier, alors qu'il donnait l'impression de somnoler, Blaise, d'un signe du menton, fit comprendre qu'il souhaitait que l'on ouvrît la fenêtre, ce que Marie-Rose, bien que surprise, car elle redoutait pour le malade l'effet du froid extérieur, consentit à faire timidement. Un peu de fraîcheur pénétra dans la pièce, alors que les rideaux, secoués par un souffle, se mirent à s'agiter. Sur la commode, le portrait de la jeune femme en tenue ottomane, revêtue du *yasmak*, cette gaze blanche qui recouvre la tête de certaines femmes, fut renversé et fit un bruit mat en chutant sur le marbre du meuble. Presque au même moment, la flamme de la bougie, fragile fanal d'une humaine lumière, vacilla puis s'éteignit, plongeant la chambre dans l'obscurité.

Quand on la ralluma, chacun put constater que Michel Pacha avait cessé de respirer. La métaphore usée à valeur d'euphémisme recevait sa justification : l'homme des phares venait de s'éteindre.

ANNEXES
LE PETIT VAR
Quotidien républicain socialiste fondé par Henri Dutasta
(8 et 9 janvier 1907)

Avis de Décès

« Mme Veuve Michel Pacha, née Deprat ; M. Thierry Michel de Pierredon et Mme, née de Polignac ; M. Hubert Michel de Pierredon ; Mme veuve Alfred Michel de Pierredon, née de Briey ; Mme veuve Deprat ; Mme veuve Eugène Séris, Mme Fournier, née Deprat ; le commandant Fernand Deprat et sa fille ; Mme Veuve François Bonnaud ont l'honneur de vous faire part de la perte douloureuse qu'ils viennent d'éprouver en la personne de

Son excellence MICHEL PACHA

OFFICIER DE LA LEGION D'HONNEUR
OFFICIER DE L'INSTRUCTION PUBLIQUE
GRAND-CROIX DES ORDRES DE L'OSMANIE ET DU MEDJIBIE
ADMINISTRATEUR GENERAL DES PHARES DE L'EMPIRE OTTOMAN
PRESIDENT DU CONSEIL D'ADMINISTRATION DE LA SOCIETE DES QUAI, DOCKS ET
ENTREPOTS DE CONSTANTINOPLE

décédé en son château du Manteau à Tamaris-sur-Mer (Var) le 6 janvier 1907 dans la 88e année de son âge, muni des Sacrements de l'Église.

Les obsèques auront lieu mercredi 9 janvier à 11 heures. Départ de Tamaris à midi en passant par les Sablettes. La cérémonie religieuse aura lieu à l'église de Sanary à 1 heure. Un bateau spécial partira de Toulon pour Tamaris mercredi à 10 h 10 du matin.

On ne reçoit ni fleurs ni couronnes.

LE PETIT VAR
Quotidien républicain socialiste fondé par Henri Dutasta

(Jeudi 10 janvier 1907)

Les Obsèques de M. Michel-Pacha
« Le ciel gris dès le matin s'était éclairci vers 11 heures et c'est par un clair soleil printanier que se sont déroulées dans le site admirable de la baie de Tamaris les obsèques de M. Michel-Pacha.
Les steam-boats de La Seyne et ceux de la ligne des Sablettes, la flottille des yachts et canots du Manteau et de Tamaris avaient mis leur pavillon en berne, ainsi que les hôtels et casinos du littoral, et bientôt arrivèrent landaus, coupés, omnibus, vapeurs chargés de monde.
Le cercueil disparaissait sous les couronnes de fleurs fraîches et les candélabres du grand portrait étaient allumés et voilés de crêpe. À midi 35, le cortège se met en marche et, après avoir parcouru au pas lent des quatre chevaux lourdement caparaçonnés les larges et belles allées du château, il débouche sur les quais.
Une compagnie d'infanterie coloniale, sous les ordres de M. Le capitaine Crépaux, rend les honneurs militaires.
Derrière le clergé, la musique La Seynoise, *avec son drapeau cravaté de crêpe, exécute des marches funèbres ; puis viennent, portées à bras, plusieurs magnifiques couronnes offertes par les Sauveteurs de Toulon, l'Administration générale des Phares, la Société des Quais de Constantinople, les équipages des vapeurs des Sablettes, etc. puis les poêles des Sauveteurs et des Écoles laïques de La Seyne.*
Le deuil était conduit par Mme Veuve Michel-Pacha et les deux petits-fils du défunt.
Noté parmi la nombreuse assistance : MM. Granet, ancien ministre ; Durassier, trésorier-payeur général du Var ; l'amiral

Dupont ; docteur R. Dubois ; les ingénieurs Le Go Kauffer, Serre ; docteur Loro ; Bellort, ancien maire de La Seyne ; L. Pélegrin ; directeur du casino des Sablettes et, sur un ordre exprès du sultan, M. Zia-Bey, consul général de Turquie à Marseille était venu représenter S.M. Abdül-Hamid, avec le personnel du consulat général auquel s'était joint M. Georges, vice-consul à Toulon et le personnel du vice-consulat.

Lentement, aux accents des marches funèbres, le char s'est dirigé parmi la foule silencieuse, vers Les Sablettes, faisant traverser une fois encore à la dépouille mortelle de celui qui en fut le créateur, le merveilleux paysage de cette côte féérique.

Une centaine de landaus, fiacres et coupés avaient été mis à la disposition des invités qui y ont pris place en arrivant aux Sablettes, et de là, le cortège s'est rendu à Sanary, où il est arrivé vers 2 heures.

Le cercueil a été déposé dans le superbe mausolée de la famille Michel-Pacha. Avant qu'il n'y fût descendu, M. le professeur Raphaël Dubois, directeur-fondateur du laboratoire maritime de biologie de l'Université de Lyon à Tamaris-sur-mer, a pris la parole en ces termes :

"C'est au nom de la faculté des sciences et comme directeur-fondateur du laboratoire maritime de biologie maritime de Tamaris, que j'ai le douloureux devoir de dire un dernier adieu à celui qui fut le bienfaiteur de notre Université lyonnaise, et par conséquent, un collaborateur de l'œuvre de progrès et d'émancipation intellectuelle que poursuit la science dans le monde entier, avec une ardeur toujours croissante.

"Michel-Pacha a libéralement donné le terrain et les pierres nécessaires à la construction du magnifique édifice qui constitue le plus bel ornement de Tamaris, au dire des étrangers.

"L'Université, aidée par le département du Var, par la commune de La Seyne-sur-mer, par des sociétés savantes et des particuliers, a consenti des sacrifices relativement

considérables pour utiliser la généreuse donation de Michel-Pacha. De son côté, le fondateur-directeur du laboratoire a cru répondre à la pensée des autres collaborateurs en donnant à cette œuvre un extérieur d'un caractère artistique, décoratif, oriental, surtout pour rappeler, en quelque sorte, l'origine de la fortune et des titres honorifiques du pacha bienfaiteur. Ce modèle architectural sert, en outre, à l'instruction des masses par les yeux, en développant l'esthétique populaire, tandis qu'avec des moyens trop restreints on s'efforce, à l'intérieur, de faire progresser la science.

"Le gouvernement de la République a proclamé avec justice, le mérite de Michel-Pacha, dans cette circonstance, en l'élevant à la dignité d'officier de l'instruction publique.

"Il est certain que Michel-Pacha eût fait davantage encore, si d'autres avaient mieux compris l'importance de notre création universitaire, considérée seulement au point de vue des intérêts matériels de la localité et de la propagande qu'elle a provoquée dans le monde entier par son prestige scientifique. Mais ce qu'il faut dire bien haut, c'est que Michel-Pacha a secondé puissamment l'effort de notre initiative privée pour créer le premier établissement d'études scientifiques dont la construction n'ait rien coûté à l'État. Ceci est important dans un pays où l'on a coutume de tout attendre de l'État, tandis qu'à l'étranger, en Amérique surtout, des donations d'une valeur parfois colossale permettent de faire pour ainsi dire jaillir du sol de puissantes universités richement dotées où la situation des maîtres n'est due qu'à leur mérite scientifique.

"Il faudrait que le grand exemple de Michel-Pacha fût suivi si l'on ne veut pas voir déchoir la France du rang qu'elle a conquis par son génie. Il ne suffit pas de proclamer sans cesse les bienfaits de la science au point de vue du progrès, aider au progrès de la science est mieux, plus utile et surtout plus pratique.

"Il est à noter d'ailleurs que dans tous les temps et dans tous les pays, le développement des sciences a coïncidé avec le développement de la puissance et de la richesse nationales. Nous avons le ferme espoir que l'exemple de Michel-Pacha portera ses fruits.

"L'Université de Lyon salue la mémoire de Michel-Pacha et s'associe cordialement au deuil qui frappe si douloureusement sa famille et ses amis. »

ASCENDANCE

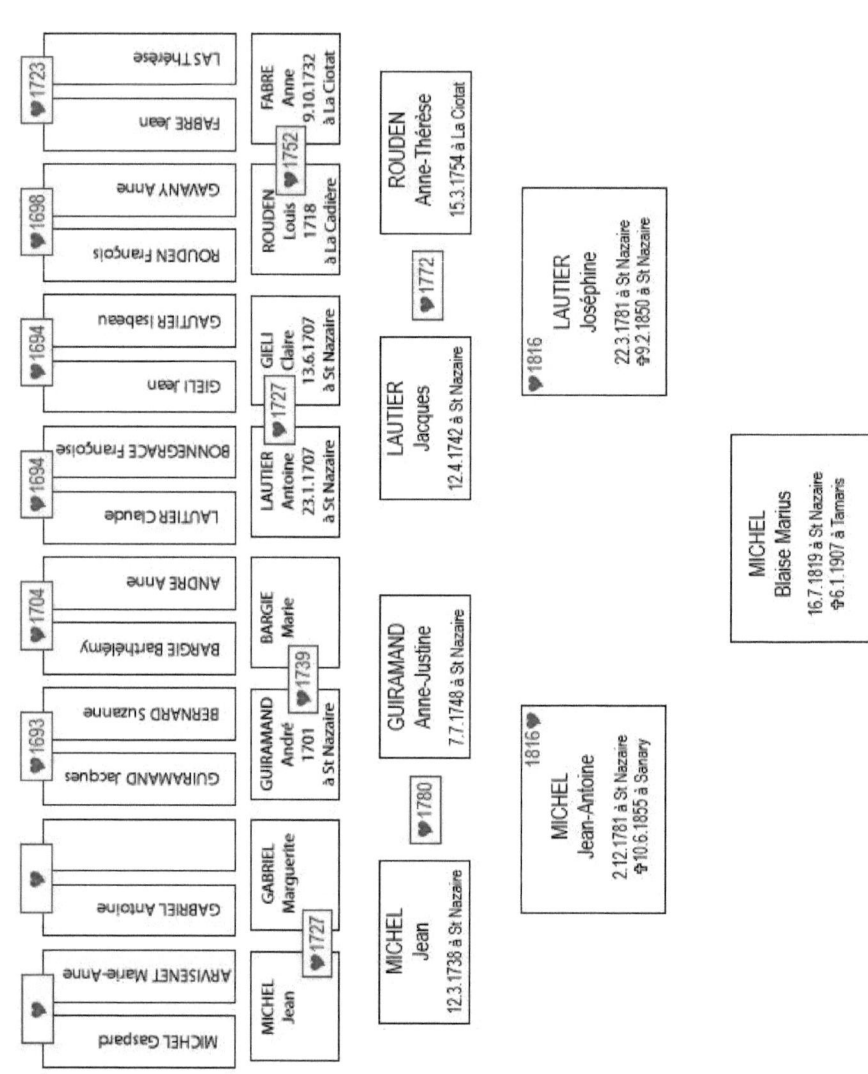

306

DESCENDANCE

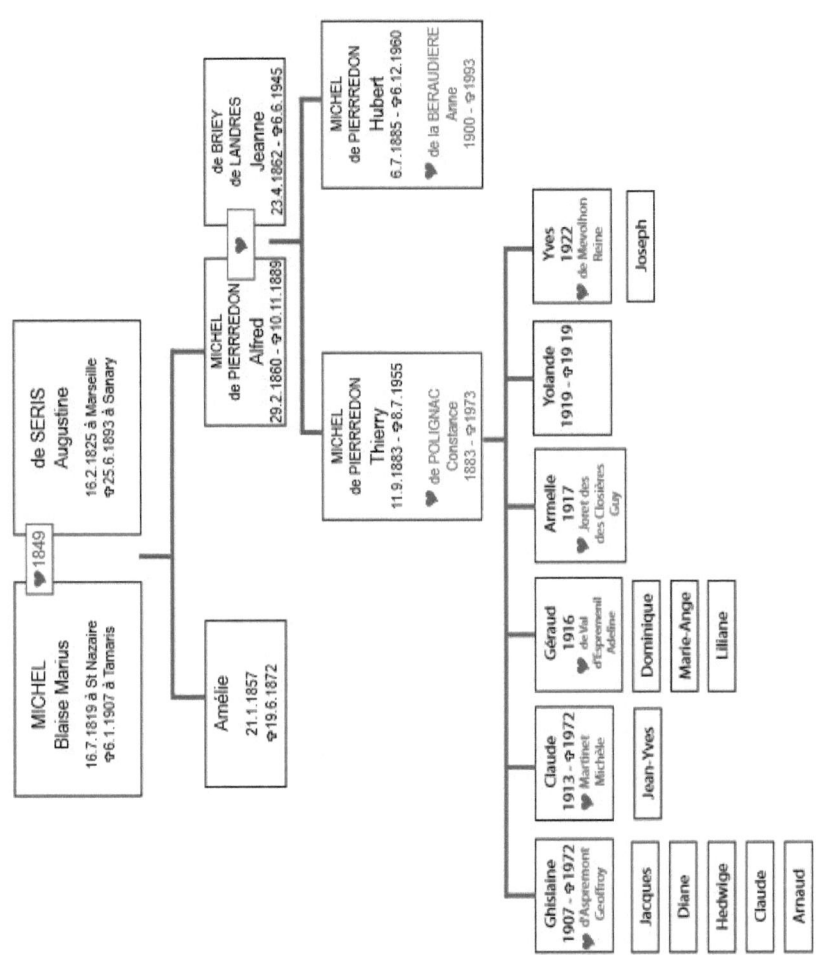

Méditerranée orientale

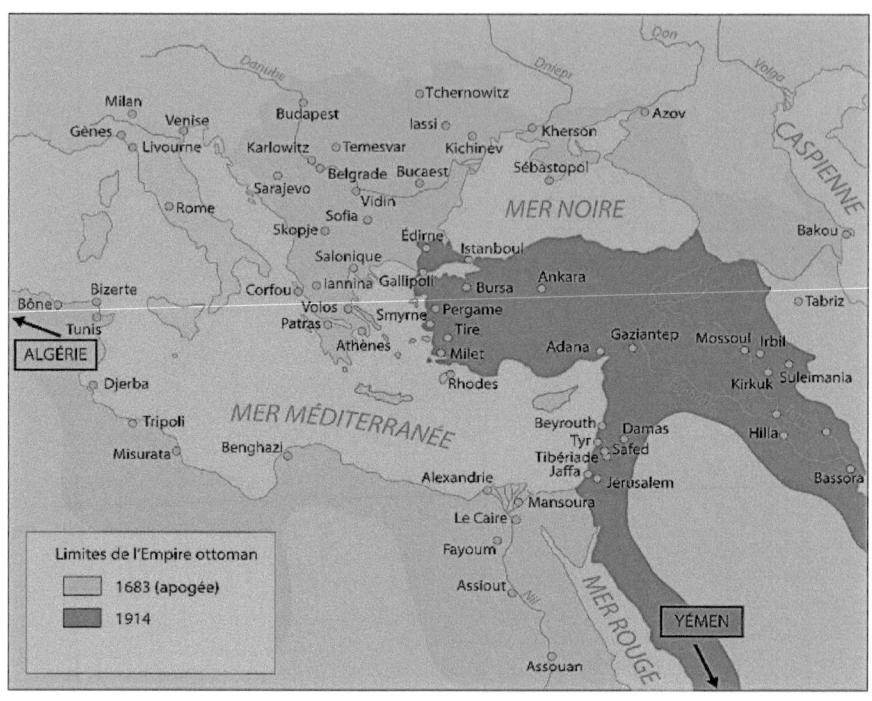

Constantinople

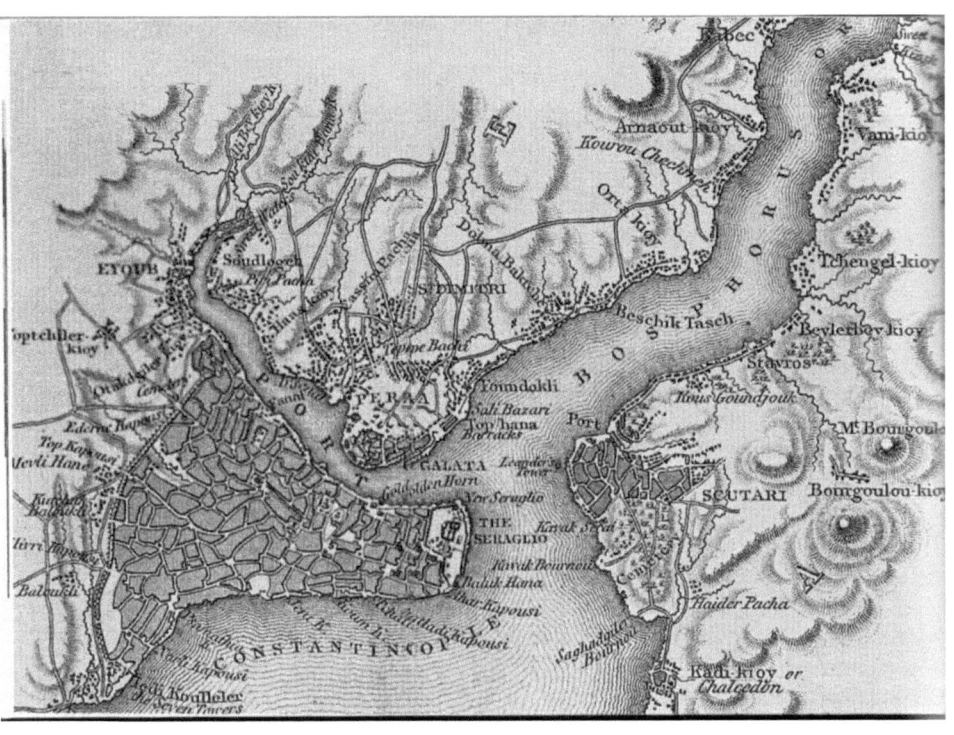

Remerciements

Ce roman biographique s'appuie sur des lettres, des documents et des archives et, à ce titre, respecte scrupuleusement les dates et les événements concernant la vie de Michel Pacha. Il a pu bénéficier des précieux travaux, conférences ou livres, qui l'ont précédé, tels ceux de Nathalie Bertrand, Gustave Péronet, Georges Ortolan, Jean-Pierre Renau. Certaines informations ont été recueillies directement auprès de chercheurs ou de familiers du Varois que l'auteur souhaite remercier pour leur disponibilité et leur aide. C'est le cas de : Amandine Alivon, Jean-Claude Autran, Nathalie Bertrand, Nathalie Bicais, Pierre Bourrilly, Gilbert Buti, Izeddine Çalislar, Ariane Céris, Maurice Desmazures, Jeanne et Mireille Dumuzois, Gérard Jamin, Sacit Kutlu, Jean-François Pérouse, Mathilde Pinon, Marc Quiviger. Remerciements aussi à ces quelques amis qui ont pris la peine de relire et d'amender le manuscrit, Marc Archippe, Paul Desalmand, Claudye Sellem. L'auteur tient enfin à exprimer tout particulièrement sa reconnaissance pour son soutien et sa patience, à son épouse, Michèle-Fanny, née Rouden, concernée de près par l'aventure du créateur de Tamaris qu'ont côtoyé ses ancêtres.

Si les grandes lignes de la vie de Marius Michel, « l'homme des phares » sont bien connues et ici fidèlement restituées, des pans d'ombre subsistent, comme dans toute existence. Il appartient alors à l'imagination de prendre le relais pour combler les vides et proposer un récit dont les libertés s'efforcent de ne trahir ni le souci de vraisemblance ni le devoir d'authenticité.

Référence des épigraphes

« *Où cesse la certitude historique, l'imagination fait vivre l'ombre, le rêve, l'apparence.* »
Victor Hugo, *Le Rhin*, Lettre IV.
« *La vie c'est ça, un bout de lumière qui finit dans la nuit.* »
Céline, *Voyage au bout de la nuit,* Gallimard, Pléiade, T.I, p. 340.

Du même auteur

(Sélection)

Les Romans-clés de la littérature française, Le Seuil, « Mémo », 1998.
La Contraction de texte, Ellipses, 1998.
Les Nuages de Magellan, roman, L'Harmattan, 1998.
La Synthèse de textes, Ellipses, 1999.
Les Genres littéraires, Armand Colin, « 128 », 2001, rééd. 2016.
Petit manuel de conversation, Studyrama, 2005.
Dictionnaire du roman, Armand Colin, 2006.
Q.C.M. de culture générale, avec Daniel Fouquet, Ellipses, 2007.
Écoles et courants littéraires , Armand Colin, 2008.
Q.C.M. de culture contemporaine, avec Daniel Fouquet, Ellipses, 2009.
Petit inventaire des citations malmenées, avec Paul Desalmand, Albin Michel, 2010.
Dictionnaire des vraies fausses citations, avec Paul Desalmand, Albin Michel, 2011.
Eudoxe ou une initiation toulonnaise, roman, Gehess, 2010, rééd. Sudarènes, 2015.
365 Proverbes expliqués avec Paul Desalmand, Le Chêne, 2010.
365 Expressions expliquées avec Paul Desalmand, Le Chêne, 2011.
365 Expressions bibliques et mythologiques expliquées, avec Paul Desalmand, Le Chêne, 2012.
365 Mots nouveaux expliqués, avec Paul Desalmand, Le Chêne, 2013.
365 expressions latines expliquées, avec Paul Desalmand, Le Chêne, 2013.
365 mots de l'amour et de l'amitié, avec Paul Desalmand, Le Chêne, 2015.
365 éponymes expliqués, avec Paul Desalmand, Le Chêne, 2015.

© SUDARENES EDITIONS
ISBN : 9782374640532
Dépôt légal : 2017
www.sudarenes.com